Medien – Kultur – Kommunikation

Herausgegeben von
A. Hepp, Bremen, Deutschland
F. Krotz, Bremen, Deutschland
W. Vogelgesang, Trier, Deutschland

Kulturen sind heute nicht mehr jenseits von Medien vorstellbar: Ob wir an unsere eigene Kultur oder ‚fremde‘ Kulturen denken, diese sind umfassend mit Prozessen der Medienkommunikation verschränkt. Doch welchem Wandel sind Kulturen damit ausgesetzt? In welcher Beziehung stehen verschiedene Medien wie Film, Fernsehen, das Internet oder die Mobilkommunikation zu unterschiedlichen kulturellen Formen? Wie verändert sich Alltag unter dem Einfluss einer zunehmend globalisierten Medienkommunikation? Welche Medienkompetenzen sind notwendig, um sich in Gesellschaften zurecht zu finden, die von Medien durchdrungen sind? Es sind solche auf medialen und kulturellen Wandel und damit verbundene Herausforderungen und Konflikte bezogene Fragen, mit denen sich die Bände der Reihe „Medien – Kultur – Kommunikation" auseinandersetzen. Dieses Themenfeld überschreitet dabei die Grenzen verschiedener sozial- und kulturwissenschaftlicher Disziplinen wie der Kommunikations- und Medienwissenschaft, der Soziologie, der Politikwissenschaft, der Anthropologie und ausgehend- und Literaturwissenschaften. Die verschiedenen Bände der Reihe zielen darauf, ausgehend von unterschiedlichen theoretischen und empirischen Zugängen, das komplexe Interdependenzverhältnis von Medien, Kultur und Kommunikation in einer breiten sozialwissenschaftlichen Perspektive zu fassen. Dabei soll die Reihe sowohl aktuelle Forschungen als auch Überblicksdarstellungen in diesem Bereich zugänglich machen.

Oliver Bidlo · Carina Jasmin Englert
Jo Reichertz

Tat-Ort Medien

Die Medien als Akteure
und unterhaltsame Aktivierer

Dr. Oliver Bidlo
Essen, Deutschland

Prof. Dr. Jo Reichertz
Castrop-Rauxel, Deutschland

Carina Jasmin Englert
Essen, Deutschland

ISBN 978-3-531-19456-1   ISBN 978-3-531-19457-8 (eBook)
DOI 10.1007/978-3-531-19457-8

Die Deutsche Nationalbibliothek verzeichnet diese Publikation in der Deutschen Nationalbibliografie; detaillierte bibliografische Daten sind im Internet über http://dnb.d-nb.de abrufbar.

Springer VS
© VS Verlag für Sozialwissenschaften | Springer Fachmedien Wiesbaden 2012
Das Werk einschließlich aller seiner Teile ist urheberrechtlich geschützt. Jede Verwertung, die nicht ausdrücklich vom Urheberrechtsgesetz zugelassen ist, bedarf der vorherigen Zustimmung des Verlags. Das gilt insbesondere für Vervielfältigungen, Bearbeitungen, Übersetzungen, Mikroverfilmungen und die Einspeicherung und Verarbeitung in elektronischen Systemen.

Die Wiedergabe von Gebrauchsnamen, Handelsnamen, Warenbezeichnungen usw. in diesem Werk berechtigt auch ohne besondere Kennzeichnung nicht zu der Annahme, dass solche Namen im Sinne der Warenzeichen- und Markenschutz-Gesetzgebung als frei zu betrachten wären und daher von jedermann benutzt werden dürften.

Gedruckt auf säurefreiem und chlorfrei gebleichtem Papier

Springer VS ist eine Marke von Springer DE. Springer DE ist Teil der Fachverlagsgruppe Springer Science+Business Media.
www.springer-vs.de

Inhalt

1 **Einleitung: Die neue Bedeutung der Medien** 1
Jo Reichertz, Oliver Bidlo und Carina Jasmin Englert

2 **„Das ist ein Geben und Nehmen". Mit einem privaten Newsmacher unterwegs. Methodische Probleme bei der Analyse von Feldaufenthalten und erste Überlegungen zum Zusammenspiel von Videojournalisten und Polizisten/Feuerwehrleuten** 7
Jo Reichertz

    2.1 Vorbemerkung 7
    2.2 Der Zugang zum Feld ist schwieriger geworden 7
    2.3 Über den Einstieg in das Feld „Private Produktion von lokalen News" 10
    2.4 Überlegungen zu der Qualität sozialwissenschaftlicher Daten 12
    2.5 Zum Problem der Auswertbarkeit von Feldprotokollen 20
    2.6 Im Büro eines Nachrichtenproduzenten – die erzählten Handlungen 21
    2.7 Mit einem Nachrichtenproduzenten auf Tour – die erzählten Handlungen 24
    2.8 Das ist immer ein Geben und Nehmen 28

3 **Von der Schreibmaschine über *news aktuell* zur *Polizei 2.0* – Eine Fallanalyse** 33
Stefanie Böhm

    3.1 Die Entwicklung der Polizeipressestellen von den frühen 1980er Jahren bis 2011 – ein ehemaliger Leiter einer Polizeipressestelle erinnert sich 33
    3.2 Von der Schreibmaschine zum Faxgerät 35
    3.3 *News aktuell* und ots 38
    3.4 Publizistische Krisen 39

3.5	Image, Service und PR	41
3.6	Polizei 2.0	42
3.7	Fazit	44

4 Der Ausbildungsweg der Polizeipressesprecher und die Maßstäbe der Presse- und Öffentlichkeitsarbeit der Polizei ... 47
Carina Jasmin Englert

    4.1 Vom ‚Learning by doing': zur geregelten Aus- und Fortbildung von Polizeipressesprechern ... 48
    4.2 Die Besonderheit der Öffentlichkeitsarbeit der Polizei: Mehr als ‚Werbung' ... 51

5 „Da hören wir nicht auf zu piesacken" Das Medium als Akteur – Einzelfallanalyse ... 55
Oliver Bidlo

    5.1 Einleitung und Methodendarstellung ... 55
    5.2 Interviewanalyse ... 57
        5.2.1 Kurze Inhaltsangabe des Interviews – Leitfaden ... 57
        5.2.2 Auswertung des Interviews ... 59
    5.3 Abschluss ... 69

6 Drei Fallanalysen – ein Experiment ... 73
    6.1 Videoanalyse von Ermittlungsakte – Auf Spurensuche mit Ulrich Meyer ... 75
    Carina Jasmin Englert

        6.1.1 Informationen zur Sendung ... 75
        6.1.2 Hermeneutische Ausdeutung der Sequenz ... 81
        6.1.3 Interpretation der Sequenz ... 85
        6.1.4 Verdichtung: Wir sind ein Team! ... 97
    6.2 Das Medium als Inszenierung oder: Das halbe Märchen von ... 98
    Oliver Bidlo

        6.2.1 Einleitung und Informationen zur Sendung ... 98
        6.2.2 Hermeneutische Ausdeutung der Sequenz ... 102
        6.2.3 Verdichtungen im Hinblick auf die Fragestellungen ... 111
        6.2.4 Abschluss – Medium als Akteur ... 116
    6.3 „Leihen Sie Ihrer Polizei Ihre Augen und Ohren…" oder: die Mutter der Fahndungsshows im Wandel der Zeit ... 117
    Jo Reichertz

        6.3.1 Die frühen Tage von *Aktenzeichen XY… ungelöst* ... 117

	6.3.2	Kleine Geschichte von *Aktenzeichen XY... ungelöst*	123
	6.3.3	Die Botschaft von *Aktenzeichens XY... ungelöst* unter Eduard Zimmermann	125
	6.3.4	‚Die Moral von der Geschicht'.	131
	6.3.5	*Aktenzeichen XY... ungelöst* unter Rudi Cerne	134
	6.3.6	Rudi Cerne – der Fernsehmoderator	138
	6.3.7	Julia Leischik in *Zeugen gesucht* als eine an den Opfern interessierte Fernsehmacherin.	141
	6.3.8	*Aktenzeichen XY... ungelöst* als Akteur	146
	6.3.9	Die Zuschauer als zu aktivierende Kunden	148

7 Eine kurze Geschichte der Medien als Vierte Gewalt ... 151
Oliver Bidlo

7.1	Mediengesellschaft	157
7.2	Journalistisches Selbstverständnis	161
7.3	Die Fünfte und die Sechste Gewalt	164
7.4	Abschluss	167

8 Self-made Experts? ... 169
Carina Jasmin Englert

8.1	Neue Experten aus eigenen Reihen?	170
8.2	Was ist ein Experte?	172
8.3	Zwischen der Rolle des TV-Polizisten und der Rolle des Beamten – Das Beispiel *Toto & Harry*	173
8.4	Sicherheitsexperten aus den Reihen der Medien? – Das Beispiel Julia Leischik	183
8.5	Medien (und ihr Publikum) als eigenständige selbstreferentielle Experten?	189

9 Securitainment – Die Medien als eigenständige Akteure und unterhaltsame Aktivierer ... 191
Jo Reichertz, Oliver Bidlo und Carina Jasmin Englert

9.1	Die Pressearbeit der Polizei: Von der Benachrichtigung zu Public Relation	192
9.2	Die Journalisten – Von der Vierten Gewalt zum *Community's Watchdog*	196
9.3	Prosumenten und neue Akteure	198
9.4	„Securitization" und „Writing Security"	199
9.5	Vom Securitainment zum ‚Media-Con-Act(ivat)ing'	202

Literatur ... 205

Einleitung: Die neue Bedeutung der Medien

Jo Reichertz, Oliver Bidlo, und Carina Jasmin Englert

Der Alltag menschlichen Zusammenlebens in modernen (nicht nur) westlichen Gesellschaften ist durch eine tiefgreifende und umfassende Mediatisierung gekennzeichnet: Menschen wie Institutionen nutzen bei ihrem Handeln die Medien, und in das Handeln von Menschen und Institutionen haben sich die Medien tief eingeschrieben. Medien spielen bei der kommunikativen Konstruktion von Wirklichkeit eine immer gewichtigere Rolle – nicht nur dadurch, dass sie durch ihre tragende Rolle (und die in sie eingelassene Logik der Darstellung) in Diskursen Deutungen und Deutungsschemata der Welt mitgestalten, sondern vor allem dadurch, dass sie neben den Kommunikationsinhalten auch die Kommunikationsformen und das kommunikative und gesellschaftliche Handeln maßgeblich beeinflussen (vgl. Reichertz 2009), wie es der Ansatz der ‚Mediatisierung' postuliert.

Mit ‚Mediatisierung' ist hier erst einmal gemeint, dass das Leben und die Erfahrungen der Menschen zunehmend in und mit Bezug auf mediatisierte Welten stattfinden. Der Begriff bezeichnet die „[...] zunehmende Prägung von Gesellschaft und Kultur durch Medienkommunikation" (Krotz 2008). Dies bedeutet, dass sowohl Kultur, der Alltag als auch alle Teile der Gesellschaft durch die Materialität und die Inhalte der Medien wesentlich beeinflusst werden (Krotz 2007: 38, Hepp/Krotz 2012 und Krotz/Hepp 2012; Lundby 2009, Abgrenzung zur ‚Medialisierung' bei Krotz 2007 und Reichertz 2007b, 2010b und 2011).

Zu der Mediatisierung gehört auch – und das ist für unsere, in diesem Buch bearbeitete Fragestellung ganz wesentlich –, dass die Medien (und hier vor allem das Fernsehen) nicht mehr nur vermitteln, informieren und irritieren, sondern dass sie sich aus ökonomischen Interessen als eigenständige Akteure mit eigener Perspektive an dem gesellschaftlichen Diskurs über zahlreiche gesellschaftliche Themen, also auch über die Innere Sicherheit, beteiligen und diesen oft auch mitgestalten.

Wichtig dabei ist, dass unter ‚Medien' nicht nur materielle Träger verstanden werden, die bei der Produktion, Speicherung und Verbreitung von Wissen, eben dieses Wissen und seinen Gebrauch verändern, sondern dass die ‚Medien' immer auch eingebunden sind in soziale Organisationen und Unternehmen, die daran interessiert sind, bestimmte Medien und Medieninhalte in den Markt zu bringen und auch am Markt zu halten. ‚Mediatisierung' schließt also mit ein, dass hinter den ‚Medien' immer soziale Organisationen stehen, die wesentlich davon leben, dass das Medium genutzt und gekauft wird und deshalb am Schicksal des Mediums massiv interessiert sind und darum aktiv an den Rahmenbedingungen für die Akzeptanz des Mediums in der Gesellschaft arbeiten. Das Handeln dieser Akteure treibt nicht nur den Medien(kommunikations)wandel voran, sondern maßgeblich auch den gesellschaftlichen und soziokulturellen.

Die vorliegende Monographie[1] ist ein weiteres Ergebnis[2] des DFG-Projekts *Medien als eigenständige Akteure der Inneren Sicherheit*, das an der Universität Duisburg-Essen in der Zeit von Juli 2009 bis März 2012 durchgeführt wurde und das zum Ziel hatte, die Bedeutung der Medien im Diskurs über die Innere Sicherheit in Deutschland aus kommunikationswissenschaftlicher und soziologischer Perspektive zu rekonstruieren. Die schon oben angedeutete Ausgangsthese war, dass der öffentliche Kampf um die Herstellung von Innerer Sicherheit mittlerweile zu wesentlichen Teilen in den Massenmedien stattfindet und die Rolle der Medien in diesem Kampf über eine Vermittlerrolle zwischen Politik und Öffentlichkeit hinausgeht und die Medien zunehmend selbst zu eigenständigen (politischen) Akteuren werden – ohne allerdings dabei zu einer vierten Gewalt in der Gesellschaft zu werden. Sie nehmen, insbesondere unter Verfolgung ökonomischer Interessen, selbst aktiv an dem Diskurs über Innere Sicherheit teil, indem sie ebenso unabhängig wie eigenverantwortlich in diesem Diskurs agieren. Dies wird ihnen möglich, da sich der Staat zunehmend aus seiner Verantwortlichkeit zurückzieht, wodurch eine Leerstelle, auch im Kampf um Innere Sicherheit, entsteht, die neue Akteure (vgl. auch ‚private governance regimes'), insbesondere auch die Medien, ausfüllen können.

Ziel des Projektes war es, herauszufinden, ob und inwiefern die (privaten) Medien im gesellschaftlichen Diskurs über Innere Sicherheit *on air* und *off air* eigen-

---

[1] Obwohl die einzelnen Kapitel des Buches einzelnen Autoren zugeordnet und entsprechend gekennzeichnet sind, handelt es sich doch um eine Monographie, da Plan und Durchführung der Publikation gemeinsam verantwortet werden. Auch wurden die einzelnen Beiträge in der Autorengruppe abgesprochen und aufeinander abgestimmt. Die Autoren dieses Bandes haben sich dazu entschieden, eine illustrative kleine Fallstudie der Projektmitarbeiterin Stefanie Böhm aufzunehmen, die wichtige Ergebnisse eines dreimonatigen Feldaufenthaltes in einer nordrheinwestfälischen Polizeipressestelle enthält und skizziert, wie sich die die Arbeit und Organisation von Polizeipressestellen in NRW seit den 1980er Jahren verändert haben.
[2] Ein erstes Ergebnis haben wir 2011 mit dem Sammelband ‚Securitainment' (Bidlo/Englert/Reichertz 2011) vorgelegt.

1 Einleitung: Die neue Bedeutung der Medien

ständig agieren und – sollte dies der Fall sein – ob damit ein neues Verständnis von Medien, nämlich als eigenständige Akteure, notwendig wird. Diese Frage wurde in dem Projekt *Medien als selbstständige Akteure der Inneren Sicherheit* vornehmlich empirisch untersucht. Die erarbeiteten Ergebnisse bestätigen weitgehend die Ausgangsthese, dass sich die Medien in Deutschland seit den 1990er Jahren immer mehr zu eigenständigen Akteuren im Diskurs über Innere Sicherheit in Deutschland entwickelt haben. Obwohl sie sich immer noch gerne, vor allem in offiziellen Verlautbarungen, als Vierte Gewalt im Staate verstehen wollen, erschien uns diese Selbstbeschreibung angesichts aktueller Entwicklungen nicht mehr gerechtfertigt: „Diese Selbstzuschreibung als Vierte Gewalt im Staate nährt sowohl den Mythos der Gemeinschaftsorientierung der Medien als auch den Mythos von einer kritischen Öffentlichkeit. Falls es beides einmal gegeben haben sollte, dann gehört beides angesichts der aktuellen Kollaboration von Medien und deren Kunden der Vergangenheit an. Medien und hier vor allem die Privaten (aber nicht nur sie) sind nicht mehr die Vierte Gewalt, sondern vielmehr *Community's Watchdogs*" (vgl. Bidlo/Englert/Reichertz 2011: 266; Hervorhebungen im Original).

Die Ergebnisse der empirischen Untersuchungen warfen allerdings auch neue Fragen auf, die es erforderlich machten, sich einerseits die veränderten Produktionsbedingungen der Medien weiter anzusehen – wie z. B. die tief greifenden Umstrukturierungen des Feldes, wie die Auslagerung der Informationsbeschaffung und -verarbeitung bspw. an TV-Produktionsfirmen oder die zunehmende Nutzung des Internets bei gleichzeitiger Umstrukturierung der Zeitungsredaktionen. Andererseits musste, um die Kollusion von Medien und Polizei besser zu verstehen, die Pressearbeit der Polizei weiter untersucht werden. Über beides soll in dieser Monograghie Rechenschaft abgelegt werden.

Unsere Ergebnisse bezüglich der aktuellen Bedeutung der Medien lassen sich auf einen, wenn auch sprachlich sperrigen Begriff bringen: Media-Con-Act(ivat)ing. Dieser Begriff versucht verschiedene, uns wichtige Aspekte des neuen Medienhandelns zu benennen: Einerseits die aus unserer Sicht wesentliche neue Qualität des Agierens der Medien als eigenständige Akteure im Diskurs über Innere Sicherheit (*Media Acting*). Medien sind nicht länger mehr nur Vermittler, sondern immer öfter und immer bewusster eigenständige Akteure. Sie sind zudem Akteure, die ihre Rezipienten aktivieren wollen (*Activating*), im Diskurs um Innere Sicherheit selbst tätig zu werden. Allerdings halten die Medien den Rezipienten nicht mehr ausschließlich dazu an, Institutionen der Inneren Sicherheit tatkräftig zu unterstützen – ihnen Auge und Ohr zu leihen (wie es bspw. *Aktenzeichen XY ... ungelöst* von Eduard Zimmermann getan hat), sondern sie halten die Zuschauer andererseits unterhaltsam an, sich selbst gut zu führen (und zwar normgerecht); und zugleich integrieren sie die Rezipienten in das eigene Agieren im Feld der Inneren Sicherheit, indem sie ihn z. B. als Leserreporter in die Medienarbeit einbinden. Dies tun sie auch in ihrem Kampf um Innere Sicherheit, indem sie bspw. neue Normen in der Internetsicherheit aushandeln und diesen Aushandlungsprozess dem Rezipienten aufzeigen (z. B. in *Tatort Internet – Schützt endlich unsere Kinder*) oder dem Zuschauer Unterricht in Methoden und Vorgehensweisen der kriminaltechnischen Spurensicherung anbieten (z. B. in *Ermittlungsakte – Auf Spurensuche mit Ulrich Meyer*). Des Weiteren verbinden die Medien die Zuschauer, auch indem sie für diese (Internet-)Plattformen bereitstellen, in denen sich die Bürger miteinander vernetzen können[3] (*Con-Acting*, phonetisch ähnlich klingend wie das englische ‚connecting' = verbinden, netzwerken). Kurz: Die Medien agieren zum Zwecke der Zuschauerbindung selbstständig im Bereich der Inneren Sicherheit, sie verbinden die Zuschauer miteinander und aktivieren sie unterhaltsam, sich in die Ordnung einzufügen und den Medien dabei zu helfen, der Gesellschaft zu helfen. Die frohe Botschaft der Medien lautet, dass die Welt in Ordnung kommt, weil die Medien sich ihrer (mit Hilfe der Zuschauer) annehmen.

Medien treten, indem sie so agieren, häufig an die Stelle gesellschaftlicher Institutionen und des Staates, die sich zunehmend von einigen ihrer angestammten Aufgaben zurückziehen, auch indem sie die Zuschauer als Bürger dazu auffordern, die *Medien* (nicht die Polizei) bei diesen Tätigkeiten, die ursprünglich die Aufgabe anderer gesellschaftlicher Institutionen war, zu unterstützen. Diese Veränderung sowohl des *Tätigkeitsfeldes* als auch der Art des *Tätigwerdens* des Mediums ließ sich während der Projektlaufzeit gut beobachten (und empirisch bestätigen).

Gut anschlussfähig sind (bei allen Unterschieden) unsere Ergebnisse an die vor allem in der Politikwissenschaft geführte Debatte über ‚Writing Security' (vgl. Campbell 1998) und ‚Securitization' (vgl. u.a. Wæver 2011; Williams 2003; Lipschutz 1995). ‚Securitization' bzw. ‚Writing Security' geht, ähnlich wie unser Projekt auf sozialkonstruktivistischen Prämissen beruhend, davon aus, dass ‚Sicherheit', insbesondere das ‚Sicherheitsgefühl' der Bürger in einem Staat durch das ‚Schreiben', u.a. in den Medien, erzeugt wird – auch wenn dort vor allem die ‚Äußere Sicherheit' Gegenstand ist.[4] Die Grundidee hinter den Konzepten des ‚Writing Security' und des ‚Securitization' erinnert an die These des ‚Labeling Approach', nach der Devianz nicht objektiv vorhanden ist, sondern sozial zugeschrieben und somit erst erzeugt wird (‚Labeling'). Allerdings ist der Ausgangspunkt von ‚Securitization'

---

[3] Eine besondere Rolle spielt hierbei auch das Internet, welches auch dem Medium als Akteur im Hinblick auf die Vernetzung mit dem Bürger neue Möglichkeiten bietet (vgl. hierzu auch der Beitrag über WikiLeaks im vorherigen Projektband *Securitainment*).
[4] Siehe auch die deutsche Diskussion, die sich ebenfalls vor allem auf die äußere Sicherheit bezieht: „Medien schaffen quantitativ wie qualitativ eine sekundäre Wirklichkeit der Sicherheitspolitik." (Löffelholz 2008: 127).

1 Einleitung: Die neue Bedeutung der Medien

bzw. ‚Writing Security', dass die Medien, indem sie eine gewisse (Un-) Sicherheit durch ihr Agieren, insbesondere das Schreiben, konstruieren, die Politik dazu bewegen, für die (außenpolitische) Sicherheit in einem Staat in bestimmter Weise tätig zu werden, bspw. in Form von neuen Gesetzesentwürfen. Auch für diese Konzepte lässt sich die Rolle der Medien im Feld der Sicherheit nicht mehr alleine auf eine Vermittlerrolle reduzieren. Auch dort werden die Medien durch ihr Agieren (*on air*) zu Akteuren – und sie werden damit sehr viel mehr der Vorstellung einer Vierten Gewalt gerecht werden, als dies bei unseren Untersuchungen der Fall ist.

Aus unserer Sicht nehmen die Konzepte des ‚Writing Security' bzw. der ‚Securitization' die Medien jedoch nur als ‚Schreiber' (also *on air*) wahr – was einiges an ihrer Bedeutung übersieht, nämlich all das, was die Medien *off air* ‚leisten', z. B. wenn sie bestimmte Veranstaltungen zu Themen der Inneren Sicherheit initiieren und so sich das Medium als Akteur von seinem ursprünglichen Tätigkeitsfeld löst und in anderen Feldern eigenständig agiert. Zum Zweiten bedeutet dieses Agieren der Medien *off air*, dass die Medien nicht nur ‚Sicherheit schreiben' (‚Writing Security'), sondern durch ihr eigenständiges Agieren selbst Sicherheit herstellen (‚Doing Security') – ein wichtiger Entwicklungsschritt, der im vorliegenden Band besondere Berücksichtigung findet.

Dies heißt also für die Entwicklung des Mediums vom Vermittler zum Akteur im Diskurs über Innere Sicherheit: Das Medium wurde im Diskurs über Innere Sicherheit nicht nur vom Vermittler zum Akteur, sondern das Medium wurde zu einem Akteur, *der aktiv und eigenständig* die richtige Praxis des Polizierens (auch stellvertretend für gesellschaftliche Institutionen der Inneren Sicherheit, z. B. als neue eigenständige Experten in bestimmten Themenbereichen) aushandelt. Von diesem eigenständigen Akteur, der lange Zeit Vielen als vierte Gewalt im Staate galt und sich selbst auch als Kontrollinstanz der Legislative, Judikative und Exekutive verstand (und sich oft heute auch noch versteht – vor allem sonntags) hat sich das Medium zu einem Aktivierer entwickelt, der die Rezipienten in diesen Aushandlungsprozess nicht nur einbezieht, sondern auch deren Aktivität im Kampf um die richtige Form des Polizierens erwartet und so ein neues Netzwerk von Akteuren im Diskurs über Innere Sicherheit entstehen lässt – oder kurz: Media-Con-Activating, das wesentlich über die Ansätze des ‚Writing Security' und ‚Securitization' hinausgeht.

Die Entwicklung des Mediums vom Vermittler zum Akteur und insbesondere vom Akteur zum Aktivierer nachzuzeichnen, ist das Ziel des vorliegenden Bandes, der sich aus vier Themenschwerpunkten zusammensetzt:

1. Die empirische Untersuchung der Medien als eigenständige Akteure und die Reaktion der Institutionen der Inneren Sicherheit auf diese neue Eigenständigkeit der Medien.
2. Die empirische Betrachtung der Vorgehensweise der Medien als Aktivierer, exemplarisch untersucht mittels der Videoanalyse dreier unterschiedlicher Fernsehsendungen über Verbrechensaufklärung.
3. Die Beschreibung des nicht einfachen und wechselhaften Zusammenspiels zwischen Polizeipressestellen und den Medien.
4. Die theoretische Analyse der neuen Eigenständigkeit der Medien als Aktivierer vor dem Hintergrund eines Verständnisses der Medien als Vierte Gewalt und den Medien als eigenständige Experten.

Diese vier Themenbereiche zeichnen die Entwicklung der Bedeutung der Rolle des Mediums in Deutschland bis heute nach und geben einen Überblick über die neue Qualität des Mediums als Akteur und als Aktivierer im Diskurs über Innere Sicherheit – eine Rolle, die sich nicht mehr auf eine Tätigkeit als Vermittler zwischen Politik und Öffentlichkeit und auch nicht auf die ‚vierte Gewalt im Staate' reduzieren lässt.

Ganz herzlich möchten wir der DFG für die finanzielle Unterstützung danken. Sina Saafi und Phillip Roslon haben das Manuskript mit großer Umsicht durchgesehen und formatiert. Auch ihnen sei an dieser Stelle gedankt.

Essen, Juli 2012

Jo Reichertz, Oliver Bidlo, Carina Jasmin Englert

„Das ist ein Geben und Nehmen". Mit einem privaten Newsmacher unterwegs. Methodische Probleme bei der Analyse von Feldaufenthalten und erste Überlegungen zum Zusammenspiel von Videojournalisten und Polizisten/Feuerwehrleuten

2

Jo Reichertz

2.1 Vorbemerkung

Der hier vorgelegte Text versucht gleichzeitig (und das ist eher unüblich) die Reflexion methodischer Probleme und eine erste Auswertung der in einer Feldstudie erhobenen Daten. Erst wird über die Probleme des Feldzugangs berichtet, dann über die Qualität der so erhobenen Daten nachgedacht und schließlich eine erste Verdichtung der Interpretationsergebnisse vorgestellt. Die Verschränkung von methodischer Reflexion und Auswertung soll die methodischen und methodologischen Probleme nicht nur nennen, sondern deutlich zeigen. Denn bei Feldstudien sind Datenerhebung und Datenauswertung nicht wirklich getrennte Prozesse: Schon während der Erhebung wird ausgewertet und auch bei der Auswertung wird immer noch und immer wieder neues Material erhoben. Feldforschung besteht immer aus „gleitender" Auswertung und „gleitender" Datenerhebung: Man kann die Phasen der Forschung zwar analytisch voneinander trennen, aber nicht praktisch. Das versucht der Beitrag zu zeigen. Ob der Versuch gelungen ist, steht auf einem anderen Blatt.

2.2 Der Zugang zum Feld ist schwieriger geworden

Ein bestimmtes Praxisfeld als Wissenschaftler beobachten zu wollen, das ist die eine Sache – es auch betreten zu können, die andere. Das gilt nicht nur, wenn man die Praxis polizeilicher Arbeit teilnehmend beobachten will, sondern auch, wenn man sich für die Praxis journalistischen Arbeitens interessiert. Denn Journalisten (unabhängig davon, ob sie beim oder für das Fernsehen, Radio oder bei den oder für die Printmedien arbeiten), also die Akteure, die ansonsten gern und laut darüber klagen, dass man ihnen den Zugang zu bestimmten Bereichen der Wirklichkeit erschwert oder gar verhindert, diese Akteure (so die Erfahrung unserer Projektarbeit) sind sehr erfindungsreich, sich teilnehmende Beobachter vom Leib zu halten. Sehr viel lieber geben sie lange Interviews, die schon auf den ersten Blick als PR-Arbeiten für das jeweilige Medium zu erkennen sind. Und oft lassen sich Wissenschaftler dazu benutzen, PR für das Medium als wissenschaftliche Analyse auf den Markt zu bringen.

Viele Anfragen bei unterschiedlichen Medien verliefen sehr ähnlich. Erst sah niemand Probleme, dann platzten Termine, dann kamen Bedenken auf und schlussendlich sollten die Beobachter Formulare unterschreiben, die sie verpflichteten, über all das, was sie erlebt hatten, Stillschweigen zu wahren (im Interesse des Datenschutzes selbstverständlich).

Nun war es noch nie ganz leicht, als beobachtender Wissenschaftler an der Lebenspraxis anderer Menschen eine gewisse Zeit teilzunehmen. Weshalb sollte man auch einem Fremden Einblicke in das eigene Leben gewähren? Noch sehr viel schwieriger wird die teilnehmende Beobachtung in Feldern, in denen a) die Handlungspraxis durch die Beobachtung erheblich behindert wird (z. B. Intensivstationen, Polizeiarbeit, Privatleben etc.) oder b) wenn in den Feldern Normen, Tabus oder Gesetze verletzt werden (z. B. organisiertes Verbrechen, Drogenszene, Unternehmen etc.) oder c) wenn die Abwesenheit von Beobachtung für die Handlung konstitutiv ist (z. B. Sexualität, Geheimrituale etc.) oder wenn in den Feldern bestimmte Personengruppen (z. B. Andersgläubige, Erwachsene etc.) systematisch ausgeschlossen sind. Weiter verschärft wird das Zugangsproblem, wenn man sich Feldern nähern will, in denen die Feldinsassen über gesellschaftliche Macht verfügen. Es ist wohl kein Zufall, dass die Sozialwissenschaft zwar schon fast alle randständigen Gruppen genauestens und teils mehrfach untersucht hat, von den Zentren gesellschaftlicher Macht (Politik, Wissenschaft, Wirtschaft, Banken, Gewerkschaften, Militär etc.), jedoch so gut wie nichts weiß, da ihr in der Regel ein genauerer Einblick in diese Felder verwehrt wird. Es bedarf schon eines sehr großen (diplomatischen) Geschicks, solche Institutionen oder Unternehmen als Wissenschaftler teilnehmend zu beobachten – und manche Wissenschaftler und Wissenschaftlerinnen hatten in den letzten Jahrzehnten dieses Geschick.

Feldforschung ist (entgegen der Intuition, Organisationen hätten sich in den letzten Jahrzehnten gegenüber der Gesellschaft geöffnet) in den letzten Jahrzehnten nicht leichter geworden – eher schwieriger. Dies vor allem deshalb, weil die Unternehmen oder Institutionen, die man als Wissenschaftler teilnehmend beobachten will, sich immer öfter einer Beobachtung verweigern. Dass (mittlerweile so

2.2 Der Zugang zum Feld ist schwieriger geworden

viele) Unternehmen wie Institutionen sich dagegen sträuben, sich über einen längeren Zeitraum bei der täglichen Arbeit zuschauen zu lassen, hat (neben den oben angesprochenen Gründen) sicherlich auch etwas mit der Fülle von Feldstudien zu tun, die in den letzten Jahren veröffentlich wurden – also mit dem Erfolg der qualitativen Methoden in den Sozialwissenschaften.

Denn nicht immer waren die untersuchten Institutionen mit der Beobachtung selbst und/oder mit den Ergebnissen teilnehmender Beobachtung besonders glücklich. Manche fühlten sich (zu Recht oder zu Unrecht) falsch verstanden und dargestellt. Aber immer galt und gilt: Wissenschaftliche Untersuchungsergebnisse bleiben nicht (mehr) im universitären Kontext, sondern werden von Freund wie Feind in den gesellschaftlichen Diskurs eingespeist und dort für politische Auseinandersetzung Forschung heute Folgen für das Untersuchungsfeld hat. Und da diese Folgen nicht immer im Interesse der Untersuchten sind und auch nicht sein können, schließen sich die Untersuchungsfelder zunehmend ab – wenn auch freundlich.

Aber der Hauptgrund für die massive Zurückhaltung von Institutionen ist aus meiner Sicht ein anderer: es ist die Allpräsenz der Pressestellen und damit einhergehend die Allpräsenz der Public Relations, die den Feldforschern die Zugangsarbeit so schwer macht. Noch in den 1980er und 1990er Jahren gab es in vielen Unternehmen und vielen Institutionen eine ganz klare und oft auch offizielle Missbilligung von wissenschaftlichen Feldstudien – man wollte nicht, dass Wissenschaftler bestimmte Felder betreten. Und damit blieben viele Bereiche gesellschaftlichen Lebens unbekannte Orte.

Heute, zu Zeiten der allgegenwärtigen freundlichen Polizeipressestellen, gibt es keine offizielle Missbilligung mehr. So hört man am Telefon oder liest man in der E-Mail oder in dem prachtvoll gestalteten Schreiben (alles in sehr freundlichem Ton) die offizielle Leitlinie: „Wir als Pressestelle von XY sind offen für eine demokratische Öffentlichkeit und somit auch für die Wissenschaft. Beide können uns gerne beobachten." Offiziell oder anders: auf der Vorderbühne ist es also leichter geworden. Sobald es allerdings ernst wird, also sobald der Feldaufenthalt konkret wird und man über den genauen Beginn spricht, zeigt sich dann regelmäßig, dass zum größten Bedauern bestimmte rechtliche Regelungen oder Akteure (besonders beliebt: Datenschutz, Betriebsrat, Versicherungsschutz) einer Feldbeobachtung entgegenstehen.

Diese neue „freundliche Schließung" der Unternehmen und Institutionen ergibt sich ganz wesentlich daraus, dass (fast alle) Organisationen im Blickpunkt der Öffentlichkeit stehen und dass die Unternehmen und Organisationen aus verständlichen Gründen Public Relations, also Öffentlichkeitsarbeit betreiben – was heißt: sie arbeiten im Sinne einer überzeugenden Corporate Identity bewusst und gezielt an ihrem Bild in der Öffentlichkeit. Denn Public Relations bestehen nun nicht nur darin, der Öffentlichkeit auf möglichst vielen Kanälen zu kommunizieren, *was* man gerade tut, sondern dass man dieses auch *gut* tut. Wichtig dabei ist: Die Botschaft soll stimmig sein, niemand soll etwas anderes kommunizieren, alle sollen das Gleiche sagen.

Das ist aus Sicht der PR auch vollkommen in Ordnung. Denn es gehört zur „Natur" der PR, alle Informationen über das eigene Haus, die von innen nach außen gehen, daraufhin zu kontrollieren, ob sie für das öffentliche Bild des Unternehmens/der Institution gut oder schlecht sind. Alle Informationen laufen durch diesen Filter. Wenn Wissenschaftler kommen und sich mittels teilnehmender Beobachtung Wissen über das Unternehmen/die Institution erarbeiten, dann gelangt dieses Wissen via wissenschaftlicher Publikation (aus Sicht der PR-Abteilung) unkontrolliert nach außen, also ohne durch den PR-Filter zu laufen. Das ist für jeden PR-Mann eine mittelschwere Katastrophe, die es auf jeden Fall zu verhindern gilt. Und da die Unternehmensleitung ein ähnliches Interesse verfolgt wie die PR, bleiben die Beobachter draußen vor der Tür. Die Kunst der PR-Leute besteht nun darin, die Abweisung zu kommunizieren, ohne allerdings beim Beobachter den Eindruck zu erwecken, man wolle sich der Beobachtung verschließen. Das schafft ein sehr gutes Klima für eine doppelbödige Kommunikation.

2.3 Über den Einstieg in das Feld „Private Produktion von lokalen News"

Dass es uns in einigen Fällen doch gelang, die Arbeit von Journalisten teilnehmend zu beobachten, war nicht nur dem ständigen Nachhaken und einer Reihe vertrauensbildender Maßnahmen zu verdanken, sondern auch einer großen Portion Glück, Menschen gut zu kennen, die einen anderen gut kennen, und die bereit waren, für den Beobachter zu bürgen. Denn wie in anderen Feldern auch wird man auch von dem Feld „Journalisten" nur aufgenommen und akzeptiert, wenn es jemanden gibt, der für einen bürgt, der sagt: „Der oder die ist in Ordnung. Der ist neutral und der versucht nicht, euch reinzureißen. Den kann man zuschauen lassen." Meist gelingt es also nur über einen Bürgen, ins Feld hinein zu kommen. So war es auch in dem Fall, der hier Gegenstand der Analyse ist.

Das übergeordnete Ziel des Forschungsprojekts war es, die Arbeit von Journalisten (Print, Funk, TV, Internet) im sogenannten „Blaulichtressort" teilnehmend zu beobachten. Zu diesem Feld gehörte nach unserer Ansicht auch eine besondere Form des freien Journalismus – nämlich die mittlerweile zahlreichen privaten, in der Regel sehr kleinen Firmen oder Einzelpersonen, die vor allem auf die Produktion lokaler und aktueller News (Schwerpunkt: Unfälle, Verbrechen, Katastrophen)

2.3 Über den Einstieg in das Feld „Private Produktion von lokalen News"   11

spezialisiert sind und diese an die einzelnen Fernsehsender verkaufen. Gemeint ist also der Berufsstand der *Videojournalisten*, dessen kurze Geschichte bis in die 1960er Jahre reicht, dessen Berufsbild jedoch erst seit den 1980er Jahre in der deutschen Newsproduktion fest etabliert ist (vgl. Lorenzkowski 1995; Wegner 2004; Wittke 2000) und der mittlerweile einen eigenen Ausbildungsweg besitzt, jedoch chronisch schlecht bezahlt wird (vgl. Zalbertus und Rosenblum 2003). Dennoch haben die Videojournalisten mittlerweile (nicht nur in Deutschland) einen festen Platz bei der medialen Beschreibung und Erschaffung von Sicherheit („Writing Security" – Campbell 1998[1]), ohne dass deren Bedeutung in diesem Prozess bislang untersucht oder reflektiert wurde.

Da die national agierenden Fernsehsender nur noch sehr wenige Produktionsteams haben und die nur bei Ereignissen nationaler oder internationalen Bedeutung eingesetzt werden, sind die lokalen News vor allem das Arbeitsfeld der lokalen Sender und ihrer Angestellten, wie den frei arbeitenden Journalisten. In Konkurrenz hierzu stehen vor allem Ein-Mann-Unternehmen (Freelancer) oder die oben angesprochenen Produktionsfirmen, die bei lokalen „Blaulichtereignissen" vor Ort Bilder machen und Beiträge produzieren, die dann an die Nachrichten- oder Magazinsendungen der diversen Fernsehsender verkauft werden (Didier 2003; Zajonc 2003). Da es in diesem Feld viele Akteure und sehr viel Konkurrenz gibt und niemand sicher sein kann, dass sein Beitrag auch gekauft wird, heißt die Devise der privaten Newsproduzenten: „Als Erster am Ort des Geschehens, die besten Bilder machen, schnell produzieren und als Erster anbieten!" Wegen der hohen Konkurrenz gibt es auch viel Streit und Missgunst untereinander, aber auch Misstrauen.[2]

Weil das Misstrauen zum Berufsbild dieser Newsproduzenten gehört, war es auch so schwer, in dieses Feld hineinzukommen. Es war wieder einmal der Zufall, der es dennoch ermöglichte: Mit einer guten Bekannten, die selbst in den Medien tätig ist, kam ich im Gespräch eher zufällig auf die privaten Newsproduzenten zu sprechen – sie erzählte, dass sie einen dieser Macher gut kenne, und nach einigem Hin und Her erklärte sie sich bereit, dort einmal anzufragen, ob eine teilnehmende Beobachtung möglich wäre. Es dauerte dann noch einige Wochen und einige Ge-

---

[1] Campbells Überlegungen beziehen sich zwar, wie alle Arbeiten im Rahmen der „Securitizsation"-Forschung, auf die „Äußere Sicherheit" von Staaten. Dennoch sind viele Überlegungen zur sozialen Konstruktion von Sicherheit durch die Schreibenden (Medien) auch für die Beschreibung der Inneren Sicherheit fruchtbar.

[2] Eine sehr praxisnahe Beschreibung der Lebenswelt der Videojournalisten findet sich in den Kriminalromanen des Duos Karr und Wehner (1994 ff). Die beiden lassen den freien Videoreporter Heinrich „Gonzo" Gonschorek in Essen wiederholt erfolglos guten Bildern hinterher jagen und dabei Verbrechen aufklären. Erfolgreich wird er dadurch jedoch nie. Hektik, Geldnot und die Angst vor der schnelleren Konkurrenz sind das tägliche Brot von Gonzo.

spräche, bis ich dann von meiner Bekannten die Telefonnummer von Herrn Pfeiffer, dem „Chef" der Blitz-News GmbH[3] mit Sitz in X-Stadt, bekam – verbunden mit den Worten: „Der weiß, dass Sie mal dabei sein wollen. Sie müssen nur noch einen Termin abmachen." Ganz so einfach war es dann jedoch nicht, aber nach weiteren Wochen beharrlichen Anrufens, sollte ich dann eines Tages „einfach mal vorbei kommen". Allerdings: Mehr als einen Tag könne ich, so Herr Pfeiffer weiter, nicht zuschauen, die Arbeit sei einfach zu viel und es ginge vor allem darum, der Erste zu sein. Zeit sei auch und gerade in seinem Gewerbe Geld. Wer mit seinem Produkt eine Minute zu spät käme, der ginge leer aus und wäre schnell pleite. Zwei Stunden später stand ich vor der Tür seiner Firma und konnte einen Tag lang miterleben, wie von ihm und seinen Mitarbeitern Nachrichten gemacht wurden. Ton- und Bildaufnahmen durfte ich nicht machen. Was mir allein blieb, um Daten zu fixieren, war mein Gedächtnis. Sofort nach Ende meines Feldaufenthalts diktierte ich noch im Auto ausführlich meine Erinnerungen in das mitgebrachte Diktaphon. Das hatte natürlich weit reichende Konsequenzen für die Auswertung, denn die Frage ist, was man eigentlich für Daten hat, wenn man Memos hat. Über wen oder was sagen diese Daten etwas aus? Weil die Klärung dieser Fragen für jede Sozialforschung von entscheidender Bedeutung ist, jedoch selten angestellt wird, hier im Folgenden einige grundsätzliche Bemerkungen hierzu.

2.4 Überlegungen zu der Qualität sozialwissenschaftlicher Daten

Was repräsentieren sozialwissenschaftliche Daten eigentlich? Welche Daten darf man auswerten und mit welcher Methode darf man dies? Darf man alle mit dem gleichen Verfahren interpretieren? Wie kommt man überhaupt an „nützliche" Daten? Wie können die unterschiedlichen Daten aufeinander bezogen (trianguliert) werden? Diese und viele andere Fragen tauchen auf, insbesondere wenn man eine Feldstudie plant, dann auch durchführt und die dort erhobenen Daten auswerten möchte. Diese Fragen werden umso dringlicher, wenn die Auswertung der erhobenen Daten ansteht. Dann zeigt sich, dass die Fragen nicht mit *einer* und schon gar nicht mit einer *endgültigen* Antwort zu versehen sind. Wie man die jeweiligen Fragen für die eigene Forschungsarbeit begründet beantworten kann, hängt von vielen Variablen ab, vor allem jedoch von dem *Erkenntnisziel*, das man mit der Feldarbeit anstrebt – also der Forschungsfrage, die man mit der Forschung beantworten will.

---

[3] Alle Angaben sind so anonymisiert, so dass ein Erkennen der wirklichen Personen und des Unternehmens nicht möglich sein sollte.

2.4 Überlegungen zu der Qualität sozialwissenschaftlicher Daten

Um das Problem zu veranschaulichen, möchte ich eine schöne und treffende Metapher Luhmanns aufgreifen. In seiner Klage über die Detailverliebtheit einiger Kollegen zeichnet er folgendes Bild: „Forscher, die man mit dem Auftrag, festzustellen, wie es wirklich war, ins Feld jagt, kommen nicht zurück; sie apportieren nicht, sie rapportieren nicht, sie bleiben stehen und schnuppern entzückt an den Details" (Luhmann 1980, S. 49).

Demnach kann man (allerdings nur zu einem bestimmten und begrenzten Zweck) Wissenschaftler (so sie Feldforschung betreiben) mit Hunden vergleichen: sie werden (von den Methodenhandbüchern) ins Feld gejagt, dort schnüffeln und schnuppern sie, aber entgegen der Unterstellung Luhmanns, bringen die Feldforscher, wenn sie sich der Faszination der untersuchten Gruppe entziehen können, eine Fülle von Dingen wieder mit zurück. Hunde, jagte man sie in einen Wald, brächten all das mit, was zwischen ihre Zähne passt: kleinere Äste, Laub, Kleintiere, vielleicht auch mal einen Hasen. Zudem gäbe es wohl noch einige Zecken in und Blütenstaub auf der Haut, Bodenproben an den Fußballen selbstverständlich auch. Ein Hund (bleibt man in der Metapher) brächte nicht nur zurück, was er *ergreifen* konnte, sondern auch, was ihn *ergriffen* hat.

Versteht man nun das Mitgebrachte als Daten, dann lässt sich fragen, was man mithilfe dieser mitgebrachten Daten erfahren kann. Das kommt gewiss auch auf die Fragen an, die an das Material gerichtet werden, aber gegenüber vielen Fragen bleiben die Daten stumm: so z. B. gegenüber der Frage, wie die Fauna und Flora eines Waldes ihr Zusammenspiel bewerkstelligen (falls sie zusammenspielen). Sicherlich kann man angesichts des Laubs, der Äste, der Zecken etc. Aussagen darüber treffen, was einem Hund so alles passieren kann, wenn man ihn in einen Wald jagt, aber das wird vielen zu wenig sein. Noch geringer wird der Erkenntnisgewinn, wenn man nur das untersucht, was unser Hund „bewusst" mit seinen Zähnen ergriffen und mitgebracht hat (somit das vernachlässigt, was ihn bei seiner Suche ergriffen hat). Doch auch dieser Gewinn kann noch geschmälert werden, nämlich wenn vergessen wird, die spezifische Zugriffsweise des Hundes zu rekonstruieren und bei der Auswertung der Daten in Rechnung zu stellen. Denn er konnte ja nur das mitbringen, was er aufgrund seiner Greifwerkzeuge packen und tragen konnte. Igel z. B. brächten anderes mit.

Alldem lässt sich jetzt entgegenhalten, Sozialforscher seien nun mal keine Hunde – Erstere würden nämlich nicht nur apportieren, sondern auch rapportieren. Dem ist in der Tat so: Außer diversen Objekten bringt der Feldforscher seinen *Report* mit – aber auch seinen Rapport (im psychoanalytischen Sinn: vgl. Fröhlich 2010, S. 399; Wolff 1987 – Was ist mit der Persönlichkeit des Forschers im Wald passiert?). In dem Report berichtet der Forscher darüber, was er unter welchen Umständen wie wahrgenommen hat. Der Rapport ergibt sich aus der Beziehung, die er im Feld mit deren Bewohnern eingegangen ist. Der Forscher hat sich mit dem Feldaufenthalt verändert: die Menschen im Feld haben ihn dadurch verändert, dass sie ihre Erwartungen an den Forscher herantrugen, aber auch dadurch, dass er seine den Feldangehörigen antrug (Übertragung – Gegenübertragung – vgl. auch Nadig 1987; Haubl und Liebsch 2011).

Mitbringsel von seiner Reise in den Wald, also in „sein" Feld können z. B. sein: Kochgeschirr, Handwerkszeug, Kunst- und Sakralgegenstände, Speisen, Kochrezepte, Kleidung, Melodien und Verse, Tagebücher von Untersuchten, natürlich sein eigenes Diary, kurze Feldnotizen (Memos), ausführliche Feldprotokolle, Interviews, Fotos und Videofilme, manchmal auch heimlich mitgeschnittenes Ton- und Bildmaterial. Oft übersehen bei solchen Aufzählungen werden die *Erinnerungen* und *Emotionen* des Forschers – nicht nur Erinnerungen an bestimmte Ereignisse und Stimmungen, auch die Erinnerungen an bestimmte Routinen und Handlungsregeln, auch die Erinnerung daran, was er genossen hat, vor was er sich geekelt hat, was ihn berührte und was ihn kalt ließ. Vom Forscher oft selbst übersehen wird auch die erworbene bzw. nur teilweise erworbene „Mitspielkompetenz", also (um in der Metapher zu bleiben) seiner Fähigkeit entsprechend, sich im Wald angepasst zu bewegen. Die Mitspielkompetenz (so er sie denn im Feld erworben hat) ermöglicht dem Forscher, in der untersuchten Gruppe besser mitspielen zu können als andere Fremde. Dabei ist zu unterscheiden zwischen explizierbarem Regelwissen (wenn x, dann wird nach x gehandelt) oder implizites Wissen (das macht man da so) handelt.

Natürlich bringen nicht alle Feldforscher immer alle diese Dinge von ihrer Exkursion mit zurück – manche favorisieren die Souvenirs, andere (ohne Zweifel die Mehrheit) die Berichte und Interviews. Das hängt auch davon ab, auf welche Weise der Forscher sein Feld besucht: Schaut er bloß einer Kleingruppe durch einen Einwegspiegel bei ihrem Treiben zu oder stellt er sich wie eine graue Maus unauffällig in eine Ecke des Feldes (z. B. Goffman 1996) oder nimmt er aktiv über einen längeren Zeitraum an dem Leben der Untersuchten teil oder richtet er in einem begrenzten Zeitraum seine Aufmerksamkeit auf einen bestimmten Aspekt des Feldlebens (Knoblauch 2002) oder wird er unerkannt Teil der untersuchten Gruppe (z. B. Wallraff 1997) oder diskutiert er energisch mit ihnen über ihre Welt (z. B. Girtler 2001, 2006).

Gewiss ist es keine Geschmacksfrage, welche Forschungsstrategie gewählt wird, besteht doch eine enge Verbindung zwischen Feldzugang und erlangten Daten. Mit einigen Daten lässt sich mehr anfangen, mit anderen weniger. Mit welchen Daten sich nun mehr und mit welchen sich nun weniger anfangen lässt, ist letztlich eine Frage des Verwendungszweckes oder anders: ob Daten nützlich sind, hängt von der Frage ab, auf die man mit ihrer Hilfe eine Antwort (re-)konstruieren will.

2.4 Überlegungen zu der Qualität sozialwissenschaftlicher Daten

Spätestens wenn man die Daten hat, stellt sich die Frage danach, ob die Daten „tatsächlich" etwas repräsentieren und wenn ja, was sie repräsentieren. Erst wenn dies zumindest nicht mehr völlig unklar ist, lässt sich in einem weiteren Schritt diskutieren, zu was die von mir erhobenen Daten gebraucht werden können.[4]

Betrachten wir also nun die Daten, die ein – weiter oben auf die Suche geschickter – Feldforscher normalerweise mitbringt. Da liegt ein Kochtopf neben einem Interview, eine Rechtsverordnung neben einer Feldnotiz, ein Kochrezept neben einem Videoband einer Hochzeitsfeier, eine Mord-Akte neben Kurzmitschriften von beobachteter Interaktion, ein Blogbeitrag neben einem Zeitungsartikel. Die Daten kann man nun nach den unterschiedlichsten Kriterien ordnen. Eine, mir sehr sinnvoll erscheinende Möglichkeit besteht darin, vorab zu prüfen, wer die Daten zu welchem Zweck konstruiert hat. Schließt man sich dieser Sicht erst einmal an, dann lassen sich leicht *fünf* Datenbestände ausmachen:

1. So gibt es einige Daten, die von der untersuchten Gruppe *selbst erstellt* worden sind. Innerhalb dieser Gruppe sind solche Dinge keine „Daten". Dort sind sie für die Lebenspraxis bedeutsam. In der untersuchten Lebenswelt haben diese Dinge einen Verkehrswert. Sie wurden produziert von Mitgliedern dieser Lebenswelt, um im gemeinsamen Feld zu wirken: diese Dinge reichen von einfachen Objekten (Tassen, Fingerhüten, Protokollen, etc.) bis hin zu komplexen Erzählungen/ Geschichten, welche die gemeinsame Verkehrsform beschreiben, legitimieren oder vorschreiben (Legenden, Kochrezepte, Dienstanweisungen, Telefonverzeichnisse, etc.).
Wenn der Feldforscher diese Dinge einsammelt und zu Objekten einer Untersuchung macht, verwandeln sich Stempel, Fingerhut und Predigt in wissenschaftliche Daten. Er kann nun – je nach Erkenntnisziel – diese Dinge sortieren und präparieren, um sie dann auszustellen, er kann aber auch versuchen zu rekonstruieren, welche Bedeutung diese Gegenstände in ihrer Lebenswelt hatten, d. h. zu prüfen, wie sich die Feldangehörigen an diesen Dingen in ihrem Handeln orientieren. Diese Daten sind schwieriger zu verwerten, da sie in keiner Weise wissenschaftlich aufbereitet sind. Dies dennoch zu tun, ist gewiss ein schwieri-

---

[4] Einwenden könnte man an dieser Stelle, ein solches Unternehmen sei hoffnungslos, weil zirkulär. Was wer als Datum akzeptiere, und was die Daten jeweils repräsentierten, sei Ergebnis und Ausdruck der jeweiligen impliziten/expliziten Vorab-Theorien über die Beschaffenheit der Welt. Der Einwand trifft, wenn auch die Lage nicht ganz so misslich ist. Auch wenn es nicht möglich ist, Konsens über eine Theorie zu erzielen, was als Datum gelten und was es repräsentieren soll, so erreicht man doch eins: die Prämissen des Interpretierens werden sichtbar und für den Leser einer Studie kalkulierbarer. Kurz: Man weiß selbst besser, was man tut und andere, also die Leser/innen der Analyse, auch.

ges Geschäft, aber die Archäologie und die Ethnologie zeigen, wie so etwas geht. Für die Soziologen hat u. a. Simmel gezeigt, was sich so alles aus dem Henkel einer Tasse herauslesen lässt (vgl. Simmel 1983, S. 9 ff.).
2. Nun stößt der Beobachter bei seiner Tätigkeit immer wieder auf Dinge, die im Feld offenbar eine *große Rolle* spielen, jedoch dort selbst *nicht angetroffen* und deshalb auch nicht eingesammelt werden können, dennoch sehr stark mit dem Feld verbunden sind. Gemeint sind Gesetze, Verordnungen, Bücher, Denkmäler, Zeitschriften etc., also „Texte", die von unterschiedlichen Akteuren mit unterschiedlichen Interessen gemacht wurden, um das Leben im Feld zu strukturieren, und die laut Angabe der Beobachteten ihr Leben stark beeinflussen bzw. stark reglementieren (sollen), jedoch in konkreter Form im Feld oft nirgends aufzufinden sind. Im Zeitalter von Fernleihen und einem internationalen computergestützten Datenverbund sind solche Dinge für den Forscher mittlerweile leicht zu besorgen. Allerdings darf man diese Daten nicht als „Blaupausen" für das Handeln im Feld begreifen (also als dessen Erklärung), sondern muss immer berücksichtigen, dass jeder Text eigensinnig im Feld von den jeweiligen Akteuren angeeignet wird: Selbst Gesetze oder Backrezepte müssen immer vor Ort situationsspezifisch ausgelegt und abgewandelt werden. Vorschrift und Praxis fallen nicht nur analytisch, sondern immer auch empirisch auseinander.
3. Auf der anderen Seite gibt es Daten, die ausschließlich *von dem forschenden Wissenschaftler* erstellt wurden (Strichlisten, Häufigkeitsverteilungen, Statistiken, Feldnotizen, Protokolle, Memos, Tagebücher etc.). Diese Dinge wurden allein zu dem Zweck produziert, ausgewertet zu werden, und zwar im Hinblick auf das, was für eine bestimmte Fragestellung von Interesse sein könnte. Form und Inhalt solcher Daten sind geprägt von dem, was ein oder viele Wissenschaftler für die richtige Methode halten, solche Daten zu produzieren bzw. zu konstruieren. Dabei ist völlig egal, ob der Feldforscher strukturiert oder unstrukturiert beobachtet. Die zweite Strategie ist oft (nicht immer) nachteiliger, da der Forscher in diesem Fall meist nicht weiß, was er tut, und so leicht Opfer einer Ideologie oder Selbstverzauberung wird.

Vom Forscher konstruierte Daten stehen ständig im Verdacht, Forschungsartefakte zu sein. Jürgen Kriz bewertet diese so: „Nicht valide Ergebnisse, quasi Kunstprodukte der Methoden, können wohl kaum den Anspruch erheben, Bezug zu einer wie immer auch gearteten und wie immer auch konstituierten Realität zu haben, sie wären – bestenfalls – idealistische Gespinste auf der Ebene der Sprachspiele, und weder Beschreibung noch Erklärung einer Wirklichkeit, in der soziales Handeln außerhalb dieser Sprachspiele stattfindet" (Kriz 1985, S. 77). Das muss man nun nicht so pessimistisch wie Kriz sehen, denn zumindest sind diese Daten Teil und Ausdruck der Lebenswelt der *Feldforscher*, sagen

2.4 Überlegungen zu der Qualität sozialwissenschaftlicher Daten

also über deren Verkehrsformen einiges aus. Ob sie einen Bezug zu einer „Wirklichkeit" der untersuchten Lebenswelt haben, lässt sich solange schlecht beurteilen, solange man diese „Wirklichkeit" nicht kennt. Und solange dies der Fall ist, macht es keinen Sinn, von „Wirklichkeit" oder „Wirklichkeitsnähe" zu sprechen. Stattdessen sollte man versuchen, das Konstruktionsniveau von Daten zu ermitteln, zu benennen und zu berücksichtigen, also zu sagen, ob es sich um Konstruktionen erster, zweiter, dritter oder anderer Ordnungen handelt (vgl. Schütz 1971, S. 72).

Alle vom Wissenschaftler selbst produzierten Daten, also auch das hier zur Diskussion stehende Feldprotokoll oder Memo, sind von den formalen, ästhetischen, methodischen und karrierestrategischen Standards der Berufsgruppe der Sozialwissenschaftler mit gestaltet. In der Regel rekonstruieren Sozialwissenschaftler ex post mithilfe von Erinnerung und Spickzettel das, was sie während des Feldaufenthalts glauben wahrgenommen zu haben. Hierzu Jörg Bergmann: „Meine Behauptung ist also, 1) daß diese Daten selbst (und nicht erst deren spätere Bearbeitung) das Ergebnis sekundärer Sinnbildungsprozesse sind, die den primären Sinnzusammenhang, wenn nicht getilgt, so doch undurchdringlich überlagert haben; 2) daß diese Daten das soziale Original – teilweise hochgradig kondensiert – in die Formstrukturen der rekonstruktiven Gattungen transformiert wurde, und 3) daß diese Daten in all ihren deskriptiven Bestandteilen geprägt und abhängig sind von dem spezifischen Kontext ihrer Entstehung und Verwendung" (Bergmann 1985, S. 306).

Die Behauptung ist also nicht, dass Feldprotokolle nichts mit der untersuchten Lebenswelt zu tun haben, behauptet wird allein, dass solche Protokolle Konstruktionen höherer Ordnung sind, deren Perspektive entweder überhaupt nicht oder nur sehr schwer in den forschungspraktischen Griff zu bekommen ist. Noch einmal Bergmann: „Die ‚Daten' schieben sich wie eine Wischblende über das, was sie zu repräsentieren vorgeben; das Ergebnis ist ein stark verschwommenes Bild, auf dem Konturen des Objekts und die Wirkung des Filters nicht mehr auseinanderzuhalten sind" (ebd., S. 307).

4. Aber unter den Daten befinden sich nicht nur vom Feld oder vom Wissenschaftler produzierte Daten, sondern auch *Mischformen*. Sie sind der allgemeinen technologischen Entwicklung zu verdanken, da sie erst möglich sind, seit es Kurzschreibtechniken, Kopierer, Tonbandgeräte und Kameras gibt. Gemeint sind auf Schrift-, Ton- und Bildträger festgehaltene *Interviews* und verdeckt/unverdeckt mitgeschnittene „*Original*"-*Interaktionen*. Solche Daten werden oft für „Kopien" der Originale gehalten – zu Unrecht, was noch zu zeigen ist.

Das Interview ist eine besondere Datensorte, schon allein deshalb, weil viele Forscher sie einsetzen und auch viele der Ansicht sind, mit Hilfe von Interviews ließe sich leicht eine (verkürzte), vom Akteur lizensierte Darstellung der Wirklichkeit erlangen. Generationen von Sozialwissenschaftlern/innen wurden deshalb mit der falschen Maxime ins Feld geschickt, ein guter Interviewer würde nur sagen dürfen: „Wie fing es an, wie ging es weiter und wie endete es?" Aber auch das Interview ist ein soziales Miteinanderhandeln, an dem jeder mitarbeiten muss, soll es gelingen. Ohne echte Teilnahme am Interview erfährt man nichts Wesentliches. An dem Geschehen teilzunehmen und nicht nur still zu registrieren und die nächste Frage zu stellen, zeigt den Feldinsassen, dass man sie ernst nimmt, dass man sich auf sie einlässt, dass man Respekt vor ihnen hat. Ohne diesen Respekt gibt es keine wertvolle Auskunft und keine tiefe Erzählung und keinen Einblick in das Feld.

Wie sieht es nun mit den Daten aus, die Ereignisse bzw. deren Ton- und Bildspur mit oder ohne Zustimmung aufzeichnen und speichern (Transkriptionen, Videographie, Stenogramme)? Scheinbar werden hier mit den technischen Medien Kopien vom Original gezogen. Doch der Schein täuscht. Selbst auf der optimalen analogen wie digitalen Ton- und Bildaufzeichnung (für Stenogramme gilt allemal das Gleiche) fehlen nicht nur die Gerüche und das „Flair" einer Situation, sondern auch die „Flüchtigkeit" lebensweltlicher Ereignisse. Unumkehrbare Interaktionen auf unterschiedlichen Sinnesebenen werden durch die technische Aufzeichnung und deren Verschriftlichung fast zu einer Buchstabenkette, die man immer wieder vorwärts und rückwärts lesen kann. Das bringt für die Interpretation viele wesentliche Vorteile mit sich, produziert jedoch auch neue Probleme.

Aber die „Kopie" unterscheidet sich noch in anderen Dingen vom Original. Das technische Hilfsmittel strukturiert auf die ihm eigentümliche Weise das scheinbar nur aufzuzeichnende Ereignis. Denn das Medium ordnet; es ordnet alle Ereignisse entlang einer Zeitachse an – aus der vielfältigen Gleichzeitigkeit von Interaktionen wird die Aufeinanderfolge einzelner Handlungszüge (vgl. Soeffner 1989, S. 66 ff., 98 ff.). Ohne solch ein (durchaus künstlich) produziertes Nacheinander wäre z. B. die Sequenzanalyse gegenstandslos.

5. Nun ist es fraglich, ob man die nicht schriftlich fixierten *Erinnerungen von Feldforschern* und die dort erfahrenen *Emotionen* und *Bindungen* überhaupt als Daten auffassen kann oder soll. Sicherlich sind es keine, solange sie nicht in irgendeiner Form dokumentiert sind. Dennoch tauchen sie aber regelmäßig in der Forschungsarbeit auf, wenn bereits vorliegende Daten analysiert werden sollen: ganz urwüchsig und ohne dass es festgehalten wird, liefert der Forscher neues Wissen (Kontextwissen), wenn es darum geht, ein scheinbar unverständliches Datum sinnvoller erscheinen zu lassen. Dieses Wissen speist sich nicht nur aus expliziten Erinnerungen, sondern auch aus der im Feld erworbenen

2.4 Überlegungen zu der Qualität sozialwissenschaftlicher Daten

Mitspielkompetenz. Bislang gibt es nur wenige Arbeiten, die versuchen, dieses Wissen als sozialwissenschaftliches Datum zu „materialisieren" und zu nutzen (z. B. Nadig 1987).

Blickt man nun zurück und versucht, alle o. a. Daten gängigen Ordnungstiteln zuzuordnen, dann stellt sich die Frage nach der Brauchbarkeit einer Ordnung für die Sozialforschung. Bringt es etwas, zwischen „natürlichen" und „künstlichen" Daten zu unterscheiden, zwischen „qualitativen" und „quantitativen", „harten" und „weichen"? Sinnvoller ist es, eine Begrifflichkeit aufzugreifen, die Oevermann (vgl. Oevermann 1981) und Soeffner (vgl. Soeffner 1989, S. 51 ff.) entwickelt haben. Diese Autoren unterscheiden zwischen *standardisierter* und *unstandardisierter* Datenerhebung. Dabei favorisieren sie die unstandardisierte Erhebung und äußern Skepsis gegenüber jeglicher Form der Standardisierung. Das ist auf den ersten Blick missverständlich, entsteht doch der Eindruck, hier würde eine alte und als wenig taugliche erkannte Forschungspraxis revitalisiert. Aber es geht nicht um die Frage, ob ein Forscher unstrukturiert oder strukturiert beobachtet, interviewt oder seine Protokolle schreibt – denn wie der Forscher sich auch dreht und wendet, er wird nach den expliziten/impliziten Standards seiner Profession arbeiten.

Nichtstandardisierte Daten sind dagegen all die, die nicht produziert wurden, *um an, wie auch immer gearteten Standards der Wissenschaft gemessen zu werden.* Alle Daten, welche vor dem Hintergrund wissenschaftlicher Standards erzeugt wurden, beinhalten zugleich auch diese Perspektive, sind demnach nicht für alle Forschungsperspektiven brauchbar. Oder genauer: Will man solche aus (impliziten/expliziten) standardisierten Vorgaben gewonnenen Daten auswerten, sind diese Standards zu nennen und ihre Bedeutung für die Analyse zu reflektieren. Zusammenfassend lässt sich aufgrund dieser Überlegungen zu den einzelnen Datentypen Folgendes sagen:

- Alle Dinge, die im Feld von den Feldangehörigen selbst erzeugt und dort eingesammelt wurden, verwandeln sich, sobald sie ausgewertet werden sollen, in unstandardisiert erhobene *Daten*. Da in ihnen keine impliziten wissenschaftlichen Standards eingelassen sind, müssen diese auch nicht reflektiert und bei der Auswertung berücksichtigt werden. Natürlich enthalten diese Daten Standards, nämlich die des Feldes, und gerade diese sind das Objekt der wissenschaftlichen Begierde. Gleiches gilt – wenn auch mit Einschränkungen – für die Objekte, auf die das Feld selbst verweist, die der Forscher aber erst später einsammelt.
- Alle anderen Daten sind von Erhebungsstandards geprägt, die einen mehr, die anderen weniger. Das gilt auch für die Mischformen, also Daten, an deren Produktion Forscher und „Beforschter" gemeinsam beteiligt waren. Wie sehr diese

Standards die Daten durchdringen (z. B.: Sind die Daten Konstruktionen erster, zweiter oder n-ter Ordnung?), ist in jedem Fall *vor* der Auswertung zu prüfen. Auch ist das Konstruktionsniveau bei der Auswertung der Daten in Rechnung zu stellen.

2.5 Zum Problem der Auswertbarkeit von Feldprotokollen

Bei einer „Feldforschung im Freien" ist der Forscher selbst das Beobachtungs- und Datenerhebungsinstrument. Gerade weil er keine Kamera ist, die „nur" den Gesetzen der Optik und dem Willen des Regisseurs unterworfen ist, muss er sich besonders häufig bewusst machen, was er tut, wenn er „feste" Daten (also vor allem Feldprotokolle) herstellt. Dies gilt allerdings nicht nur für die Herstellung von Daten, sondern auch für die Selektivität seiner weiteren Datenerhebung (Interviews, Mitschriften etc.).

Das Besondere an Memos ist nun, dass sie *Report und Rapport in einem* sind, dass sie also einerseits explizit von den bewusst gemachten und erinnerten Erfahrungen im Feld in Textform berichten, dass sie aber implizit auch die Emotionen im Feld und die dort eingegangenen Bindungen enthalten oder besser: zum Ausdruck bringen. Der Report sagt etwas darüber aus, was der Wissenschaftler mit dem Feld gemacht hat, der Rapport sagt jedoch etwas darüber aus, was das Feld mit dem Wissenschaftler gemacht hat. Meist lesen und deuten Wissenschaftler ihre Memos jedoch nur als Berichte ihrer Feldbeobachtungen.

Wenn man das Memo als Report interpretieren will, dann folgt daraus, dass intensive hermeneutische Verfahren der Textanalyse, wie vor allem die Sequenzanalyse, für die Analyse von Feldprotokollen ungeeignet sind – ist doch die Sequenzanalyse nur dann gefordert, wenn es darum geht, die Selektivität des die Daten produzierenden Interaktionssystems Schritt für Schritt zu (re-)konstruieren. Da bei Memos aber der Wissenschaftler selbst der Datenproduzent ist, liefern Sequenzanalysen Einblicke in die Sinnproduktion des Wissenschaftlers, nicht jedoch in das Leben der Beobachteten. Sequenzanalysen sind jedoch dann bei der Interpretation von Memos sinnvoll, wenn es um den *Rapport* geht, also darum, was das Feld mit dem Wissenschaftler gemacht hat.

Auch hier steht erst einmal das Memo als *Report* im Vordergrund, also als Auskunftsstelle über das Leben der Beobachteten. Doch wie kann man es analysieren? Die Grounded Theory, das meist genutzte Verfahren zur Analyse von Memos (vgl. Strauss 1991; Strauss und Corbin 1990, 1994), schlägt vor, das in den Memos Beobachtete nach unterschiedlichen Relevanzen zu codieren und später dann zu Konzepten und Theorien zu verdichten. Das ist sicherlich ein gangbarer Weg, der allerdings Hermeneuten, die wissenssoziologisch arbeiten, manchmal nicht zufriedenstellt.

Denn die hermeneutische Wissenssoziologie (vgl. Hitzler et al. 1999) interpretiert, und das ist eine zentrale Besonderheit dieses Ansatzes, ausschließlich Handlungen, also vor allem Sprech- und Darstellungshandlungen. Bei der Analyse von Memos ergibt sich allerdings die Frage, *welches* Handeln überhaupt Gegenstand der Untersuchung sein soll. Hier gilt ganz allgemein zwischen der im Memo erinnerten und damit *gezeigten Handlung* (also der im Memo gezeigten Handlung) und *der Handlung des mit dem Memo Zeigens* zu unterscheiden. Mit Ersterem wird das Geschehen gemeint, das mit Hilfe des Memos erinnert und festgehalten und somit gezeigt wird, mit Letzterem, also der Handlung des Zeigens, der Akt der Aufzeichnung und Gestaltung des Memos, also der Akt des Zeigens durch die Gestaltung des Memos (plus die Gestaltung des vom Memos Aufgezeichneten).

Geht es einem also um die Ermittlung der im Memo erinnerten Handlung der Feldinsassen, dann ist nicht mehr der Text selbst das Datum, sondern die im Text erinnerte Handlung. So wird in der Analysearbeit mit Hilfe des Memos die erinnerte Handlung in ihrer typischen Form erst rekonstruiert und dann in ihrer so beschriebenen Gestalt hermeneutisch interpretiert. Datum der Analyse ist also nicht mehr der *Text* des Memos, sondern die typische Form der im Memo erinnerten *Handlung*. Natürlich bleibt dabei in Erinnerung, dass ein Memo sich immer selektiv dem Feld zuwendet und dieses nicht abbildet. Ein Memo liefert also immer nur einen besonderen, durch die Relevanzen des Forschers geschaffenen Ausschnitt des Feldes. Somit ist stets unklar, was vom Feld von dem Memo erfasst wird und ob es überhaupt das Relevante des Feldes erfasst. Dies lässt sich nur in Kombination mit anderen Methoden der Datenerhebung ermitteln.

Natürlich kann man auch das Memo als Text, also z. B. Wort für Wort, interpretieren, doch dann würde vor allem die Selektivität des Forschers sichtbar und nicht die Besonderheit des Feldes. Die Selektivität des Forschers zu ermitteln, sich also den Bedingungen der Forschung reflexiv zuzuwenden, macht immer Sinn, muss jedoch nicht im Mittelpunkt der Analyse stehen.

2.6 Im Büro eines Nachrichtenproduzenten – die erzählten Handlungen

Eine erste Konsequenz aus der Trennung zwischen gezeigter Handlung und der Handlung des Zeigens ist, dass das Memo (wie oben geschrieben) erst einmal *nicht* mehr als konkreter Text interpretiert wird, sondern als ein Report von Handlungen im Feld. Methodisch hat dies zur Folge, dass das Memo (als Text) nicht mehr als Datum auftaucht, das Wort für Wort (möglicherweise sogar sequenzanalytisch) interpretiert wird, sondern erst einmal nur die im Memo vom Feldforscher beschriebenen *Handlungen*.

Es wird also ein neuer Text erzeugt, der sich auf die Handlungen im Feld konzentriert und die Selektivität des Forschers im ersten Schritt der Analyse außer Acht lässt. Hier der neue Text:

Wie oben beschrieben war es nicht einfach, Herrn Pfeiffer bei seiner Arbeit als Newsproduzent teilnehmend zu beobachten. Als ich es dennoch geschafft hatte, seine Bereitschaft zu erwirken, seine Adresse erfahren hatte und er mir nach heftigem Klingeln die Tür zu seinem großräumigen Büro öffnete, empfing er mich eher missmutig. Er führte mich durch sein aus mehreren Räumen bestehendes „Reich", bewegte sich schnurstracks auf seinen Arbeitsplatz (mit großem Computerbildschirm) zu und wies mir neben sich einen Stuhl an. Er selbst fuhr mit seiner Arbeit weiter fort, orientierte sich kaum an mir, sondern war gefangen von dem, was vor ihm auf dem Computerbildschirm passierte. Hier trafen ständig neue Text- und Bildnachrichten ein und es war offensichtlich immer etwas von Herrn Pfeiffer zu erledigen: zu schreiben, zu speichern, zu bearbeiten. Parallel dazu knatterten die Frequenzscanner, die den Funkverkehr von Polizei und Feuerwehr übertrugen – was eine nicht ganz legale, aber übliche Praxis im Newsgeschäft ist. Oft klingelte auch das Handy oder das Telefon. Entweder handelte es sich dann um Informationen seiner Mitarbeiter, die berichteten, was sie gerade an welchem Ort machten und welche Filme sie gedreht hatten oder aber es riefen Menschen an, die ihn über aktuelle Unfälle im Umkreis informierten. Zugleich lief die ganze Zeit über ein Fernseher, der die aktuellen Nachrichtensendungen übertrug (vornehmlich N-TV). Mit der Fernbedienung stellte Herr Pfeiffer immer wieder (hektisch) das Programm um, um ja keine Nachrichten- oder Magazinsendung zu verpassen.

Nach etwa einer halben Stunde kam ein Mitarbeiter, Herr Künnen, der eine gelbe reflektierende Jacke trug. Er kam gerade vom Ort eines Autounfalls, von einem LKW-Unfall, den er gefilmt hatte. Der LKW war auf einer schmalen Straße mit den Rädern in den weichen Boden geraten, stürzte ein paar Meter einen Abhang hinunter und blieb auf dem Dach liegen. Der Fahrer des LKW blieb unverletzt, was Herr Pfeiffer und Herr Künnen aufgrund des mangelnden Schlagzeilenpotentials bedauerten. Beide witzelten später noch über dieses Thema und sagten: „Ideal wäre gewesen, wenn man Folgendes hätte einfangen können: Der Fahrer liegt im Bach, mit dem Körper weitgehend unter Wasser, noch von dem Wagen bedeckt, ein Sanitäter oder eine der herumstehenden Personen hätte den Mund des Fahrers übers Wasser gehalten und ihm somit das Leben gerettet und der Verletzte hätte auch noch so etwas sagen können wie: ‚Unterrichtet meine Frau!' oder: ‚Sagt meinen Kindern Bescheid'". Dies wäre aus Sicht der beiden Herren ein sehr gelungener

2.6 Im Büro eines Nachrichtenproduzenten – die erzählten Handlungen

Film gewesen, den man auch für relativ viel Geld hätte verkaufen können. So sei der Film leider nur für die Lokalnachrichten geeignet. Ob man ihn tatsächlich verkaufen könnte, das sei noch ungewiss. Wichtig schien übrigens auch zu sein, an welchem Ort diese Ereignisse stattgefunden haben, denn Pfeiffer fragte ganz intensiv danach, ob es denn in X-Stadt oder in V-Stadt stattgefunden hat.

Während wir so miteinander sprachen, hantierte Pfeiffer ununterbrochen an seinem Rechner, tippte und klickte Bilder an. Wie ich später erfuhr, produzierte er parallel zu unserem Gespräch einen Beitrag für seine eigene Homepage „Pfeiffer News". Dazu bereitete er die Ereignisse um den LKW-Unfall dramatisch auf: er stellte diverse Fotos zusammen und auf der Homepage wurde auch der gesamte, fünfminütige Film des Reporters Künnen hochgeladen.

Pfeiffer erläuterte mir dann, dass diese Homepage, seine Homepage, inzwischen ein eigenes Medium sei, das regelmäßig von tausenden von Menschen besucht würde. Das konnte ich verifizieren, da alleine während der zwei Stunden, die wir gemeinsam vor dem Rechner saßen, dort mehrere 1.000 Personen auf diese Seite zugriffen. Nach Pfeiffers Angaben kämen dabei an verschiedenen Tagen durchaus zwischen 45.000 und 50.000 Klicks zusammen. Des Nachts sei es nichts Ungewöhnliches, wenn 10.000 oder 15.000 Menschen diese Seiten anklickten. Damit sei – so Pfeiffer zu mir – dieses Medium für viele aus der näheren und ferneren Umgebung (und auch aus dem Ausland) ein Mittel, sich über die Ereignisse informieren, die in X-Stadt und Umgebung stattgefunden haben, wobei vor allem „natürlich" das Unfallgeschehen im Vordergrund stehe. Es ginge aber nicht nur um Unfallgeschehen oder um Kriminalität jeder Art (beides falle unter „Blaulicht"), sondern auch um besondere Ereignisse, die man in der Branche „bunte Ereignisse" nenne, also die Rettung eines Hundes, einer Katze, einer Ziege oder anderer Themen, die ans Herz gehen oder die für den Boulevard gut geeignet seien. Diese Themen schienen Pfeiffer besonders am Herzen zu liegen, da damit gut Geld zu verdienen sei.

Zum Geld: Pfeiffer erzählte mir (dabei immer an seinem Computer arbeitend), dass man pro gesendetem Beitrag 100,00 € beziehungsweise auch mal 250,00 € erhalten könne, bei größeren Sendungen wie z. B. für Magazine wie *RTL Explosiv* seien auch schon mal 1.000,00 € oder etwas mehr drin. Aber horrende Preise, also über 10.000,00 € pro Beitrag seien aus der Luft gegriffen – so was gäbe es nicht oder doch nur ganz selten. Selbst exklusive Beiträge, die also nur an einen Sender verkauft werden, seien nicht für solche Preise an die Leute zu bringen. Und wer die Preise zu sehr hochtreibe, der werde später von den Agenturen und von den Sendern geschnitten.

Zu den Kosten: Pfeiffer News beschäftigt vier feste Mitarbeiter und mehrere Freelancer, die für verschiedene Regionen zuständig sind. Das Unternehmen habe pro Monat Kosten von ungefähr 25.000 €. Deshalb müsse man pro Tag mindestens drei Beiträge verkaufen – am besten einen an mehrere Anstalten. Der Verkauf verlaufe in etwa so: Noch während der Beitrag am Schnittplatz produziert wird, ruft Pfeiffer verschiedene Sender an. Je nach Beitrag bei den Nachrichtensendern oder den Magazinsendern. Und es werde immer der Sender zuerst angerufen, der als nächster auf Sendung sei. So könne man immer Aktualität anbieten. Abgerechnet wird von einer eigenen Rechnungsabteilung.

2.7 Mit einem Nachrichtenproduzenten auf Tour – die erzählten Handlungen

Dann kam über den Feuerwehrscanner die Nachricht rein, ein Hund sei in ein acht Meter tiefes Loch gefallen und die Feuerwehr sei bereits dabei, sein Leben zu retten. Daraufhin packte Pfeiffer sofort seine Sachen und sagte: „Kommen Sie mit." Wir stiegen in seinen Wagen und fuhren zu diesem Ereignis. Im Inneren des Wagens, ein Mittelklassewagen älteren Baujahrs, lagen zahlreiche leere Zigarettenkartons, Milch- und Instantkaffeedosen auf dem Boden und den Sitzen. Wir fuhren in gemäßigtem Tempo los und auf der Fahrt erzählte Pfeiffer, dass Filme über die Rettung von Tieren besonders „hübsch" seien und dass er jetzt losfahre, um seinen Kollegen zu unterstützen. Während unserer Fahrt zu dem in ein Loch gefallenen Hund rief ein LKW-Fahrer von der Autobahn an und teilte Pfeiffer mit, dass über ihm auf der Autobahn ein Hubschrauber kreise. Möglicherweise sei da was passiert – ein Unfall oder so. Pfeiffer gab diese Information sofort telefonisch an einen Kameramann weiter. Der Kontaktierte recherchierte und rief kurze Zeit später zurück und teilte mit, dass es keine „relevanten Sachen" an dieser Stelle gegeben habe und dass eine Fahrt dorthin nicht lohnenswert sei.

Während wir noch durch X-Stadt fuhren, kam ein Telefonanruf des Kollegen vor Ort rein, der mitteilte, dass der Hund schon gerettet worden sei und er den Film bereits im Kasten habe. Er habe alles von vorne bis hinten und er sei auf der Rückfahrt. Daraufhin drehten wir um und fuhren zurück. Während der Rückfahrt bekam Pfeiffer wieder einen Telefonanruf und am Apparat war dieses Mal der Pressesprecher der Feuerwehr von X-Stadt, der zufälligerweise gerade auf der gleichen Straße fuhr wie wir und der uns entdeckt hatte und der fragte, ob alles im Kasten sei. Daraufhin sagte Pfeiffer: „Ja, der Film ist da, aber es fehlen O-Töne. Wären Sie bereit, O-Töne zu geben?" – eine Frage, die der Pressesprecher umgehend bejahte. Pfeiffer rief mittels Handy seinen Kameramann an, der die „Hunderettung" gefilmt hatte, und da dieser ebenfalls noch in der Nähe war, verabredete man sich auf den nächsten Parkplatz, wo sich fünf Minuten später alle trafen.

2.7 Mit einem Nachrichtenproduzenten auf Tour – die erzählten Handlungen

Der Pressesprecher bestand als erstes sehr freundlich darauf, zuerst das Filmmaterial zu sehen. Auf einem kleinen Monitor schaute er sich den bisher gedrehten Film an und bemerkte an zwei Stellen, dass „man die raus schneiden" solle. Bei den inkriminierten Stellen handelte es sich zum einen um eine Szene, in der einer der beiden Feuerwehrmänner vor Ort Mühe hatte, das Sicherungsgeschirr anzuziehen, um sich zu dem Hund in das Loch hinabzulassen. Zum anderen handelte es um eine Szene, in welcher der Feuerwehrmann den Hund zwar gerettet hatte, der Hund ihm aber auf dem Weg nach oben aus dem Arm sprang und wieder ins Loch fiel – weshalb die Rettung im ersten Ansatz scheiterte. Erst beim zweiten Versuch gelang es, den Hund unbeschadet nach oben zu bringen.

Nach dem Ansehen des Filmes fuhren wir nach einer kurzen Erörterung, welcher Platz für den Dreh geeignet ist, mit drei Autos zu einem kleinen Parkplatz inmitten der Stadt, neben dem sich ein paar Bäume und etwas Gestrüpp befand. Der Pressesprecher der Feuerwehr stellte sich nach einer kurzen Orientierung (ohne dazu von irgendjemand gebeten worden zu sein) vor einen der Bäume, der von etwas Geäst umgeben war. Der Kameramann richtete dann die Kamera so auf ihn, dass es im Bild so aussah, als befände sich der Feuerwehrmann im Wald – also scheinbar am Ort der Rettung des Hundes. Der Pressesprecher lieferte dann blitzschnell einen runden Kommentar zur Hunderettung und legte mit seinen Worten das Missverständnis nahe, er befände sich am Ort des Geschehens und er sei in die Rettung involviert gewesen. Es versteht sich von selbst (aus Sicht eine PR-Mannes, ansonsten natürlich nicht), dass er die Arbeit der Feuerwehr kurz und knapp – und natürlich positiv – schilderte.

Nach dem Dreh entwickelte sich noch ein Gespräch zwischen dem Feuerwehrmann und mir, in dem wir uns gegenseitig bestätigten, wie interessant die jeweilige Arbeit sei. In diesem Gespräch erläuterte und legitimierte der Feuerwehrmann sein Handeln gegenüber mir damit, dass die Zusammenarbeit mit den Medien „ein Geben und Nehmen" sei (siehe hierzu auch Kap. 3 – Beitrag Böhm) und dass sich in langer Zeit ein Vertrauensverhältnis zwischen Herrn Pfeiffer und ihm aufgebaut habe, aber auch mit anderen Nachrichtenagenturen. Wichtig sei, kooperativ zusammenzuarbeiten. In dem Gespräch erwähnte er auch noch, dass manche Zeitungen keine eigenen Blaulichtredaktionen (mehr) hätten, weil auch die Feuerwehr von allen für sie relevanten Ereignissen eine eigene Presseerklärung verfertige und diese an die Zeitungen weitergäben. Dies habe dazu geführt, dass manche Zeitungen auf eigene Redakteure und Journalisten verzichteten, da sie ja von der Feuerwehr und anderen Akteuren alle notwendigen Informationen bekämen. Natürlich hätte dies zur Folge gehabt, dass sich die Nachrichtenlage deutlich verschoben hätte, da die Feuerwehr andere Relevanzen setze als Journalisten.

Nach dem Gespräch mit dem Pressesprecher der Feuerwehr fuhren Pfeiffer und ich zurück in sein Studio. Da er das Gespräch zwischen dem Feuerwehrmann und mir mitbekommen hatte, schien er das Bedürfnis zu spüren, mir während der Fahrt etwas über „Wahrheit" und „Inszenierung" bei der Anfertigung von Nachrichtenbeiträgen zu erzählen: Natürlich sei der Dreh mit dem Feuerwehrmann eine Inszenierung gewesen, doch sei die Nachricht wahr, da der Inhalt wahr sei. Dass man nicht am Originalschauplatz gedreht habe, hätte praktische Gründe gehabt und sei für die Nachricht irrelevant und kein Zuschauer würde später merken, dass man das Ganze am Rand einer Hauptstraße aufgezeichnet habe und nicht dort, wo der Hund gerettet wurde.

Nach zehn Minuten erreichten wir sein Studio, und kaum hatten wir uns gesetzt, klingelte das Telefon. Wortkarg reagierte Pfeiffer auf den Anrufer (möglicherweise wegen meiner Anwesenheit) und bat ihn, ihn kurz per E-Mail weiter zu informieren. Nach dem Anruf erzählte mir Pfeiffer, dass viele Menschen, die seine Homepage besuchen, unaufgefordert Berichte mit und ohne Bilder einreichen oder aber Tipps geben, wo gerade etwas passiert sei. Für brauchbare Tipps zahle er auch mal 20 oder 40 €, je nachdem, was er selbst damit verdienen könne.

Besonders eiferte sich Pfeiffer bei seinen Erzählungen, wenn er (wiederholt) auf die harte Konkurrenz unter den lokalen Nachrichtenmacher zu sprechen kam: Man würde sich geradezu untereinander bekriegen und den Kollegen und den Konkurrenten die Arbeit immer schwer machen. Dies sei vor allem dadurch bedingt, dass die Konkurrenz enorm hoch sei und es vor allem nur um Bilder, um die *schnellen* Bilder ginge. Wer die schnellsten Bilder mache, der sei am Drücker. Hier fiel auch der Satz: „Das gute Bild hat immer Recht."

Pfeiffer berichtete (während er parallel am Rechner an der Fertigstellung des Beitrags über die Rettung des Hundes arbeitete), dass früher alles anders gewesen sei: er habe Anfang der 1980er Jahre mit der Newsproduktion angefangen und da er einer der ersten auf dem Markt gewesen sei, habe das Fernsehen (z. B. die *Tagesschau*) seine Bilder (z. B. den Brand einer Halle) unbesehen genommen. Die Sendeanstalten wären davon ausgegangen, dass Pfeiffer aufgrund seiner Professionalität, aber auch aufgrund der Erfahrung wisse, was zu tun sei und wie die Filme aussehen sollten. Dies sei heute anders. Viele Dilettanten seien auf dem Markt, die bei der Vermarktung der Bilder oft übertreiben. So würden sie ihre Filmbeiträge z. B. mit solchen Qualitäten wie „viele Verwundete" oder „hohe Flammen" anpreisen, was dazu führe, dass man a) vor allem dramatische Bilder produziere und b) nur die dramatischen Bilder gekauft werden.

Um den potentiellen Käufern zeigen zu können, wie gut seine Filmbeiträge von aktuellen Ereignissen bearbeitet wurden, sei er dazu übergegangen, im Netz die zentralen Bilder seines Beitrags zu zeigen, so dass die zukünftigen Abnehmer wis-

2.7 Mit einem Nachrichtenproduzenten auf Tour – die erzählten Handlungen 27

sen, was sie kaufen. Dieser Service für die Sender sei allerdings, da er ihn über seine Homepage anbiete, für jeden zugänglich, und diese frei zugängliche Homepage habe sich zu einem Renner entwickelt. Sie weise eine hohe Klickquote, nämlich bis zu 45.000 Klicks pro Tag.[5]

In diesem Zusammenhang kam Pfeiffer auch auf die 1414-Nummer von *BILD* zu sprechen, für die er kein gutes Wort hatte. Damit würde man die professionellen Fotografen brotlos machen. Zur Erläuterung erzählte er folgende Geschichte: Ein ihm bekannter Fotograf hatte von einem bestimmten Ereignis ein tolles, gutes Bild gehabt und dieses Bild auch der *BILD*-Zeitung angeboten. Er musste jedoch am anderen Tag feststellen, dass ein Leserfoto seinem Foto vorgezogen wurde, das natürlich verwackelt und unscharf war – was wohl wegen der scheinbaren Authentizität genommen worden sei. Dies habe unter anderem auch dazu geführt, so Pfeiffer, dass einige Kollegen ihre Bilder nicht mehr als scharfe Fotos anböten, sondern bereits verwackelt und unscharf. Ungerecht sei auch, dass die Fotos von Fotografen von der Bild-Zeitung mit ca. 60–100 € honoriert würden, während die Leserfotos ca. 500 € einbrächten.[6] Beides, also die scheinbar authentisch anmutende Verwackelt-Optik und die Konkurrenz durch die Leserfotos und die Lesereporter, würde die Kultur der Berichterstattung massiv beeinträchtigen – so weiter die Ausführungen Pfeiffers.

Pfeiffer sprach dann auch noch darüber, was aus seiner Sicht „gute Bilder" und was „gute Geschichten" seien. Hauptkriterium sei, dass gute Geschichten und gute Bilder erst einmal *schnell* sein müssten. Er z. B., also Pfeiffer, würde immer der jeweils nächsten aktuellen Nachrichtensendung seinen aktuellen Beitrag anbieten, und die würde großen Wert darauf legen, a) dass die Bilder aktuell sind, also aus den letzten Minuten oder Stunden stammen, und b) dass die Bilder aussagekräftig sind, dass sie eine spezifische Form von Aktion/Action zeigen, eine gewisse Dramatik und c) jede Geschichte muss einen O-Ton haben, also eine Stellungnahme, am

---

[5] Diese Geschichte wäre, wenn sie denn stimmt, ein schönes Beispiel für weitreichende unintendierte Folgen von Handeln: Aufgrund der hohen Konkurrenz und dem permanenten Versuch, sich gegenseitig auszustechen, entsteht ein neues Medienangebot für eine spezifische Zielgruppe. Da jedoch der Zugang zu dem Medienangebot jedem freisteht, weitet sich die Nutzung aus und erlangt eine andere Funktion als anfangs geplant und diese unbeabsichtigte Funktion wird zum Hauptgeschäft. Über diese Homepage können jetzt nicht nur weltweit die Berichte aus X-Stadt abgerufen werden, sondern Pfeiffer erhält über diesen Kanal auch aktuelle Informationen von den Nutzern.

[6] Hier übertreibt Pfeiffer erheblich, was die Höhe der Honorare für Leserfotos angeht – ausführlich zu den Lesereportern und deren Bedeutung bei der Newsproduktion siehe Bidlo (2011a) (allgemein dazu Bidlo et al. 2011). Diese Mitteilung Pfeiffers ist ein gutes Beispiel für den Wunsch der Interviewten, über den Interviewer mit der Öffentlichkeit zu kommunizieren, ihn also (ohne dass er es bemerkt) als Vertreter der eigenen Interessen zu nutzen.

Besten eine Stellungnahme der Beteiligten oder der jeweilig vor Ort anwesenden Offiziellen. Alle Geschichten müssten zudem als Rohmaterial den Medien überlassen werden. Die würden dann entscheiden, wie viel und was sie davon senden.

Während Pfeiffer all dies erzählte, hatte er den Beitrag über die Rettung des Hundes fertiggestellt. Die von dem Pressesprecher der Feuerwehr beanstandeten zwei Stellen hatte er entfernt, sodass in der Filmversion die Rettung des Hundes reibungslos ablief. Auch der Kommentar des Pressesprechers war eingefügt worden und es sah jetzt in der Tat so aus, als sei dieser vor Ort gewesen und könne deshalb kompetent über die Ereignisse Auskunft geben. „Eine runde Sache!", kommentierte Pfeiffer das Ergebnis und erläuterte mir gegenüber, dass man „natürlich" nicht die Missgeschicke des Feuerwehrmannes zeigen müsse. So hätten beide Seiten etwas davon: er den Film und den Kommentar, die Feuerwehr eine gute Darstellung ihrer Arbeit in der Öffentlichkeit. Das sei halt alles „ein Geben und Nehmen" und das sei wichtig, wenn man im Geschäft bleiben wolle.

2.8 Das ist immer ein Geben und Nehmen

Der oben dargestellte Bericht über die Handlungen im Feld enthält deutlich erkennbar immer noch die Relevanzen des Beobachters, seine Erwartungen an das Geschehen und das Handeln der Akteure und seine Deutungen dieser Handlungen – auch wenn sie oft nur implizit geäußert werden. Betrachtet man zu erst (erst einmal) nur die erzählten Handlungen, lassen sich diese grob in drei Gruppen teilen: einerseits finden sich *Handlungen* und *Praktiken*, deren Zeuge der Beobachter wurde (z. B. das Fahren mit dem Auto oder das Bearbeiten von Filmbeiträgen), andererseits finden sich verbale *Erläuterungen* (Legitimationen) bestimmter Handlungen, die für den Beobachter abgegeben werden und zum dritten finden sich teils längere *Erzählungen* über die Arbeit und den Alltag von Videojournalisten, die nicht direkt etwas mit den Handlungen im Feld zu tun haben, sondern in Handlungspausen die Stille überbrücken.

Trotz einer gewissen Nähe zum Interview sind diese Erzählungen nicht mit Interviews gleich zu setzen, sind sie doch immer auch in aktuelle Handlungen eingebaut, während Interviews dagegen einer anderen Logik des Erzählens folgen. Nichtsdestotrotz sind diese Erzählungen (und das verbindet sie mit Interviews) strategische Darstellungen über das Feld gegenüber einem „Feldfremden", dem man viel erzählen kann. Und da der Feldfremde ein Wissenschaftler ist, der über das Feld öffentlich kommunizieren will, kann man ihn gut als „Lautsprecher" nutzen, der eine bestimmte Sicht der Dinge an die Öffentlichkeit bringt. Kurz: Wissenschaftler lassen sich in der Regel (allerdings ohne deren Wissen) gut als Lobbyisten

2.8 Das ist immer ein Geben und Nehmen

einsetzen, welche die Sache der Interviewten öffentlich vertreten. Und wenn man sich die Erzählungen von Herrn Pfeiffer ansieht, kann man leicht die Stellen entdecken, an denen er den Beobachter als Multiplikator für seine Zwecke nutzen will (Kritik der Lesereporter). Dennoch sind auch diese Erzählungen von Wert, markieren sie doch die typischen Probleme des Feldes.

Auch bei den explizit vorgetragenen Handlungslegitimationen muss man recht vorsichtig sein, sucht doch die Legitimation die Akzeptanz des Hörers und nicht nach der Wahrheit. Auch hier sollte man bei der Interpretation skeptisch und sehr vorsichtig sein. Aber auch die Legitimationen sind von Wert, zeigen sie doch, was als Grund für ein bestimmtes Handeln als legitim angesehen wird und was nicht. Wenn man so will: Die Legitimationsmuster liefern vielleicht nicht die „wahren" Gründe, aber die „wahren" Relevanzen des Feldes.

Sehr viel interessanter und aussagekräftiger sind dagegen die beobachteten Handlungen und Praktiken selbst – also dass das Auto mit den Zeichen der Hektik, der Übermüdung und der Zeitnot angefüllt ist (Zigarettenkarton, Instantkaffee und Milchpulver) oder die Anrufe von Informanten. Was mir besonders auffiel und stark in Erinnerung blieb, das war das reibungslose Zusammenspiel zwischen dem Pressesprecher der Feuerwehr und dem Journalisten. Beide kannten sich offensichtlich aus ähnlichen Situationen, beide wussten, was zu tun ist, nichts musste mehr ausgehandelt oder gar diskutiert werden, alles lief über Andeutungen und Einverständnis. Der letztlich produzierte Beitrag war das Ergebnis eines „Paartanzes", bei dem jeder seine Rolle und seine Bewegungen kannte und sich darauf verlassen konnte, dass der Andere passend mitspielt. Nur gegenüber dem zufällig anwesenden Beobachter musste man das Handeln erklären und rechtfertigen.

Der Pressesprecher ruft den Journalisten an, man trifft sich umgehend, der Pressesprecher prüft das Bildmaterial und benennt die für ihn heiklen Stellen, dann spricht man kurz über die passende „location", ohne deren Besonderheiten herausarbeiten zu müssen (alle wissen, man benötigt eine Gegend mit Waldanmutung), der Pressesprecher stellt sich ohne Anweisung so vor einen Baum, dass der Kameramann direkt drehen kann, er spult seinen Kommentar schnell und gekonnt herunter, es braucht keine Wiederholung, alles geht schnell, aber ohne Hektik. Später bearbeitet der Journalist das Band, schneidet die Missgeschicke des Feuerwehrmannes heraus und die Stellungnahme des Sprechers hinein. Das alles geht fast ohne Worte, ohne Drohungen und ohne Versprechen. Alle kennen dieses Verfahren und alle lassen es so laufen, weil sie einander vertrauen. Und sie vertrauen einander, weil sie das schon öfter so gemacht haben. Und sie vertrauen einander, weil sie immer wieder die Perspektive des Anderen einnehmen und aus der Perspektive des Anderen handeln: Der Pressesprecher stellt sich selbstständig (also ohne Anweisung) aus der Perspektive des Kameramannes passend vor die Kamera, der Journalist schneidet seinen Beitrag so, dass nicht nur der Zuschauer, sondern auch der Pressesprecher zufrieden ist.

Und weil der Pressesprecher und der Journalist zufrieden sind, wird das Zusammenspiel weitergehen. Ohne ein solches gegenseitiges Vertrauen (erwachsen aus der Erfahrung und Bewährung) wäre es nur schwerlich zu einem solchen Beitrag gekommen. Der Pressesprecher hätte dann den Journalisten nicht aus dem Auto angerufen, er hätte sich gegen die Inszenierung neben einer Stadtstraße gewehrt und der Journalist hätte sich dessen wertende Kommentierung des Bildmaterials verbeten und hätte womöglich einen Film über die Ungeschicklichkeit von Feuerwehrleuten gemacht, der sich sicherlich gut verkauft hätte, was die Zusammenarbeit zwischen Feuerwehr und Journalisten ein wenig getrübt hätte. Da aber alle auch in Zukunft im gleichen Gebiet leben, trifft man sich somit öfter und es macht deshalb Sinn, dem jeweils anderen etwas zu geben, auf dass dieser das Seine gibt (siehe hierzu auch Kap. 3).

Was hier sichtbar wird, ist die dem Handeln zugrunde liegende *Tauschlogik* (vgl. Mauss 1990; Caillé 2008), die soziale Beziehungen entstehen lässt und festigt und somit Erwartungssicherheit und Berechenbarkeit des Anderen herstellt und sichert.[7] Das gegenseitige Geben und Nehmen ist aus dieser Sicht kein Klüngeln zum Nachteil eines Dritten, sondern die Basis für ein Miteinander in heiklen Situationen. Und ein solches Miteinander ergibt sich erst durch Erfahrungen miteinander, durch (sich steigernde) Proben und Bewährungen. Das Vertrauen zwischen Pressesprecher und Journalist ist also pfadabhängig und stellt sich nicht mit einem Schlag her. Oder anders: Sollen die Spieler in einem Feld einander vertrauen können, dann

---

[7] Diese Tauschlogik steht in starkem Kontrast zum oft vorfindbaren Selbstverständnis der Medien, sie seien eine kontrollierende „Vierte Gewalt". Insbesondere in den ersten Jahrzehnten nach Etablierung einer bürgerlichen Presse, also zu Beginn des 19. Jahrhunderts, verstand sich diese als eine kontrollierende Instanz, deren Aufgabe es war, die anderen gesellschaftlichen Kräfte genau zu beobachten und gegebenenfalls im Interesse der Öffentlichkeit zu kritisieren. Insbesondere in den USA des 19. Jahrhunderts bildete die Presse, deren prinzipielle Freiheit seit 1791 durch die Verfassung gesichert war, ein festes und institutionalisiertes Gegengewicht zur Regierung (vgl. l. Osterhammel 2009, S. 65). Sie war damit eine in der amerikanischen Kultur verankerte Kraft innerhalb der politischen Meinungsbildung der Gesellschaft („fourth estate"). In England brachte erst die Abschaffung der „stamp duty" (1855) die Freiheit der Presse und damit die Möglichkeit, sich ebenfalls als eine unabhängige gesellschaftliche Kraft zu verstehen. So äußerte Henry Reeve, der Leiter der außenpolitischen Abteilung der *Times* im Jahre 1855 über seinen Berufsstand: „Der Journalismus ist nicht das Instrument, mit dessen Hilfe sich die verschiedenen Teile der herrschenden Klasse ausdrücken. Vielmehr ist er das Instrument, mit dessen Hilfe die vereinigte Intelligenz der Nation sie alle kritisiert und kontrolliert. In der Tat ist er der ‚Vierte Stand' des Reiches – nicht bloß das geschriebene Gegenstück und die Stimme des sprechenden ‚Dritten Standes' " (zitiert nach Figes 2010, S. 228). Ausführlich zur Rolle der Medien siehe Kap. 7 – Beitrag Bidlo.

2.8 Das ist immer ein Geben und Nehmen

bedarf es der Kontinuität und der Zukunft – also des Immer-wieder und des Immer-weiter, das vor allem, wenn auch nicht allein im direkten Umgang miteinander (also im Lokalen) wächst. Mittlerweile, also in Zeiten, in denen die lokalen Blaulichtredaktionen aufgelöst oder von Praktikanten kurzfristig betreut werden, schaffen es vor allem die Videojournalisten, ein solches Vertrauen aufzubauen, da sie lokal agieren und somit alle Akteure kennen bzw. alle Akteure sie kennen und deshalb wissen, was von ihnen zu halten ist. Die überregionalen Zeitungen oder Fernsehstationen, die nur bei bestimmten Anlässen Journalisten vor Ort schicken, können eine solche Zusammenarbeit nicht erreichen und natürlich auch nicht die Lokalredaktionen, die ihre Volontäre für die Blaulichtredaktion abstellen.

Also übernehmen die Videojournalisten mittlerweile eine wichtige Funktion beim „Writing Security". Diese Funktion hatten vormals die Fachjournalisten und sie war durch Ausbildung und Professionalisierungsprozesse abgesichert und gesellschaftlich verankert. Heute aber übernehmen zunehmend andere, meist nicht professionalisierte Akteure diese Aufgabe, ohne dass klar ist, welche gesellschaftlichen Folgen das hat. Eines jedoch dürfte aufgrund der kurzen Betrachtung der Praxis der Nachrichtenproduktion jetzt schon klar geworden sein: die Logik der Darstellung ändert sich nachhaltig – schnell und möglichst teuer verkaufbar soll ein Filmbeitrag sein und die Produktion des Beitrags darf das gute Verhältnis zu den anderen relevanten Akteuren nicht gefährden.

Von der Schreibmaschine über *news aktuell* zur *Polizei 2.0* – Eine Fallanalyse

Stefanie Böhm

3.1 Die Entwicklung der Polizeipressestellen von den frühen 1980er Jahren bis 2011 – ein ehemaliger Leiter einer Polizeipressestelle erinnert sich

PRESSEMELDUNG:
Gestern, den 17.12.1981 um 18.03 Uhr kam es auf der Mühlenberger Straße zu einem Verkehrsunfall mit Personenschaden. Der Unfallbeteiligte 1 befuhr mit seinem PKW die Mühlenberger Straße in Fahrtrichtung Osten. Der Unfallbeteiligte 2 befuhr selbige in Fahrtrichtung Westen. Aus noch ungeklärter Ursache geriet das Fahrzeug des UB 1 ins Schleudern. Es kam zur Kollision, dabei entstand Sach- und Personenschaden.

So ähnlich muss eine der ersten Pressemeldungen ausgesehen haben, die der heute pensionierte Polizeihauptkommissar Hans Müller in seiner Dienstzeit als Pressesprecher im Polizeipräsidium von *D-Stadt* 1981 herausgegeben hat.[1] In mühevoller Arbeit wurden die Meldungen vor dreißig Jahren noch – meist im „Zwei-Finger-Such-System" – an der Schreibmaschine getippt. Um genügend Exemplare

---

[1] Im Rahmen des DFG-Projekts *Medien als Akteure der Inneren Sicherheit* wurden im Zeitraum von November 2008 bis September 2009 Interviews mit insgesamt acht (ehemaligen wie noch aktiven) Polizeipressesprechern geführt. Die hier *Hans Müller* genannte Person gehörte zu diesen Interviewten. Um dessen Anonymität zu gewährleisten, wurde der Name geändert. Auch der Name der Stadt, in der Hans Müller seinen Dienst verrichtete, wurde anonymisiert und in *D-Stadt* geändert. Die Benennungen erfolgten willkürlich und geben keinen Hinweis auf den tatsächlichen Namen oder Ort. Dieses Interview steht im besonderen Fokus unserer weiteren Betrachtungen, da die Erinnerungen des Hans Müller besonders detailreich waren und er die Entwicklungen der Polizeipressestellen von den 1980er Jahren an über einen Zeitraum von mehr als zwanzig Jahren genau beobachten und aktiv mitgestalten konnte. Da Hans Müller und die anderen Interviewten in einer Polizeibehörde in NRW gearbeitet haben bzw. noch arbeiten und da Polizei Ländersache ist, beziehen sich die nachfolgenden Schilderungen und Überlegungen ausschließlich auf die Polizei NRW.

für die Pressevertreter zu erhalten, musste er so viele *Durchschläge* wie möglich (meist schaffte man mit einem Mal nicht mehr als vier) anfertigen. Dazu legte man unter jedes leere Blatt ein Durchschlag- oder Blaupapier. Man musste die Tasten dann so stark anschlagen, dass die obersten Seiten und das Durchschlagpapier fast von den Typenhebeln durchgestanzt wurden. Die letzten Seiten – und die Finger – waren fast immer verschmiert, berichteten Polizeibeamte, die sich an diese Zeit erinnern konnten. Obwohl Kopiergeräte schon seit den 1960er Jahren auf dem Markt erhältlich waren, verfügten die Pressestellen der Polizeibehörden noch bis weit in die 1980er Jahre hinein nicht über diesen Komfort.

Was den Stellenwert der Polizeipressestellen angeht, hat seit den 1980er Jahren allerdings ein deutliches Umdenken stattgefunden. Das äußert sich aber nicht nur in einer besseren technischen Ausstattung. Wo vorher in kleineren Behörden Pressestellen einfach nicht existent waren, findet man heute schon mindestens einen Pressesprecher. Größere Behörden haben bis zu acht Mitarbeiter in ihrer Pressestelle beschäftigt. Um einen hohen qualitativen Standard zu erreichen, wird heute schon bei der Auswahl der zukünftigen Polizeipressesprecher besonders auf deren kommunikative Fähigkeiten Wert gelegt. So trifft man hier zum Beispiel auf Polizeibeamte, die zuvor der Verhandlungstruppe angehörten.[2] Auch auf die Ausbildung dieser Mitarbeiter wird großer Wert gelegt. In verschiedenen Seminaren im LAFP[3] NRW in Münster werden Berufseinsteiger wie auch erfahrene Polizeipressesprecher durch interne und externe Referenten aus den Bereichen Wirtschaft und Presse geschult. Heute (also Anfang 2012) sind die Pressestellen der Polizei hoch spezialisierte Abteilungen, denen innerhalb der Behörde ein so hoher Stellenwert beigemessen wird, dass sie entweder direkt dem Polizeipräsidenten oder dem Leitungsstab unterstellt sind.

Durch die Herausgabe des täglichen Presseberichts soll das Interesse der Journalisten geweckt werden, sodass Themen, die der Polizei am Herzen liegen, bestmöglich in den Medien platziert werden können. Die Pressearbeit wird also *aktiv* gestaltet. Noch in den späten 1970er Jahren dagegen fand man Pressestellen nur sehr vereinzelt in den Behörden, einen einheitlichen Aufbau gab es nicht und Pressesprecher wurde bevorzugt der, den man an anderer Stelle für überflüssig hielt.[4]

---

[2] Diese Beamten sind darauf spezialisiert, Verhandlungen zu führen und so zum Beispiel Geiselnehmer oder akut suizidgefährdete Personen *kommunikativ* zur Aufgabe ihres Vorhabens zu bringen.

[3] *Landesamt für Ausbildung, Fortbildung und Personalangelegenheiten* mit Hauptsitz in Münster.

[4] Während Feldaufenthalten wurde uns von langjährigen Polizeibeamten berichtet, dass man noch in den 1970er Jahren den Posten des Pressesprechers für so unwichtig hielt, dass hierhin Beamte „abgeschoben" wurden, die den Aufgaben in ihrer aktuellen Position nicht

Eine aktive Pressearbeit fand nicht statt, sondern man *reagierte* auf Anfragen der Presse. Dieser Wandel in den letzten dreißig Jahren wird hier als Fallanalyse nachgezeichnet und analysiert. Ein besonderes Augenmerk wird dabei auf die *Auslöser* und *Gründe* für Veränderungen gelegt. Durchführung und Auswertung der Interviews erfolgten mittels der Oral History – einem „[…] Quellentypus und einer Methode, bei denen Erinnerungsinterviews als historische Quellen produziert und ausgewertet werden" (Wierling 1997, S. 236 – siehe auch vgl. Niethammer 1987, 2010). Ein Hauptaugenmerk wird auf die Erzählungen des heute pensionierten Polizeibeamten Hans Müller gelegt – anhand seiner Erzählungen wird exemplarisch die Entwicklung der Polizeipressearbeit besonders deutlich.

3.2 Von der Schreibmaschine zum Faxgerät

Anfang der 1970er Jahre bestand die Pressestelle von *D-Stadt* aus einem ehemaligen Journalisten und einer Schreibkraft, die ihm zur Seite gestellt war. Diese Einrichtung wurde aber weder von den Medienvertretern noch von Polizeibeamten wirklich ernst genommen. Tägliche Pressemeldungen wurden zu diesem Zeitpunkt noch nicht herausgegeben, und hatten Journalisten Interesse an einem bestimmten Fall, so gab es andere Kanäle zur Informationsbeschaffung.

> Das lief an der Pressestelle völlig vorbei. Und die Polizeireporter fanden sich dann auch in bestimmten Gaststädten ein, wo die Kripo nach Dienst bekanntermaßen noch ein Bierchen trank, um auf diesem Wege was zu erfahren. Wenn was zu ermitteln war, dann schlichen die durchs Haus und von Dienststelle zu Dienststelle. Das hatte sich über Jahre so eingebürgert. (Interview D, Abs. 10)

Der damalige Polizeipräsident entschloss sich zur Umbesetzung der Pressestelle, nachdem in *D-Stadt* binnen kurzer Zeit zwei Kriminalfälle medial so begleitet wurden, dass die Arbeit der Polizei in einem schlechten Licht erschien und im einen Fall sogar durch „übereifrige" Journalisten stark behindert wurde – so die polizeiinterne Sicht. Man kam daher zu dem Schluss, dass die Pressestelle in dieser Form den neuen Anforderungen, die durch die Medien gestellt wurden, nicht gewachsen war.

Hans Müller wurde nun nach zwanzig Jahren Dienst in der Schutzpolizei für ihn „völlig überraschend" (Interview D, Abs. 6), wie er sagte, vom Polizeipräsiden-

---

mehr nachkommen konnten. Während der 1980er Jahre bemühte man sich dann, jemandem den Pressesprecherposten anzubieten, der zum Beispiel aufgrund seiner „guten Schreibe" aufgefallen war. Weitere Auswahlkriterien gab es aber nicht.

ten in das Amt des Pressesprechers angeboten. Einen Lehrgang, den heute jeder angehende Mitarbeiter einer Polizeipressestelle durchläuft, gab es zu dieser Zeit noch nicht. Als er das Amt des ehemaligen Journalisten übernahm, schlug ihm von Seiten der Pressevertreter und Kripobeamten ein zum Teil erheblicher Widerstand entgegen. Journalisten bemühten sich weiterhin, die bestehenden Kontakte zu den Beamten der Kriminalpolizei aufrecht zu halten und stellten nur offizielle Anfragen an die Pressestelle. Aufgrund des hohen Konkurrenzdrucks zwischen den einzelnen Medien versuchten Journalisten, sich durch gute persönliche Beziehungen Vorteile gegenüber den Kollegen zu verschaffen und an exklusive Stories heranzukommen (Interview D, Abs. 53). Und auch die Kripobeamten, welche die Unterhaltung von Kontakten zur Presse als ihren ureigensten Aufgabenbereich ansahen, zeigten sich wenig begeistert von diesen Neuerungen. Aus ihrer Sicht stellte sich die Frage, warum nun alte, teils wohl auch freundschaftliche Kontakte beendet und mit bewährten Verfahrensweisen gebrochen werden sollte. Jetzt sollte alles über eine Pressestelle laufen, die niemandes Vertrauen genoss. So bestand in den ersten Jahren seiner Tätigkeit als Polizeipressesprecher eine der wichtigsten und auch schwierigsten Aufgaben darin, bei Polizeibeamten und Journalisten um Vertrauen zu werben und zu vermitteln, worin überhaupt der Sinn einer solchen Polizeipressestelle liegt. Auch das Interesse der Medien an Polizeithemen war bis im Vergleich zu heute noch relativ gering. „Themen setzen, Themen bestimmen, das was jetzt der Polizei auch mal unter den Nägeln brennt, das fand nicht statt" (Interview D, Abs. 10).

Erst als 1984 die ersten privaten Medien auf der Bildfläche erschienen, änderte sich dieser Umstand schlagartig. Sie zeigten von Beginn an ein deutlich höheres Interesse am sogenannten Blaulichtbereich als bislang die öffentlich-rechtlichen Medien. Mit dieser Vorgehensweise erzielten sie so gute Ergebnisse, dass sich die öffentlich-rechtlichen Medien bald veranlasst sahen, nun auch verstärkt über Polizeithemen zu berichten, um nicht die noch junge Konkurrenz der privaten Medien davonziehen zu lassen. „Auf einmal war es gar kein Problem mehr, eine Fahndungsmeldung unterzubringen, was die [Journalisten] vorher mit dem Hinweis abgelehnt haben: ‚Wir sind hier nicht Aktenzeichen XY Zimmermann!' " (Interview D, Ans. 21).

Das verstärkte Interesse der Medien führte wiederum zu einer personellen Aufstockung der Pressestelle von D-Stadt innerhalb der nächsten Jahre: 1988, gerade einmal vier Jahre nach dem Auftauchen der privaten Medien, waren statt nur einem bereits drei Polizeibeamte als Pressesprecher sowie eine Schreibkraft dort beschäftigt – immerhin eine Vervierfachung der personellen Ressourcen.

Auch in den ausgehenden 1980er Jahren mussten die Pressemeldungen noch in mehreren Durchschlägen auf der Schreibmaschine getippt werden. Jeweils um

3.2 Von der Schreibmaschine zum Faxgerät

14.00 Uhr schickten die diversen Medien ihre Kuriere bei der Polizeipressestelle in D-Stadt vorbei, welche die Pressemeldungen entgegennahmen und ihrer jeweiligen Redaktion überbrachten (Interview D, Abs. 31). Karl Beele, der ehemalige Leiter der Polizeipressestelle Dortmund, Verfasser eines Lehrbuchs für Polizeipressesprecher, erinnert sich an diese Kuriere als „die entweder zwischen zwei Terminen vorbeikommenden Redakteure selbst oder aber beauftragte Rentner als Boten oder, in dringenden Fällen, auch schon einmal Taxifahrer" (Beele 2000, S. 165).

> Auch dieser Stress, wenn der [Polizeibericht] nicht ganz fertig war, und die waren aber schon da, warteten unten, haben wir denen dann mit hängender Zunge den Polizeibericht ausgehändigt. Das kann man sich heute kaum noch vorstellen. Vorsintflutlich. (Interview D, Abs. 31)

Die immer stärker werdende Nachfrage durch die Medien bewirkte auch technische Neuerungen. Die Polizeipressestellen in NRW erhielten im Zeitraum der späten 1980er bis in die frühen 1990er Jahre hinein Telefaxgeräte, was die aufwändigen Kurierfahrten überflüssig machte. Jetzt, da der Polizeibericht nicht mehr vor Ort abgeholt werden musste, nahm aber auch das Interesse von überörtlich agierenden Journalisten schlagartig zu – was die Arbeit der Pressesprecher deutlich verlängerte. So konnte es z. B. in der Polizeipressestelle von D-Stadt bis zu zwei Stunden dauern, bis ein dreiseitiger Polizeibericht an alle Journalisten und Redaktionen geschickt worden war, die auf ihrer Versandliste standen (Interview D. Abs. 31). In der schnelllebigen Welt der Medien bedeutet es einen ganz enormen Nachteil, eine wichtige Meldung erst zwei Stunden nach der Konkurrenz zu erhalten. Durch die per Versandliste festgelegte Reihenfolge kam es automatisch zu einer Bevorzugung bzw. Benachteiligung bestimmter Journalisten oder Redaktionen. Eine Gleichbehandlung ihrer „Kunden" war den Polizeipressestellen unmöglich. Da sich einige Journalisten unfair behandelt fühlten, kam es immer wieder zu Spannungen so ein Mitarbeiter einer Polizeipressestelle. Mit einem Augenzwinkern fügte er hinzu, dass es für ihn damals auch nur konsequent gewesen sei, dass die Journalisten, mit denen man gut auskam, den Polizeibericht eher erhalten sollten, als diejenigen, mit denen man weniger gut gestellt war. Hinzu kam, dass sich „das Presselager zu teilen begann in schon Telefaxgerät-besitzende und noch Telefax-erwartende Redaktionen" (Beele 2000, S. 165). Ein weiterer Nachteil ergab sich aus den Kosten, die durch das Senden des Presseberichts entstanden. In Dortmund stellte man 1997 fest, dass der Faxbetrieb der Pressestelle mit 14.000 DM jährlich zu Buche schlug (vgl. Beele 2000, S. 166). Deshalb wurde verstärkt nach einer neuen Lösung gesucht. Somit scheint weniger die Unzufriedenheit einzelner Redaktionen oder Journalisten ausschlaggebend für Neuerungen gewesen zu sein. Hauptauslöser waren offensichtlich finanzielle Erwägungen. Es *musste* eine neue Möglichkeit der Verteilung des Presseberichts gefunden werden, um die hohen Kosten zu senken. Gut gemeinte Versuche, die Pressemeldungen über Videotext an Journalisten zu übermitteln, bewährten sich in der Praxis nicht. In einigen Behörden wurde auch ein passives Verteilersystem über Mailbox erprobt. Eine neue Meldung der Polizeipressestelle erschien also nicht automatisch auf den Bildschirmen der Redaktionen, sondern die Medienvertreter mussten immer wieder ihr Postfach nach neuen Eingängen überprüfen. Karl Beele beschreibt, dass in einer Nachbarbehörde durchweg positive Erfahrungen mit dem Mailboxsystem gemacht wurden, in Dortmund jedoch hätte das passive Verteilersystem „eine der bis hierhin tragenden Säulen in der Zusammenarbeit zwischen den Redaktionen und [ihrer] Polizeipressestelle fast zum Einsturz gebracht" (Beele 2000, S. 167). Es wurde vor allem Anstoß daran genommen, dass man sich nie sicher sein konnte, ob nicht schon wenige Sekunden nach der letzten Überprüfung wieder eine neue Meldung in das System eingegeben worden war, so dass es einer ständigen Kontrolle der Mailbox bedurfte, um sichergehen zu können, dass nicht andere Redaktionen vor einem eine neue Meldung entdeckten (vgl. Beele 2000, S. 167). Beele kontaktierte daraufhin die Polizeipressestelle in Hamburg, die als erste in Deutschland begonnen hatte, mit der Firma *news aktuell* zu arbeiten. Vom 01. bis zum 31. Dezember 1997 wurde nun dieses System an der Dortmunder Polizeipressestelle erprobt und am 01. Januar 1998 endgültig eingeführt. Erst zu diesem Zeitpunkt wurde hier der Faxbetrieb eingestellt. Andere nordrhein-westfälische Polizeipressestellen zogen in den nächsten Jahren nach.

3.3 News aktuell und ots[5]

News aktuell ist eine Tochtergesellschaft der Hamburger dpa-Firmengruppe und sieht sich selbst als Mittler zwischen Pressestellen und Medien (Beele 2000, S. 254). Zur Datenübersendung werden insbesondere zwei nachrichtentechnische Programme genutzt: ots.satellit und ots.e-mail. Redaktionen können die Meldungen der Polizeipressestellen nun (genauso wie die Meldungen von Nachrichtenagenturen) via Satellit empfangen. Außenbüros oder auch freie Mitarbeiter, die diese Möglichkeit nicht haben, können das Programm ots.e-mail nutzen. Hierbei werden die Meldungen direkt an die E-Mail-Adressen der Journalisten geschickt. Darüber hinaus besteht für Polizeipressestellen die Möglichkeit, Fotos in der ots.mailbox zu hinterlegen. Meldungen, die über ots.satellit oder ots.e-mail erscheinen, können mit einem Verweis auf das in der ots.mailbox hinterlegte Foto versehen werden. Bis

---

[5] *ots* steht für Originaltextservice.

zur Einführung von ots mussten Fotografien, die man ja nicht per Telefax schicken konnte, immer noch von Kurieren der Redaktionen in den Polizeipressestellen abgeholt werden (vgl. Beele 2000, S. 257). Die Vorteile von *news aktuell* ergeben sich also aus einem deutlich geringeren Arbeits- und Kostenaufwand für die Polizeipressestelle. Hinzu kommt ein hoher Komfortfaktor für die „Kunden" der Polizeipressestellen; dieser ergibt sich aus einer unverzüglichen und zeitgleichen Datenübermittlung an alle Abnehmer des Polizeipresseberichts.

Seit der Zusammenarbeit mit *news aktuell* gibt es dazu auch die Möglichkeit, die Meldungen zeitgleich in den Internetportalen – im sogenannten Pressemanager der Polizeibehörden erscheinen zu lassen. So kann sich auch jeder interessierte Bürger mit Internetzugang über die Homepages der Polizeibehörden über alte und neue Meldungen der Pressestellen informieren.

3.4 Publizistische Krisen

Neben der immer höheren Nachfrage der Medien nach Polizeithemen waren auch die *publizistischen Krisen* ein wichtiger Auslöser für Veränderungen. Der Begriff der „publizistischen Krise" meint, dass durch negative Medienberichterstattung Krisen innerhalb einer Organisation ausgelöst werden (vgl. Thießen 2011, S. 81). Aus der Sicht der Polizei sind publizistische Krisen entsprechend mediale Berichterstattungen, die das positive Image der Polizei nachhaltig gefährden können. In den 1980er Jahren entstanden publizistischen Krisen zum Beispiel durch eine „ungeregelte" bzw. „unkontrollierte" Begleitungen polizeiliche Einsätze durch die Medien. Das bekannteste Beispiel einer solchen Krise ist wahrscheinlich das Gladbecker Geiseldrama (16.–18. August 1988). Während der Flucht der beiden Haupttäter Degowski und Rösner mit deren Geiseln boten Journalisten ihnen durch Liveinterviews in Radio und Fernsehen eine Plattform in der Öffentlichkeit. Aus Sicht der Polizei behinderten Journalisten durch ihre unmittelbare Nähe zum Geschehen den Einsatz. Ein Journalist fuhr sogar im Fluchtfahrtzeug mit, um die nicht ortskundigen Täter aus der Kölner Innenstadt herauszulotsen. Dieses Bieten einer medialen Plattform für die Täter wurde mit dem sogenannten Medienerlass von 1994 zu unterbinden versucht, auch um anderen potentiellen Tätern den Anreiz zu nehmen.

Das Gladbecker Geiseldrama machte (für die Polizei) deutlich, dass Medien kein vollkommen uneingeschränkter Zugang zu Polizeiaktionen gewährt werden kann. Eine Konsequenz dieses Ereignisses war das starke Bemühen um eine ausschließlich zentrale Pressearbeit der Polizei über die eigene Pressestelle. Es sollten keine unmittelbaren Kontakte zwischen Journalisten und den einzelnen Dienststellen mehr stattfinden.

Welche Auswirkungen publizistische Krisen auf die Pressearbeit der Polizei hatten, zeigten die darauffolgenden Ereignisse. Auch bei dem Einsatz anlässlich des Castor-Transports von 1998 erwartete die Polizei einen Ansturm von Medienvertretern. Man zog damals landesweit Pressesprecher zusammen und bildete Teams, die jeweils Medienvertreter eines bestimmten Bereichs (elektronische Leitmedien, Printmedien etc.) informieren und betreuen sollten (vgl. Interview E, Abs. 21). Statt einem „Laufenlassen" der Ereignisse und bloßem Reagieren auf das, was schon geschehen ist, wurde der Pressearbeit der Polizei eine Struktur gegeben. Damit wurden auch die Möglichkeiten der Journalisten, sich frei im Feld zu bewegen, beschnitten.

> Bei diesem Medienaufmarsch, der zu erwarten ist [...] müssen wir [...] auch einen entsprechenden Service bieten. Und man hat dann entsprechende Teams gebildet. Ich glaube, das war auch das allererste Mal, dass Pressesprecher landesweit in der Form zusammengezogen und [...] zielgerichtet an verschiedenen Stellen eingesetzt wurden, um Presse, um Medienvertreter zu betreuen, zu informieren [...]. (Interview E, Abs. 21)

Dass auf professionellen Umgang mit den Medienvertretern großer Wert gelegt wurde, zeigt sich auch daran, dass die Pressesprecher in leitender Position vor dem Einsatz zusätzlich durch einen auf Krisenkommunikation spezialisierten Journalisten geschult wurden.

Während des Castor-Transport-Einsatzes standen den Journalisten also auf das jeweilige Medium spezialisierte Polizeipressesprecherteams als Ansprechpartner und Betreuer zur Verfügung. *Betreuung* steht hier in erster Linie für die Versorgung mit (ausgewählten) Informationen. In dem Wort *Betreuung* schwingt doch aber immer auch eine gewisse „Wohlfühlkomponente" mit. Das Ziel einer guten Betreuung ist es, zufriedene Betreute, zufriedene Journalisten, zu hinterlassen. Diese sind wahrscheinlich eher geneigt, im Sinne der Polizei zu berichten als Journalisten, die mit einem „Kein Kommentar!" abgespeist werden. Dadurch, dass die Polizeipressearbeit als Service für die Journalisten verstanden wird, findet durch den geregelten Informationsfluss nicht nur eine bessere Kontrolle von deren Arbeit statt. Was vielleicht noch wichtiger war: Informierten Polizeipressesprecher die Medien über Dinge, die sie nach außen geben konnten und erklärten auf der anderen Seite, *warum* sie andere Informationen zurückhalten *mussten*, konnte es zum Aufbau eines beidseitigen Vertrauensverhältnisses kommen. Durch eine vertrauensvolle Zusammenarbeit zwischen Polizeipressesprechern und Journalisten können produktive Partnerschaften entstehen, von denen beide Seiten langfristig profitieren. Ist die Polizei erste Anlaufstation für Medienvertreter, haben die Pressesprecher außerdem die Möglichkeit, das Geschehen aus polizeilicher Sicht zu beschreiben und das

Vorgehen der Kollegen zu erklären. Somit ist auch zu vermuten, dass durch eine intensive Betreuung, sprich über den geregelteren Informationsfluss (den *Einfluss* der angebotenen Informationen auf die Meinungsbildung der Journalisten), eine gewisse Kontrolle über deren Berichterstattung ausgeübt werden kann.

3.5 Image, Service und PR

Das Ziel dieses in den 1990er Jahren noch recht neuen Servicegedankens scheint eine möglichst positive Darstellung der Polizei in der Öffentlichkeit zu sein. Dieses Ziel der polizeilichen Presse- und Öffentlichkeitsarbeit deckt sich mit den schwerpunktmäßigen Anliegen von Public Relations.[6] Die Polizeipressestellen sind für die Public Relations (im folgenden PR), also für die Beziehungen zur Öffentlichkeit verantwortlich. Diese Öffentlichkeit wird über Journalisten (Pressearbeit) und unmittelbar (Öffentlichkeitsarbeit) angesprochen. Der Kommunikationswissenschaftler Herbst definiert PR als „die systematische und langfristige Gestaltung der Kommunikation eines Unternehmens mit seinen internen und externen Bezugsgruppen mit dem Ziel, das Unternehmen bekannt zu machen und das starke und einzigartige Vorstellungsbild (Image) von der Unternehmenspersönlichkeit zu gestalten" (Herbst 2003, S. 10). Die Polizei ist kein Unternehmen. Und sie muss sich auch nicht mittels PR von ihren Konkurrenzunternehmen absetzten. Dennoch macht es Sinn, Pressestellen einzurichten und so Vertrauen für die „Marke Polizei" zu generieren.[7] Indem sich die Polizei an die Öffentlichkeit wendet, kann sie zum einen durch mediale Aufklärungsarbeit ihrer Kernaufgabe, der Gefahrenabwehr, nachkommen – zum Beispiel, wenn Sie darüber informiert, wie man sich vor Trickbetrügern oder Einbruchsdiebstählen schützen kann. Auch im Rahmen der Strafverfolgung kann das Ansprechen der Öffentlichkeit (in der Regel in Absprache mit der Staatsanwaltschaft) sinnvoll sein. Immer wieder werden auch auf lokaler Ebene, zum Beispiel in der Tagespresse, Fahndungsfotos oder Täterbeschreibungen veröffentlicht. Der dritte Aspekt ist der wichtigste: Es ist der Aufbau eines positiven Images und der Aufbau von Vertrauen der Bevölkerung in die Polizei. Erst dadurch kann die Polizei ihren Aufgaben der Gefahrenabwehr und – in dem gesetzlich vor-

---

[6] „Ein positives Image der Organisation (87 %) sowie die Herstellung von Vertrauen – sowohl bei Journalisten als in der Öffentlichkeit (jeweils 82 %) – stellen nach Ansicht der Befragten die wichtigsten Ziele von Public Relations dar" (Bentele et al. 2009, S. 73).

[7] Von der Polizei kann an dieser Stelle als *Marke* gesprochen werden, da sie gut identifizierbare wie unverwechselbare Dienstleistungen (Gefahrenabwehr und Strafverfolgung) anbietet; im Kopf der (potentiellen) „Kunden" existiert ein inneres Abbild, also ein Image von Polizei (vgl. Bentele et al. 2009, S. 5 f.).

gesehenen Rahmen – der Strafverfolgung nachkommen. In dem Runderlass des Innenministeriums zur Zusammenarbeit der Polizei mit den Medien von 1994, dem sogenannten „Medienerlass", wird dieser Gesichtspunkt so formuliert:

> Die Polizei bedarf des Vertrauens der Bevölkerung, um wirkungsvoll Gefahren abwehren und Straftaten verfolgen zu können. Es ist daher wichtig, der Öffentlichkeit ein glaubwürdiges Bild der Institution Polizei und ihrer Bediensteten zu vermitteln. Zu diesem Zweck wendet sich die Polizei an die Bürgerinnen und Bürger, entweder unmittelbar (Öffentlichkeitsarbeit) oder mittelbar über die Kommunikation mit Medien (Pressearbeit). (RdErl. d. Innenministeriums v. 10.03.1994, Abs. 1)[8]

3.6 Polizei 2.0

Ein Blick auf die aktuellen Entwicklungen in der Polizeipressearbeit ermöglicht einen Ausblick auf deren Zukunft. Zurzeit haben immer mehr Menschen Zugriff auf ein Smartphone und nutzen damit das mobile Internet. Als erste Länderpolizei griff die Polizei NRW diesen Trend auf und richtete eine Application ein – die sogenannte Polizei-App –, die dem Nutzer eine ganze Reihe unterschiedlicher – und vor allem individualisierbarer – Funktionen bietet: Neben Presseinformationen und Fahndungsaufrufen, Verkehrsunfällen oder Verbrechen, wird über aktuelle Unwetterwarnungen informiert und es werden Tipps zur Verkehrssicherheit gegeben. Unter diesen Funktionen kann sich der Nutzer diejenigen auswählen, die er gebrauchen möchte und sie zusätzlich auf einen bestimmten Ort beschränken (zum Beispiel: nur Unwetterwarnungen und Presseinformationen, die Bielefeld betreffen). Die ausgewählten Inhalte müssen nicht erst extra aufgerufen werden, sondern erscheinen mittels Push-Funktion[9] automatisch auf dem Bildschirm des Smartphones. Die Downloadzahlen belegen, dass diese Services auf viel Resonanz stoßen: Vorgestellt wurde die Polizei-App auf der Computermesse Cebit im März 2011 – bis zum ersten Juni 2011 wurde die App bereits über 70.000-mal heruntergeladen (vgl. Presseinformation des MIK NRW:[10] 03/2011 und Streife:[11] 06/2011). Redaktionen und freiberufliche Journalisten wurden über ots schon zuvor beinahe

---

[8] Zwischenzeitlich liegt der Erlass in aktueller Fassung vom 15.11.2011 vor.
[9] Die *Push-Funktion* ist eine serverseitige Funktion. Mails werden nicht mehr von einem Programm „abgeholt", sondern vom jeweiligen Mailserver (Anbieter) direkt an den Kunden und entsprechend an das Gerät „gedrückt" (gepusht). Damit muss das Mailprogramm nicht mehr in einem vorgegebenen Intervall (z. B. alle 15 min) Mails abrufen, sondern erhält die Mails sofort nach Eingang auf dem Server.
[10] MIK NRW steht für *Ministerium für Inneres und Kommunales NRW*.
[11] Die *Streife* ist ein von der Polizei NRW herausgegebenes Magazin für Polizeibeamte.

3.6 Polizei 2.0

in Echtzeit mit den neuesten Nachrichten aus den Polizeipressestellen versorgt. Sie haben so die Möglichkeit, die für ihr Medium relevanten Meldungen auszuwählen. Schon mit ihrer eigenen Website trat die Polizei NRW unmittelbar an den interessierten Bürger heran. Auch hier besteht die Möglichkeit, die Pressemeldungen der eigenen oder einer anderen Stadt zu verfolgen. Dennoch gibt es grundlegende Unterschiede zur App: Einmal voreingestellt liefert die App dem User alle Informationen, die für ihn von Interesse sein könnten – und das ohne, dass es immer wieder einer neuen Recherche des Nutzers bedürfte. Die Website ist also im Gegensatz zur App nicht individualisierbar und verfügt über keine Push-Funktion. Mit der App hat jeder die Möglichkeit, über Presseinformationen, Fahndungsmeldungen etc. der Polizei auf dem Laufenden zu bleiben. Die Polizei kann über die App alle User unmittelbar erreichen – dort, wo zuvor der Journalist zwischengeschaltet war, Informationen auswählte, Texte kürzte, ergänzte oder inhaltlich einfärbte, wird nun die Teilöffentlichkeit der App-Benutzer unmittelbar und ungefiltert erreicht. Durch die Hinwendung zum interaktiven Internet – dem sogenannten Web 2.0 – zeigt die Polizei NRW der Öffentlichkeit: „Wir gehen mit der Zeit und bieten unseren Kunden zukunftsweisende Technologie und besten Service. Wir sind technisch auf dem neuesten Stand, serviceorientiert und interaktiv". Das ist das Image, auf das die Polizei hinzuarbeiten scheint. Ein Beispiel aus Hannover lässt vermuten, dass der Trend dieses unmittelbaren Ansprechens zukünftig weiter ausgebaut werden wird: Die Polizei Hannover richtete im März 2011 eine eigene Seite in dem sozialen Netzwerk Facebook ein. Hier veröffentlichte sie Fahndungsfotos und bat die Facebook-Gemeinde um Mithilfe. So konnten bereits acht Fälle aufgeklärt werden. Im Januar 2012 sind die Fahndungsaufrufe jedoch aus datenschutzrechtlichen Gründen eingestellt worden. Dennoch hat dieses Pilotprojekt bereits Nachahmer gefunden: Auf Facebook sind mittlerweile verschiedene Vertreter der Polizei anzutreffen, unter anderem auch das Bundeskriminalamt. Hier wird auch weiterhin um Fahndungshinweise gebeten. Auch ein weiteres Beispiel zeigt, welches Bild die Polizei bemüht ist, von sich zu zeichnen. Junge Polizeibeamte werden im Laufe ihrer Ausbildung vereidigt, das heißt, sie leisten einen Eid auf die Verfassung. Bislang wurden diese Vereidigungen jeweils in den Ausbildungszentren bzw. LAFPs Selm und Schloss Holte-Stukenbrock durchgeführt. Die Kommissaranwärter versammelten sich stehend auf dem Sportplatz, während von diversen Würdenträgern Reden gehalten wurden. Bei warmem Wetter und Sonnenschein versagte regelmäßig dem einen oder anderen Anwärter der Kreislauf vom langen Stehen, sodass des Öfteren hinter den Reihen aus zu vereidigenden Sanitäter aktiv werden mussten – ein interessantes, aber nicht unbedingt medienwirksames Schauspiel. Seit 2009 findet die Vereidigung aller Kommissaranwärter aus ganz NRW jedoch zentral statt. Jedes Jahr richtet nun eine andere Behörde dieses Ereignis aus. 2011 fand die

Vereidigung in der Essener Grugahalle statt. Moderiert wurde die Feierlichkeit von dem Serienhelden Henning Baum, der Protagonist einer spannungsgeladenen Polizeiserie, die in Essen spielt. Als „Der letzte Bulle" glänzt er durch unkonventionelles Vorgehen, lockere Sprüche und eher rustikalen Charme. Was aber qualifiziert einen Schauspieler eher als einen hochrangigen Polizeibeamten, die Neulinge auf ihren Berufsalltag vorzubereiten und ihnen die Wichtigkeit ihres Jobs vor Augen zu führen? Fachwissen oder Praxiserfahrung wohl kaum. Das angestaubte Beamtenimage der Polizei soll von Popularität des Moderators profitieren, ein altgedienter, ehrwürdiger Beamter, der es nicht gewohnt ist, vor Publikum zu agieren, würde dagegen eher trocken und fade wirken. Und auch das ist neu: Nach der Vereidigung in Essen fand auf dem Platz vor der Grugahalle eine „Leistungsshow" statt. Hier demonstrierte das Sondereinsatzkommando der Polizei seine Fähigkeiten. Wie sich die Spezialkräfte von Gebäuden und Hubschraubern abseilten und Geiselnehmer stellten, konnten die Berufseinsteiger, ihre geladenen Gäste sowie Journalisten und interessierte Passanten verfolgen. Auch auf der Videoplattform *Youtube* sind die Vereidigung und die anschließende Leistungsschau zu bestaunen.[12]

Die Umgestaltung der dezentralen Vereidigung auf dem Sportplatz hin zur zentral organisierten Vereidigungsshow hat als Bedeutungshintergrund sicherlich auch, sich vor Berufseinsteigern, Besuchern und Journalisten (und damit vor der Öffentlichkeit) als modernen Leistungsträger zu präsentieren.

3.7 Fazit

Den größten Einfluss auf die polizeiliche Pressearbeit seit 1980 hatten Veränderungen in der Medienlandschaft, dabei zwangen insbesondere private Medien die Polizei zu einem Umdenken: Es musste personell und technisch aufgestockt werden; das Modell der reaktiven Pressearbeit war nicht mehr zeitgerecht, so dass man vermehrt die Zusammenarbeit mit Journalisten suchen musste. Auch technische Neuerungen, wie das Faxgerät oder der E-Mail-Versand, hatten direkten Einfluss auf den Arbeitsumfang der Polizeipressesprecher. So wurde zum Beispiel durch die Einführung des Faxgerätes das Interesse überörtlich agierender Journalisten geweckt, wodurch wiederum der Arbeits- und Kostenaufwand der Polizeipressestellen so sehr anstieg, dass in der Folge nach neuen technischen Lösungen gesucht werden musste. Letzter Stand der Entwicklung sind z. B. die *Polizei-App* oder die Nutzung des sozialen Netzwerkes *facebook*.

---

[12] Zu sehen unter http://www.youtube.com/watch?v=ktRWk23lItQ (01.03.2012).

3.7 Fazit

Auch publizistische Krisen forcierten Veränderungen, vor allem, indem sie in aller Deutlichkeit Schwächen im bestehenden System aufzeigten. Insbesondere durch den RdErl. des Innenministeriums vom 10.03.1994 wurden grundlegende Regelungen für die polizeiliche Presse- und Öffentlichkeitsarbeit geschaffen. Bestimmte Aspekte werden detailliert behandelt (zum Beispiel: Was sollte (nicht) in welcher Form nach außen gegeben werden? Wie sind Journalisten zu behandeln?), mit anderen Gesichtspunkten wird deutlich nachlässiger umgegangen (welche Qualifikationen müssen die Mitarbeiter in Polizeipressestellen mitbringen?).

Vertrauensvolle und belastbare Beziehungen zwischen Polizeipressesprechern und Journalisten können durch eine längerfristige, gute Zusammenarbeit wachsen. Eine solche Form der Beziehung ist notwendig, da unumgängliche Reibungspunkte dadurch existieren, dass Journalisten und Polizeipressesprecher teilweise unterschiedliche Ziele verfolgen. Ein gutes Verhältnis zwischen Presse und Polizei birgt Vorteile für beide Seiten: Journalisten werden eher mit Informationen versorgt und erhalten tiefere Einblicke in die Polizeiarbeit und die Polizeipressesprecher können sich eher darauf verlassen, dass die Journalisten größeres Verständnis für ihre Arbeit und das polizeiliche Vorgehen aufbringen. Dagegen hat ein angespanntes Verhältnis zwischen Polizeipressestelle und Journalisten negative Konsequenzen: Journalisten erhalten tendenziell weniger verwertbare Informationen und durch mangelnde Einblicke in polizeiinterne Abläufe fehlt es den Journalisten eher an Verständnis für bestimmte Vorgehensweisen. Das kann sich in der Berichterstattung widerspiegeln. Durch schlechte oder gar keine Presse kann das Image der Polizei in der Bevölkerung leiden und der Vertrauensverlust kann ihre Arbeit deutlich erschweren. Daher scheint folgende Entwicklung für beide Akteure problematisch – zumal, wenn Vertrauen die Währung ist, durch die eine fruchtbare Zusammenarbeit zwischen Polizei und Medien gewährleistet wird: Im Printmedienbereich wird zunehmend auf spezialisierte Polizeireporter verzichtet. Durch diesen Verzicht gehen den Polizeipressesprechern die festen Ansprechpartner verloren. Umgekehrt verlieren die Journalisten aufgrund der Beförderungsstruktur innerhalb der Polizeipressestellen ihre festen Ansprechpartner. Als eine Antwort der Polizei auf diese neuen Entwicklungen kann die Bewegung hin zu etwas mehr Unabhängigkeit von den Medien verstanden werden, indem durch die neuen digitalen, technischen Möglichkeiten die Informationen ohne Umwege an die Bürger gebracht werden.

4 Der Ausbildungsweg der Polizeipressesprecher und die Maßstäbe der Presse- und Öffentlichkeitsarbeit der Polizei

Carina Jasmin Englert

Die Medienlandschaft ist gekennzeichnet durch Medienumbrüche. Der Medienumbruch, der durch analoge Medien wie Rundfunk, Film und Fernsehen insbesondere im 20. Jahrhundert entstanden ist, steht dem digitalen Medienumbruch gegenüber, der durch die Digitalisierung von Medien(-inhalten) hervorgerufen wird. Mit dem digitalen Medienumbruch geht eine umfassende Medialisierung und Mediatisierung von Kultur und Gesellschaft einher. Die wohl tragendste Rolle kommt im digitalen Medienumbruch dem Internet und dem Smartphone zu (vgl. Hüser und Grauer 2005, S. 90).

Die Veränderungen in der Medienlandschaft, vor allem durch den digitalen Medienumbruch, wirken sich zum einen auf das Agieren der an dem Feld der Medien teilnehmenden (korporierten) Akteure aus und zum anderen auf die Pressearbeit in unterschiedlichen gesellschaftlichen Feldern, z. B. der Presse- und Öffentlichkeitsarbeit von Unternehmen, Universitäten und auch der Polizei. Das Internet führt zu neuen Möglichkeiten der Vernetzung zwischen Informationen und Akteuren, die in großer Fülle orts- und zeitunabhängig abgerufen werden können. Diese ständige Erreichbarkeit und der ununterbrochene Informationsfluss durch digitale Medien stellen die Akteure unterschiedlicher gesellschaftlicher Felder vor neue Herausforderungen: Sie alle haben ein Interesse daran, dass ihre Informationen in Form von Nachrichten in den Medien veröffentlicht werden, bspw. als Erfolgsmeldungen zu Werbezwecken. Für die Polizei ist die Publikation von Nachrichten – und auch von Erfolgsmeldungen – besonders relevant, da sie hierdurch nicht nur ihr Image durch positiv konnotierte Nachrichten verbessern kann, sondern die Polizei nutzt die Aufmerksamkeit der Öffentlichkeit insbesondere zur Erreichung sicherheitspolitischer Ziele, wie zur Aufklärung von Verbrechen, zur Fahndung nach Verdächtigen und zur Stärkung (des Gefühls) der (Inneren) Sicherheit in der Bevölkerung. Um eine Veröffentlichung entsprechend relevanter Nachrichten zu erreichen, ist es für die Pressesprecher der Polizei wichtig, die Regeln des medialen Feldes zu beherrschen, d. h. die Bedingungen zu kennen, die eine polizeiliche Mitteilung zu einer medialen Mitteilung werden lassen und sie ‚veröffentlichenswert' machen.

4.1 Vom ‚Learning by doing': zur geregelten Aus- und Fortbildung von Polizeipressesprechern[1]

Die Notwendigkeit für die Polizei, die Regeln des Feldes der Medien zu kennen, führte in den letzten Jahrzehnten zu einer Professionalisierung der Aus- und Fortbildung der Polizeipressesprecher: war es zu Beginn der 1980er Jahre für die Ausbildung eines Polizisten zu einem Polizeipressesprecher noch üblich ‚Learning by doing' zu betreiben (vor den 1980er Jahren gab es keine Pressesprecher bei der Polizei), hat das Innenministerium NRW in den 1990er Jahren eine geregelte journalistische Aus- und Fortbildung von Pressesprechern der Polizei NRW eingeführt.

Das Aus- und Fortbildungsangebot für Polizeipressesprecher, die in nordrhein-westfälischen Polizeidienststellen tätig sind, findet zentral in der 2007 errichteten *LAFP NRW* (Landesamt für Aus- und Fortbildung und Personalangelegenheiten der Polizei NRW) in Münster statt (vgl. hierzu auch LAFP NRW 2008). Die Teilnahme an diesem Aus- und Fortbildungsangebot für Polizeipressesprecher kann unabhängig vom polizeilichen Dienstgrad und der Form des Polizeidienstes eines Beamten, grundsätzlich von jeder im Polizeidienst tätigen Person in Anspruch genommen werden.

Die Aus- und Fortbildung zu einem Polizeipressesprecher am *LAFP NRW* in Münster besteht a) aus einem *Grundlagenmodul* sowie b) einem *Anpassungsseminar* in Presse- und Öffentlichkeitsarbeit und umfasst c) weiterhin (mehrtägige) *Seminarangebote* für die Dienstgruppenleiter der Leitstellen.

Im *Grundmodul* werden die (angehenden) Polizeipressesprecher erstens mit den (teils miteinander kollidierenden) Interessensschwerpunkten von den Vertretern der Medien und der Polizei vertraut gemacht. Während die Medien bspw. möglichst viele Informationen zu möglichst ‚spannenden' Kriminalfällen veröffentlichen möchten, um so ihre Auflage bzw. Einschaltquote zu steigern, hat die Polizei ein Interesse daran, Informationen, insbesondere zu aktuellen Kriminalfällen, gezielt und strategisch in einem Medium, wie der Tageszeitung oder der Nachrichtensendung im Fernsehen, zu platzieren (vgl. hierzu auch LPG NW vom 18.05.1993, § 4, Abs. (2)). Ein zweiter wichtiger Bestandteil des Grundmoduls der Ausbildung

---

[1] Die nachstehenden Erläuterungen gehen zu großen Teilen auf die Forschungsarbeit von Stefanie Böhm zurück, der ich an dieser Stelle zu Dank verpflichtet bin, dass sie mir ihre umfangreichen Feldnotizen zur Verfügung gestellt hat (vgl. hierzu auch Böhm 2010).

4.1 Vom ‚Learning by doing': zur geregelten Aus- und Fortbildung von ...

in der polizeilichen Presse- und Öffentlichkeitsarbeit am *LAFP* ist das Selbstverständnis der Polizeipressesprecher in NRW. Die Rolle eines Polizeipressesprechers unterscheidet sich von der eines Polizisten ohne Pressetätigkeit, da das Eintreten in das Feld der Medien neue Anforderungen an den Polizeipressesprecher stellt. Die Kenntnis der rechtlichen Grundlagen, z. B. des Datenschutzes, der Persönlichkeitsrechte und der Durchsetzung zivilrechtlicher Ansprüche, sind grundlegende Voraussetzung für eine Tätigkeit eines Polizisten in der Pressestelle und damit Lerninhalt des Grundmoduls. Drittens lernen die Seminarteilnehmer im Grundlagenmodul, wie Pressetexte medienwirksam, d. h. sprachlich ansprechend und möglichst wenig ‚bürokratisiert' (also nicht in ‚Beamtendeutsch'), formuliert werden können, ohne die allgemeinen Ziele und Maßstäbe der Presse- und Öffentlichkeitsarbeit der Polizei Nordrhein-Westfalen zu vernachlässigen, wie:

- Erfüllung der Informationsverpflichtung nach § 4 Landespressegesetz NRW
- Schaffung einer Grundlage für eine objektive Berichterstattung in den Medien
- Verdeutlichung des gesetzlichen Auftrages der Polizei NRW
- Werbung für die Leistungsfähigkeit der Polizei NRW gegenüber der Bevölkerung
- Vermittlung eines objektiven Bildes der Polizei in der Öffentlichkeit
- Stärkung des Vertrauens der Bevölkerung in die professionelle polizeiliche Aufgabenerledigung
- Stärkung des Sicherheitsgefühls der Bevölkerung
- Anlassbezogene Information der Öffentlichkeit, um die Öffentlichkeit zur Mitwirkung an der polizeilichen Aufklärung zu veranlassen und/oder zu sensibilisieren
- Förderung der Verhaltensweisen der Bürgerinnen und Bürger, die der Sicherheit der Allgemeinheit dienen
- Stärkung der Bereitschaft der Bevölkerung, auf die Sicherheit der Mitmenschen zu achten
- Anleitung und Bestärkung zur gesetzeskonformem Mitwirkung bei der Bewältigung publizistischer Krisen
- Förderung der Identifikation der Beschäftigten der Polizeipressestellen mit den polizeilichen Aufgaben, Zielen und Strategien (vgl. RdErl. d. Ministeriums für Inneres und Kommunales Az. 401 – 58.02.05 v. 15.11.2011 unter 1)

Unter Berücksichtigung dieser Ziele und Maßstäbe der Presse- und Öffentlichkeitsarbeit der Polizei NRW lernen die Seminarteilnehmer im *Grundmodul* nicht nur, wie man mit den unterschiedlichen Interessensschwerpunkten zwischen Medien und Polizei umzugehen hat und wie man Pressetexte angemessen formuliert, sondern sie beschäftigten sich viertens auch mit den unterschiedlichen Medien selbst, z. B. Print, Web, TV und deren crossmedialer Nutzung, da diese verschiedenen Formen der Medien unterschiedliche Anforderungen an den Umgang und die Formulierung mit polizeilichen Informationen stellen.

Nach Abschluss des *Grundlagenmoduls* haben die Polizeipressesprecher die Möglichkeit, ihre Aus- und Fortbildung in dem *Anpassungsseminar* der *LAFP NRW* zu vertiefen. In diesem Seminar lernen die Teilnehmer zum Ersten, Pressemeldungen, z. B. in Form eines (täglichen oder wöchentlichen) Pressespiegels, zu analysieren und die Wirksamkeit ihrer eigens initiierten Kommunikationsmaßnahmen zu kontrollieren. Zum Zweiten wird im Anpassungsseminar die Bewältigung ‚publizistischer Krisen' behandelt. Publizistische Krisen entstehen häufig in Ausnahmesituationen, Unglücks-, Stör- und Katastrophenfällen, wie z. B. Geiselnahmen oder Terrordrohungen. In diesen aufmerksamkeitserregenden Extremsituationen kann es vorkommen, dass die Polizei unter den Druck der Öffentlichkeit gerät, die sich zu fragen beginnt, warum die Polizei auf die Art und Weise agiert, wie sie es tut bzw. warum sie bestimmte Handlungen unterlässt und anderen wiederum Vorrang gewährt. Diese und ähnliche Ausnahmesituationen müssen vor allem in Kooperation mit der Presse ‚sensibel' behandelt werden, da bereits unklare, verspätete oder unangemessene Kommunikationsmaßnahmen der Polizeipressesprecher vor der Presse negative Konsequenzen für die (medienvermittelte) Wahrnehmung der Polizei in der Öffentlichkeit haben können und dies z. B. zur Erschütterung der Grundfesten der Inneren Sicherheit oder zu einem Imageschaden der Polizei führen kann (vgl. hierzu u. a. auch Fürst et al. 2007, S. 26 ff.; Thießen 2011, S. 81 ff.). Die Kommunikationsmaßnahmen in Krisenzeiten erfordern daher eine „[…] schnelle, offene und ehrliche Information bestimmt Krisenverlauf und Kriseninhalte" (Kolbe 2009, S. 19), die gelernt sein will. Eine ‚publizistische Krisensituation' zu erkennen und auf diese angemessen zu reagieren, ist grundlegender Bestandteil des Anpassungsseminars für Polizeipressesprecher am *LAFP NRW* in Münster.

Neben dem Grundmodul und dem Anpassungsseminar finden an der *LAFP NRW* in Münster *Seminare für die Dienstgruppenleiter* der Leitstellen statt. Die Grundkenntnisse über die Pressearbeit der Polizei, die in diesem Seminar vermittelt werden, richten sich an die Dienstgruppenleiter der Leitstellen, da die Polizeipressestellen trotz des Früh- und Spätdienstes in den Pressestellen nicht durchgängig besetzt sind und sich die Presse mit dringlichen Fragen in dieser Zeit auch an die Dienstgruppenleiter einer Leitstelle wenden kann. Der jeweilige Dienstgruppenleiter muss in solchen Fällen, in denen kein Mitarbeiter der Pressestelle vor Ort ist, auch selbst angemessen auf Presseanfragen reagieren können. Die notwendigen Voraussetzungen für einen angemessenen Umgang mit Presseanfragen werden in den Seminaren für Dienstgruppenleiter geschaffen.

In all diesen Aus- und Fortbildungsmaßnahmen des *LAFP NRW* in Münster werden u. a. auch externe Referenten, wie Journalisten und PR-Experten, in die Schulungen einbezogen. Diese stehen den (angehenden) Polizeipressesprechern vor allem bei Fragen zur angemessenen Formulierung von Pressetexten und zum Umgang mit unterschiedlichen Medien, bspw. Print, TV, Web und Radio zur Seite.

4.2 Die Besonderheit der Öffentlichkeitsarbeit der Polizei: Mehr als ‚Werbung'

Bereits an der Konzeption der Aus- und Fortbildung der Polizeipressesprecher der Polizei NRW zeigt sich, dass die Pressestellen der Polizei gleichermaßen die Presse- als auch die Öffentlichkeitsarbeit der jeweiligen Polizeidienststelle übernehmen.[2] Die Öffentlichkeitsarbeit nimmt neben der Pressearbeit einen wichtigen Stellenwert ein, da durch die Kontaktpflege zwischen Polizei und Bürger das Vertrauen der Bürger in die Polizei aufgebaut und gestärkt werden kann, was nicht zuletzt das Sicherheitsgefühl der Bevölkerung erhöht (vgl. hierzu auch RdErl. d. Ministeriums für Inneres und Kommunales Az. 401 – 58.02.05 v. 15.11.2011 unter 4.2). Die Öffentlichkeitsarbeit der Polizei soll „[…] offensiv, initiativ, zielgruppenorientiert und konzeptionell gestaltet werden. Sie bedient sich dazu moderner Methoden und Kommunikationstechniken und berücksichtigt das ‚corporate design' [der jeweiligen Polizeidienststelle]" (RdErl. d. Ministeriums für Inneres und Kommunales Az. 401 – 58.02.05 v. 15.11.2011 unter 4.2; Anmerkungen C.J.E.). Die Öffentlichkeitsarbeit der Polizei erfolgt sowohl als behördenexterne Kommunikation als auch als behördeninterne Kommunikation. Die Kommunikationsmaßnahmen der Öffentlichkeitsarbeit richten sich damit zum einen nicht nur an die Öffentlichkeit außerhalb der Polizeidienststelle, sondern zum anderen auch an die Mitarbeiter innerhalb der Polizeidienststelle. Die Öffentlichkeitsarbeit der Polizei fördert neben dem Kontakt zum Bürger und der positiven Außendarstellung der Polizei, auch die Motivation und Identifikation der Mitarbeiter in der eigenen Polizeidienststelle (siehe zu dieser Aufgabenstellung auch RdErl. d. Ministeriums für Inneres und Kommu-

---

[2] Bislang existiert keine einheitliche Regelung dazu, wie die Presse- und Öffentlichkeitsarbeit in einer Polizeidienststelle in NRW organisiert sein muss. Eine getrennte Organisation der Presse- und Öffentlichkeitsarbeit in einer Dienststelle bietet zwar den Vorteil, dass die jeweiligen Mitarbeiter sich stärker auf einen der beiden Arbeitsfelder fokussieren können, jedoch birgt die Trennung zwischen der Presse- und Öffentlichkeitsarbeit auch den Nachteil, dass die Abstimmung zwischen den beiden Arbeitsbereichen durch die getrennte Arbeit erschwert wird. Bisher bleibt die Entscheidung, ob die Öffentlichkeitsarbeit von der Pressearbeit getrennt organisiert wird, den jeweiligen Polizeidienststellen selbst überlassen.

nales Az. 401 – 58.02.05 v. 15.11.2011 unter 1). Neben der Betreuung von Besuchergruppen, der Mitarbeiterinformation, der Unterstützung und der Beteiligung an landesweiten Veranstaltungen sowie Kampagnen der polizeilichen Öffentlichkeits- und Pressearbeit,[3] zählt z. B. auch die Unterstützung von Medienproduktionen zu den Aufgaben der Organisationseinheit Öffentlichkeitsarbeit (vgl. RdErl. d. Ministeriums für Inneres und Kommunales Az. 401 – 58.02.05 v. 15.11.2011 unter 4.2).

Die Öffentlichkeitsarbeit der Polizei in Form der Unterstützung von Medienproduktionen ist aus Sicht des Innenministeriums ein sensibles Handlungsfeld, ähnlich dem der Krisenkommunikation, das gesonderte Regelungen notwendig macht, die bspw. in Runderlassen festgehalten werden (s. o.). An oberster Stelle steht, neben der Einhaltung gesetzlicher Grundlagen (z. B. Daten- und Versicherungsschutz), die Einhaltung spezifischer Kommunikationsziele der Polizei im Rahmen der Öffentlichkeitsarbeit. Entscheidend für die Beteiligung von Polizeibediensteten an einer Medienproduktion ist der ‚spezifische Nutzen' für die Polizei – so der Runderlass vom 15.11.2011. Vor der Beteiligung von Polizeibediensteten an einer Medienproduktion muss daher geprüft werden, ob die allgemeinen Ziele der Presse- und Öffentlichkeitsarbeit erfüllt werden und insbesondere, ob die Teilnahme an einer Medienproduktion eine repräsentative Außenwirkung der gesamten Polizei (in NRW) zur Folge hat (vgl. RdErl. d. Ministeriums für Inneres und Kommunales Az. 401 – 58.02.05 v. 15.11.2011 unter 5.1). Die Polizei ist sich also darüber im Klaren, dass sie Öffentlichkeitsarbeit betreibt und für sich als Institution der Inneren Sicherheit ‚werben' muss, sich allerdings die Presse- und Öffentlichkeitsarbeit nicht in der Werbung für die Polizei erschöpft.

Eine Teilnahme an dem Aus- und Fortbildungsangebot des *LAFP NRW* in Münster ist bisher allerdings keine Pflichtvoraussetzung, um als Pressesprecher in einer Polizeibehörde tätig werden zu können. Die Aus- und Fortbildung der Polizeipressesprecher in der Presse- und Öffentlichkeitsarbeit am *LAFP NRW* in Münster bleibt bisher eine *freiwillige* Weiterbildungsmaßnahme, die derzeit auch nicht im Studienverlaufsplan für *Bachelor* im Polizeivollzugsdienst an der Fachhochschule für öffentliche Verwaltung NRW verankert ist (vgl. Modulbeschreibungen 2011). Die Presse- und Öffentlichkeitsarbeit der Polizei ist seit 2009 allerdings als fester Bestandteil des Moduls *Grundlagen des Einsatzmanagements als Lehrveranstaltung* mit einer Lehrveranstaltung *Rechtliche und taktische Grundfragen im Verhältnis von Polizei und Medien* im Masterstudiengang *Öffentliche Verwaltung – Polizeimanagement* an der *Deutschen Hochschule der Polizei* vertreten (vgl. Modulhandbuch 2011,

---

[3] Ein Beispiel für solch eine Kampagne ist die vom Deutschen Verkehrssicherheitsrat 2006/2007 initiierte Kampagne *Geschnallt?!* zur Gurtanschnallpflicht für Schulkinder (vgl. hierzu http://www.gordan-online.de/download/Gordan-online_Geschnallt.pdf).

S. 17). Diese Entwicklung zeigt, dass sich die Polizei zunehmend über die steigende Relevanz eigener angemessener Presse- und Öffentlichkeitsarbeit im Klaren ist, die Fortbildungsmaßnahmen allerdings noch weiter ausgebaut werden könnten.

„Da hören wir nicht auf zu piesacken" Das Medium als Akteur – Einzelfallanalyse

Oliver Bidlo

5.1 Einleitung und Methodendarstellung

Medien und Medienunternehmen können als korporierte Akteure gefasst werden (vgl. Reichertz und Englert 2011, S. 28 f., allgemein Bidlo et al. 2011). Solche *korporative* Einheiten sind Akteure, die aus mehreren individuellen Akteuren zusammengesetzt sind und dennoch wie eine einzelne Person handeln (vgl. auch Donges 2008, S. 52), z. B. indem sie auf ein gemeinsames Ziel hinarbeiten. Korporierte Akteure können z. B. eine Zeitung, eine Fernsehsendung, aber auch Anbieter einer Dienstleistung sein. Aus den individuellen Handlungen der einzelnen Personen und ihrer systematischen Bezugnahme aufeinander entsteht ein geordnetes Ganzes. Diese korporierten Einheiten sind *emergente* Gebilde, die sich nicht mehr nur aus den Intentionen, Motiven oder den Interessen der einzelnen Organisationsmitglieder speisen und daraus additiv zusammensetzen, sondern darüber hinausgewachsen sind (vgl. Ortmann 2010, S. 62). Mehr noch, man muss auch die einzelnen Personen z. B. Journalisten eines Medienunternehmens bereits als nicht mehr nur autonome Individuen fassen, sondern als Teil dieses emergenten Gebildes. Das Verhältnis zwischen beiden ist ein sich wechselseitig konstituierendes; das eine gibt es nur aufgrund des anderen.

Deutlich wird das, wenn man in der empirischen Analyse das Handeln des Mediums ergründen will. Man kann dies zum einen durch eine Analyse von produzierten Artefakten tun; das können Fernseh- oder Radiosendungen, Zeitungen oder weitere Produkte sein. Damit erhält man eine On-Air-Perspektive auf das entsprechende Medium. Darüber hinaus kann man die Off-Air-Aktivitäten von Medien untersuchen. Tut man dies, stößt man letztlich auf Redakteure, Journalisten oder andere personale Akteure, die „für" den korporierten Akteur handeln. Diese kann man interviewen und nach ihrer Binnenperspektive fragen. Der nachfolgende Aufsatz tut Letzteres. Er versucht durch die Interviewanalyse eines Journalisten einer Tageszeitung, das Handeln des korporierten Akteurs zu ermitteln. Kontrastiert wurden die Ergebnisse der Einzelfallanalyse mit den Ergebnissen anderer Analysen von Interviews mit Medienvertretern, die im Feld der Inneren Sicherheit arbeiten und hier besonders im lokalen und regionalen Bereich.

Die leitende Frage an das Interview war zunächst ganz grundlegend: Versuchen Medien nicht nur *on-air*-Perspektiven, Deutungen und Interpretationen anzubieten, die sie – mal mehr mal weniger – offensiv zur Schau stellen und distribuieren oder werden sie zu aktiv Handelnden, zu Akteuren, deren Sinn nicht mehr nur in der Vermittlung als vielmehr in der Selbstgestaltung von Themenfeldern und der eigennützigen Aktivierung von Rezipienten liegt? Die Analyse selbst fokussiert zum einen auf das Verhältnis von Medienvertretern zur Polizei, aber auch auf die Frage, wie Journalisten (Un-)Sicherheit zu einem Thema machen (‚Writing Security').

Die nachfolgende Interviewanalyse folgt methodisch der Einzelfallanalyse. Das Erkenntnisinteresse und die daran anschließende Forschungsfrage, dessen Explikationen bei der Anwendung einer Einzelfallanalyse grundlegend sind, wurden bereits oben genannt: Wie agieren Medien bzw. Journalisten *off-air*, um Inhalte als solche zu markieren und zu produzieren, welche Beziehungen unterhalten die verschiedenen Akteure (Medien, Polizei, Stadt usw.) untereinander, um sich abzustimmen, aber auch um sich voneinander abzugrenzen?

Was ist nun im Nachfolgenden der ‚Fall'? Das Interview wurde ihm Rahmen des DFG-Projektes *Medien als Akteure der Inneren Sicherheit* erhoben. Das Projekt war aufgeteilt in zwei Teams, von dem je eines für den Bereich Rundfunk, insbesondere Fernsehen, und für Zeitungen zuständig war. Das hier analysierte Interview entstand im Rahmen der Untersuchungen der Zeitungen. Bei der Auswahl der Zeitungen wurde auf eine regionale Verankerung (Ruhrgebiet) des Mediums geachtet. Das Feld wurde *on-air* (die Zeitung selbst) und *off-air* (Interviews mit entsprechenden Lokalredakteuren) untersucht. Der Zugriff auf das Feld der *off-air*-Aktivitäten hing entsprechend von der Bereitschaft der Journalisten zu einem Interview ab. Insgesamt wurden sieben Interviews mit Zeitungsjournalisten geführt. Um bei der späteren Auswertung und Kodierung (MAXQDA) einen – zumindest bedingt – vergleichbaren Datenbestand zu erhalten, und um die Interviews in gewissem Maße zu strukturieren, wurden auf Basis der interessierenden Fragen Themen formuliert, die im Interview zur Sprache kommen sollten. Somit handelte es sich um leitfadengestützte Interviews, wobei die Interviewatmosphäre einem freien Gespräch glich, in denen die Interviewer sich von den Erzählofferten der Interviewten führen ließen.

Warum wurde der vorliegende Fall bzw. dieses Interview ausgewählt? Gründe waren die Ausgewiesenheit des Gesprächspartners im Feld – er ist Blaulichtreporter – und die besonders ausführliche Beantwortung der Fragen.

Weiterhin gehört diese Einzelfallanalyse zu einem Forschungsdesign, das aus quantitativer Auswertung von *on-air*-Aktivitäten, Interpretationen und Analyse einzelner Beiträge, mehrerer Interviews, deren vergleichende Analyse mittels MAXQDA und einer Feldbeobachtung bzw. -begleitung bestand und so eine Methoden- und Datentriangulation sicherstellt (vgl. Böhm 2011).

5.2 Interviewanalyse

5.2.1 Kurze Inhaltsangabe des Interviews – Leitfaden

Im Anschluss an die o. g. Ausführungen ist die Rahmung für die Interpretation und Analyse des Interviews gesetzt. Es ist die Frage nach den Wegen der Informationen – wie kommen Nachrichten zum Thema Innere Sicherheit in die Redaktion und wie verlassen sie diese wieder –, der *on-* und *off-air*-Aktivitäten und die Fragen nach dem Selbstverständnis des Journalisten.

Der Inhalt des Interviews wurde durch seine leitfadengestützte Führung grob strukturiert. Der Leitfaden beinhaltet folgende Schwerpunkte, die sich aus der Projektfragestellung ergeben haben und die im Verlauf des Projektes aufgrund der laufenden Analysen immer wieder angepasst wurden:[1]

1. Fragen zum allgemeinen Ablauf in der Redaktion
2. Fragen nach der Zusammenarbeit mit der Polizeipressestelle
3. Fragen nach Kooperationen bzw. der Einbindung oder Initiierung der Zeitung in bzw. von Aktionen zum Thema Innere Sicherheit (Podiumsdiskussionen, Kriminalpräventive Räte, Ordnungspartnerschaften usw.)

Die Interviews wurden erst inhaltsanalytisch ausgewertet und dann mit MAXQDA codiert. Die Darstellung der Ergebnisse folgt nicht der Logik der Interpretation, sondern versucht die Ergebnisse zu bestimmten Themenbereichen zu bündeln und gemeinsam darzustellen.

Zunächst wurde nach dem allgemeinen Ablauf gefragt, d. h., wie Nachrichten und Informationen über das Feld Innere Sicherheit in die Redaktionen gelangten, wie viele Mitarbeiter für die Polizeinachrichten zuständig waren und wie die Zu-

---

[1] Das hier interpretierte Interview fand im ersten Drittel des Projektzeitraumes statt, sodass später sich ergebene Konkretisierungen oder Erweiterungen im Leitfaden noch keinen Niederschlag gefunden hatten.

sammenarbeit mit der Polizei aussah. Herr Weber[2] berichtete in diesem Zusammenhang von vier zentralen Eingangskanälen der Nachrichten.

a. Mündliche Abfragen,
b. Nachrichtenagenturen – darunter auch der Originaltext-Service (*ots*), der die Polizeimeldungen an die Agenturen liefern,
c. per Mail und
d. Anrufe von Lesern, die bei auffälligen Situationen – z. B. eine hohe Polizeipräsenz vor einem Haus – bei der Zeitung nachfragen und dadurch zugleich den Hinweis geben (vgl. I-BWS, Z. 15.8).[3]

Neben diesen Eingangskanälen hat die Zeitung mittlerweile nicht mehr nur das gedruckte Produkt als Ausgangskanal, sondern auch eine Onlineausgabe und sog. *Infoscreens* (Videoleinwände), die sich meist an U-Bahnhöfen oder anderen öffentlichen Plätzen befinden und über die sich mittels geringem technischen Aufwand Nachrichten distribuieren lassen. Die *Infoscreens* werden von Privatfirmen aufgestellt und betrieben, die Zeitung ist hier ein Kooperationspartner, der die Infoscreens mit Nachrichten versorgt.

Ein weiteres Fragenfeld des Leitfadens zielte auf vorhandene Kooperationen mit der Polizei und allgemein der Ausgestaltung der Zusammenarbeit mit ihr. Herr Weber erzählte, die Polizeipressestelle, mit der er zusammenarbeite, bestünde mittlerweile aus sechs hauptamtlichen Mitarbeitern, während es früher nur einen geben habe, „auf dessen Verfügbarkeit war man dann auch angewiesen" (73-74). Heute gibt es einen Spät- und Wochenenddienst und ein Diensthandy aufseiten der Polizeipressestelle, sodass eine durchgängige Erreichbarkeit gewährleistet ist. Daran knüpfte sich die Frage nach der Notwendigkeit von wechselseitigem *Vertrauen* und dem Aufbau eines solchen. Herr Weber beschrieb dies anhand des Vorgangs der Vorleistung, die die Zeitung bzw. er als Redakteur erbringen müsse nach dem Motto: „Wenn ihr mal was habt, was euch wichtig ist, sagt Bescheid. Kümmern wir uns drum. Behandeln wir bevorzugt" (73-74). Herr Weber berichtete weiterhin von Gemeinschaftsaktionen mit der Polizei, die sich fest etabliert hätten, z. B. Senioren und Verkehrssicherheit, die in regelmäßigem Turnus „[…] jeden Herbst, wenn's dunkel wird", (115) vorgestellt würden. Solche kooperative Berichterstattung sei auch hervorgegangen aus der Teilnahme der Zeitung an sog. Kriminalpräventiven

---

[2] Der Name des Redakteurs wurde geändert, das Interview ist weiterhin anonymisiert (Straßen, Plätze, Stadtnamen etc.).
[3] Der Schlüssel verweist auf das Interview, so wie es von uns archiviert wurde und die entsprechende Zeilennummer. Da sich alle weiteren Textbezüge auf dieses Interview beziehen, wird im weiteren Verlauf nur noch die Zeilennummer angegeben.

5.2 Interviewanalyse

Räten und Ordnungspartnerschaften der Stadt, in denen Stadt-, Polizei- und Medienvertreter zusammensäßen, über soziale und kriminelle Brennpunkte sprächen und gemeinsam frühzeitig nach Lösungsmöglichkeiten suchten.

Hinsichtlich des Einsatzes der modernen Kommunikationsmedien, wie E-Mails und den erwähnten *Infoscreens*, betonte Herr Weber, dass alles schneller geworden sei und sich dadurch auch die Arbeit verändert habe. „Wenn ich jetzt eine dicke Meldung kriege von einem Unfall, dann kann ich die fünf Minuten später online stehen haben und spätestens eine halbe Stunde später kann der auf den Videoleinwänden sein" (274 ff.). Die Arbeit der Polizeipressestellen sei in seinen Augen insgesamt professioneller und besser geworden. Allein innerhalb der Polizei habe das Thema Öffentlichkeitsarbeit heute einen viel größeren Stellenwert als früher. Er selbst sehe das auch für seine Arbeit als positiv an, da nun professionell auf Augenhöhe verhandelt werden könne und dies gerade „dieses ganze Informelle" (331) wesentlich leichter mache. Gegen Ende des Interviews betonte Herr Weber nochmals die von polizeilicher Seite „hochprofessionelle Pressearbeit, die eben auch die Erreichbarkeit rund um die Uhr sicherstellt" (385–386).

5.2.2 Auswertung des Interviews

5.2.2.1 Die Wege der Informationen

Die Eingangs- und Ausgangskanäle für Informationen sind in den Nachrichtenredaktionen vielfältiger geworden. Neben den klassischen Nachrichtenagenturen und mündlichen Abfragen sind dies bei den Eingangswegen auch Mails und Leseranrufe. Diese Leseranrufe verlaufen exemplarisch so: „‚Warum fährt hier so viel Blaulicht durch X-Stadtteil? Was ist hier los?' Das ist relativ oft ein Anlass, nachzufragen" (18). Herr Weber gibt sogleich eine Erklärung, welche Bedeutung solche Leseranrufe in seinen Augen haben: „Das ist ein Zeichen von Leserrückbindung, aber eben auch ein Zeichen davon, dass Leute Zeitungen/Redaktionen auch als Nutzwert begreifen. Das heißt: Wenn ein Riesenauflauf ist, dann ruft garantiert einer an und sagt: ‚Ich steh hier auf der Autobahn. Riesenunfall! Was ist da los?' Klammer auf: ‚Und ruft mich mal zurück, wie lange wir hier noch im Stau stehen.'" (26–27).

Leser rufen bei der Zeitung an, weil sie – so Weber – darin einen Nutzwert sehen. Vor diesem Nutzwert muss allerdings gefragt werden, warum Leser überhaupt auf die *Idee* kommen, eine Zeitung anzurufen. Die Frage, die Herr Weber stellvertretend für einen beispielhaften Leseranrufer tätigt, „Warum fährt hier so viel Blaulicht durch X-Stadt" verweist auf eine grundsätzliche Unterstellung gegenüber der Zeitung. Der Leser weist der Zeitung die Kompetenz zu, diese Frage zu beantworten, er fühlt sich an der richtigen ‚Adresse'. Die Zeitung wird zu einem kompetenten und wissenden Ansprechpartner. Und sollte dieser Ansprechpartner derzeit über den Sachverhalt kein oder kaum Wissen besitzen, so unterstellt man, dass dieser Ansprechpartner sich darum kümmern und das eruierte Wissen mitteilen wird. Damit ist in diesem Fall die Zeitung nicht mehr nur ein einfaches informationsverteilendes Medium, sondern ihr wird eine gewisse Fürsorge den Lesern gegenüber unterstellt bzw. erwartet. An dieser Stelle stammt die Aussage nicht von einem tatsächlichen Leser, sondern von einem Zeitungsjournalisten, der diese Aussage als beispielhaften Leseranruf ausgibt. Dergestalt kann man unterstellen, dass die von Herrn Weber getätigte Aussage zum Teil eine implizite Selbstbeschreibung beinhaltet. Denn man bedenke folgenden Umstand: Herr Weber gab ein Beispiel eines Leseranrufes. D. h., es war seine ‚Fiktion' eines Leseranrufes. Diese Fiktion eines Anrufes mag auf Erfahrungen beruhen; tendenziell wird Herr Weber aber einen Beispiel-Leseranruf formuliert bzw. ausgewählt haben, der letztlich zu seinem Selbstbild bzw. seinem Selbstverständnis passt.

Der Zeitungsjournalist ist nicht mehr nur Informationsvermittler, sondern aktiv Eingreifender. „Und ruf mich mal zurück, wie lange wir hier noch im Stau stehen". Dem Journalisten wird zugetraut, Stauursache und Dauer des Staus zu wissen oder zu eruieren; und dieses Wissen dann zugleich weiterzugeben. Herr Weber verstand die Anrufe als ein Zeichen von Leserrückbindung. Durch die mittlerweile unkomplizierte und schnelle Möglichkeit per Mail oder Telefon die Zeitung zu erreichen, werden Leser an das Medium *gebunden*. Diese Rück-, Ein- oder Verbindung der Leser geht über die traditionellen Kontakte hinaus, die früher in erster Linie über Leserbriefe erfolgte. Das Medium ist unmittelbarer mit dem Alltag des Lesers verbunden und wirkt darauf ein. Die Rückbindung unterstreicht damit die Wichtigkeit des Mediums für den Alltag, aber auch das vielfältige Eingelassensein. Die Vielfalt zeigt sich an dem Hinweis: „[…] dann ruft bestimmt einer an." Dieser *Eine* drückt nicht nur die Unbestimmtheit der Person aus, sondern verweist auf Andere, die es gibt und die das Medium auf besondere (berichtenswerte) Situationen hinweist. Leser sind damit nicht mehr nur Rezipienten, sondern werden auch Teil der Berichtsproduktion, sie werden Stellvertreter und Zulieferer des Medium, das sich zugleich als fester Bestandteil in der Alltagswelt seiner Leser festsetzt.

Dass die Zeitung ein fester Bestandteil des Alltags ist bzw. diese Sichtweise vom Medium angestrebt wird, zeigt sich auch an dem Gesprächsbeispiel. Ein Fahrer steht im Stau und ruft das Medium an. Damit wird vorausgesetzt, dass die Telefonnummer des Mediums Teil der Alltagsausstattung der Leser ist. Eine Telefonnummer hat man in der Regel nur zur Hand (oder heutzutage in seinem Handy gespeichert), wenn sie eine gewisse Bedeutung, eine Potentialität für den Anrufer hat, er die Nummer als so notwendig erachtet, dass er sie kennt oder speichert. Die

5.2 Interviewanalyse

Anrufe „laufen über die xyz [Nummer] und dann landen die in unserem Callcenter und dann wird da gefiltert" (30–32). Das Medium selektiert und verwaltet die entsprechenden Rückmeldungen. Es „hängt natürlich von der Relevanz der Nachrichten ab, wie wir damit umgehen" (33–34). Die Relevanz der Nachricht wird vom Medium – entsprechend seines Selbstverständnisses und Profils – eingeordnet. Damit wird zugleich ein *erzieherischer* Impuls gesetzt, da im Laufe der Zeit ein Anrufer den (Miss-)Erfolg seiner Hinweise im Medium selbst ablesen kann. Führte sein Hinweis zu einem Beitrag, war er erfolgreich, findet sich im Nachgang keine Erwähnung im Medium, war die Relevanz nicht hoch genug.

Neben den Eingangskanälen sind die Ausgangskanäle für die Nachrichten- bzw. Informationsdistribution von wesentlicher Bedeutung. „Wir haben nicht mehr nur den einfachen Print-Teil, sondern wir haben auch online und wir haben Infoscreens" (36–37). Die Bandbreite der Distribution hat sich dergestalt erweitert. Gerade die Infoscreens reichen ohne Eigenaktivität des Lesers in die Lebenswelt der Menschen. „Wir können mit einem Knopfdruck oder relativ kleinem technischen Aufwand, eine Nachricht auf die Videowände in den U-Bahn Stationen projizieren. Gestern lief da die Fahndung nach den 51 [Anzahl geändert] xyz [Gegenstände]" (40–42). Die Infoscreens werden dergestalt auch als Fahndungsmedium eingesetzt. Und es ist hier nicht die Polizei, die diese Aufgabe übernimmt, sondern das Medium, das seine Ausgangskanäle dafür einsetzt. Die *Infoscreens* sind nicht Eigentum der Zeitung und werden nicht von der Stadt oder einer öffentlichen Stelle betrieben. „Das ist eine private Gesellschaft, die die Dinger betreibt, über Werbung finanziert und die bundesweiten Nachrichten von *N24* ankauft und die lokalen Nachrichten vom jeweils größten Kooperationspartner, den sie da haben" (58–60). Damit unterliegen die Informationen, die dort distribuiert werden, in erster Linie ökonomischen Gesichtspunkten. Das Medium entscheidet – auch auf dem Feld der Inneren Sicherheit – was als sendungswerte Nachricht betrachtet wird. Das wiederum ist nicht neu, aber der Fokus hat sich gewandelt, indem ökonomische Aspekte dominieren – daher auch die private Betreibergesellschaft, Nachrichten über Werbefinanzierung – und weniger emanzipatorische Intentionen. Die Polizei oder Ermittlungsbehörden haben keinen unmittelbaren Zugriff auf die *Infoscreens* darauf, auch wenn die Polizei über seine Beziehung zum Medium Informationen darüber versenden kann. „Also wenn Sie mal einfach in den Hauptbahnhof gehen, da sehen Sie die Dinger und da gibts dann eben auch die Möglichkeit, lokale Nachrichten, speziell Fahndungsnachrichten aufzuspielen, was für die Polizei natürlich von großem Interesse sein kann" (64–65). Damit werden die entsprechenden Medien zu Akteuren und Mitgestaltern auf dem Feld der Inneren Sicherheit.

5.2.2.2 Zusammenarbeit mit der Polizeipressestelle

Für die lokalen Polizeinachrichten ist die Zusammenarbeit von der Zeitung mit der Polizeipressestelle vor Ort von Bedeutung.
Als Blaulichtreporter hat Herr Weber Ansprechpartner bei der Polizei:

> Das ist ein Team. Die Polizeipressestelle [...] besteht inzwischen aus sechs hauptberuflichen Leuten. Früher hatten wir einen festen Ansprechpartner. Das war *der* Polizeisprecher, da gab's auch nur einen und auf dessen Verfügbarkeit war man dann auch angewiesen. Das war damals der XyZ, der das mit aufgebaut hat. Das hat sich im Laufe der Zeit ausgeweitet aus vielen verschiedenen Gründen. Zuletzt hat die Polizei auch einen Spätdienst eingerichtet und Wochenenddienst, so dass es jetzt eine Gruppe von Ansprechpartnern gibt, die ich auch alle kenne und die mich auch kennen und die ich auch notfalls zu jeder Tages- und Nachtzeit anrufen kann, Klammer auf: Und die rufen mich auch an (71–79).

Mittlerweile steht Herrn Weber nicht mehr nur ein fester Ansprechpartner, sondern ein ganzes Team der Polizeipressestelle zur Verfügung. Man ist nun nicht mehr nur auf eine Person und dessen Verfügbarkeit angewiesen. Das Angewiesensein auf eine Person schränkt ein – zeitlich, räumlich, aber auch in der persönlichen Beziehung. Die Ausweitung der Polizeipressearbeit hat sich „vielen verschiedenen Gründen ausgeweitet", so Herr Weber. Er nennt aber im Nachlauf keinen konkreten Grund. Aber die Notwendigkeit der Ausweitung ist implizit auch eine Wertschätzung der Arbeit der Journalisten. Denn wenn die Polizei die Schnittstelle zu den Journalisten vergrößert und stärkt, dann drückt sie damit eine Wichtigkeit der journalistischen Repräsentation der polizeilichen Arbeit aus. Und diese wird letztlich von den Journalisten geleistet, von denen Herr Weber ein Vertreter ist. „Zuletzt hat die Polizei auch einen Spätdienst eingerichtet und einen Wochenenddienst". Damit wird die Polizei auch zu einem Dienstleister der Medien. Sie zeigt sich durchgängig erreichbar und will in Beziehung treten und in Beziehung sein mit den Journalisten respektive den Medien. Mittlerweile ist es eine Gruppe von Ansprechpartnern, die Herr Weber bei der Polizeipressestelle hat, „die ich auch alle kenne und die mich auch kennen und die ich auch notfalls zu jeder Tages- und Nachtzeit anrufen kann."

Für Herrn Weber ist es wichtig, dass nicht nur er alle Ansprechpartner kennt, sondern, dass die Polizei ihn ebenfalls kennt. Es ist eine wechselseitige Beziehung, die einen formalen Rahmen überschreitet. Denn er kann zu jeder Tages- und Nachtzeit anrufen. Keine Sprechstunde, keine Unzeit, zu der man nicht anrufen könnte. So wie das Verbrechen und die Polizeinachrichten keinen Formalismus kennen, so wenig kann die Beziehung zwischen Polizei und Medien nur formell gestaltet sein. „Klammer auf: Und die rufen mich auch an."

Das Informelle kommt hier durch den Ausdruck „Klammer auf" zum Ausdruck. Es ist das zwischen den ‚Zeilen' liegende oder das hinter dem Text stehende,

5.2 Interviewanalyse

das sich durch die „Klammer auf" ausdrückt. Dabei ist das Telefon zum einen Ausdruck für die Unmittelbarkeit der Beziehung. Einen Anruf kann man entgegennehmen oder nicht. Es bleibt keine Wahlmöglichkeit, wie z. B. bei einer Mail oder einem Fax, zu warten und zu überlegen. „Es gibt ein Bereitschaftshandy. Und die haben auch meine Handynummer, sodass wenn die irgendwas haben – auf irgendeinen Termin nochmal hinweisen wollen oder irgendwas, was denen auf dem Herzen liegt – rufen die mich an und zwar auf dem Handy und ich ruf die auf dem Handy an und ich weiß, der Mann ist jetzt nicht mehr schon nicht mehr im Laden" (82–86). Ein Telefonanruf ist unmittelbarer, schneller, *verbindlicher* und *invasiver* als andere medial vermittelten Kommunikationsformen. Zudem fördert dieser Aspekt einer oralen Kultur zwischen der Polizeipressestelle und den Journalisten auch den informellen Austausch. Ein Handy wird am Körper getragen und ist *an* der Person, räumliche und zeitliche Einschränkungen werden durch das Handy aufgelöst, zudem verweist es auf eine grundsätzliche Gesprächsbereitschaft. Auch wenn der „Mann" nicht mehr „im Laden" ist, ist er durchgängig zu erreichen. Und die Wechselseitigkeit dieser Beziehung zeigt sich daran, dass auch Herr Weber zu jeder Zeit der Polizei telefonisch zur Verfügung steht, denn „die rufen mich auch an, […] die haben auch meine Handynummer."

Damit wird deutlich, dass nicht nur das Medium etwas von der Polizei möchte, sondern auch die Polizei an einer von ihr gewünschten Repräsentation im Medium interessiert ist. Beide Parteien sind aufeinander angewiesen. Dass die Zusammenarbeit von Polizei und Medium über eine rein funktional-sachliche Ebene hinausgeht und auf informelle Beziehungen hinausweist, zeigt auch der Hinweis von Herrn Weber, dass die Polizei ihn anruft, wenn ihnen etwas „auf dem Herzen liegt". „Und zwar auf dem Handy und ich ruf die auf dem Handy an und ich weiß, der Mann ist jetzt nicht mehr schon nicht mehr im Laden". Herr Weber betont die persönliche Ebene, die sich durch die Wahl des Handys als Gesprächsmedium ergibt. Das „und zwar" betont die Besonderheit. Es ist etwas anderes, wenn man von Büroanschluss zu Büroanschluss spricht. Durch den Ort ist man stärker an seine Funktion gebunden bzw. daran erinnert, man kann nicht so „frei" sprechen, muss ggf. stärker formale Bedingtheiten erfüllen.

Aber das Handy bietet die Möglichkeit, von Person zu Person zu sprechen, ohne allerdings eine Form von persönlichem Treffen hervorzubringen. Die Gespräche von Diensthandy zu Diensthandy bieten derweil genau ein Mittelmaß zwischen beruflicher Verbundenheit und flüchtigem, informellem Austausch. Der Aufbau einer solchen Beziehung muss aktiv gestaltet werden, indem das Medium in *Vorleistung* geht.

> Man muss also wir bei jeder Beziehung mit der Bereitschaft auf die zuzugehen in Vorleistung gehen. Soll heißen: Wenn man anfängt, bietet man denen an: ‚Wenn ihr mal was habt, was euch wichtig ist, sagt Bescheid. Kümmern wir uns drum. Behandeln wir

bevorzugt.' Das probieren die ein paar Mal aus, sagen: ‚Okay, das stimmt.' Und dann werden sie bei der ersten größeren Lage, wenn es denn von mir Nachfragen gibt, wenn sie mir was sagen, was ich nicht schreiben darf, aber was ich möglicherweise wissen sollte. Dann gucken die, wie gehe ich damit um? Und wenn sie sich sicher sein können, dass ich meinen Mund zu halten verstehe, dann kann es auch bei Großlagen so sein, das ich… so ist das jetzt. Wenn jetzt irgendein fetter Alarm ist, rufe ich an und die sagen erst mal formal: ‚Jaja. Wir haben da einen Einsatz mit dem Stichwort So und So.' Und dann sag ich: ‚Gib mir mal einen Kernsachverhalt. Was ist da los?' Und dann kommt ein sehr informeller Kernsachverhalt: ‚Ölauge ersticht Frau.' Ne? Arbeitshypothese. Aber dann weiß ich schon mal, was da möglicherweise sein könnte. Das, was die wissen, sagen die mir auch schon. Weil sie wissen, dass ich nicht *Ölauge ersticht Frau* online setzen werde (98–111).

Herr Weber vergleicht die Beziehung zwischen der Polizeipressestelle und ihm mit einer normalen, alltäglichen Beziehung. Vertrauen wird auch durch Vorleistungen erworben. Fragt man nach dem kulturellen Muster, das man hier entdecken kann, stößt man auf Ausarbeitungen des Soziologen Marcel Mauss zur ‚Gabe' (vgl. Mauss 1990).[4] Das Geben einer Sache, Information oder eines Tuns beinhaltet immer auch ein Teil der Person, die es gibt. Das, was gegeben wird und der, der gibt, verbinden sich in dem Akt des Gebens. So repräsentiert sich der bzw. das Andere bei der beschenkten Person. Zugleich wird durch die Gabe eine Gegengabe impliziert, die später zu erfolgen hat (vgl. zum Geben und Nehmen auch die Beiträge von Reichertz und Böhm in diesem Band). Dergestalt leistet Herr Weber mit seinem Tun, mit seiner Vorleistung ein klassisches vertrauensbildendes Handeln, das aber zugleich eine implizite Aufforderung enthält, es ihm im Anschluss gleichzutun.

Gleichzeitig hebt Herr Weber erneut das Informelle der Beziehung hervor, das – in diesem Falle – auch politisch inkorrekte Ausdrücke („Ölauge") beinhalten kann. Eine solche Form der Beziehung reicht über eine rein funktionale Arbeitsbeziehung hinaus und mündet – aufgrund des tiefgreifenden Wissens des Einen vom Anderen – in eine wechselseitige Abhängigkeit. Der ‚Tanz', der sich zwischen Medium und Polizeipressestelle abspielt, basiert derweil nicht auf ‚inniger Liebe', sondern lässt sich vielmehr als Symbiose beschreiben. Es ist ein wechselseitiges Geben und Nehmen, zu dem als Basis das wechselseitige Vertrauen gehört.

Mit dem politisch, und für einen Repräsentanten des Staates inkorrekten Ausdruck „Ölauge" liefert sich der Polizeibeamte dem Journalisten aus und vertraut darauf, dass der Journalist den Ausdruck richtig versteht. Und dies tut er nur, weil er aus den vergangenen Handlungen Vertrauen geschöpft hat. Dass nun der Andere nicht zu einem Teil von mir wird, sondern weiterhin der Andere bleibt, macht Herr

---

[4] Mauss bezieht sich zwar auf archaische Gesellschaften, lässt aber einen Übertrag auf den Sinn solcher Praktiken in gegenwärtigen Gesellschaften zu.

Weber gleich zu Beginn der Passage deutlich: „Man muss also wir bei jeder Beziehung mit der Bereitschaft auf die zuzugehen in Vorleistung gehen. Soll heißen: Wenn man anfängt, bietet man denen an [...]". Es spricht von „die" und „denen", bleibt unpersönlich und verharrt – trotz aller Nähe – in der Dichotomie der beiden Parteien (Polizei und Medium), in denen beide Parteien einen Nutzen voneinander haben. Die Beziehung zwischen diesen beiden Parteien ist dergestalt gekennzeichnet von Symbiose und Dichotomie. Wichtig ist ein vertrauensvoller Umgang miteinander, der an der einen oder anderen Stelle auch entblößend sein kann. Auf der anderen Seite bleibt im Selbstverständnis des Mediums die eigene Unabhängigkeit ein grundlegender Bestandteil.

5.2.2.3 Von der Vierten Gewalt zum Akteur

Die Medien hatten über einen langen Zeitraum das Selbstverständnis, das sich kurz gefasst in dem Ausdruck „Medien als Vierte Gewalt" (vgl. auch Kap. 6) festhalten lässt. Laut Grundgesetz ist die Pressefreiheit garantiert. Die Medien selbst wurden im Nachkriegsdeutschland auch zu einem Wächter über die Exekutive, Legislative und Judikative. Die Folie für ein solches Wächteramt kann nur das Grundgesetz sein, das die Eckpfeiler des Handelns der jeweiligen Gewalt bestimmt. Wenn Medien also über die Gewalten wachen und sie kritisch begleiten, dann war der Bezugspunkt implizit immer das Grundgesetz und die durch sie bestimmten Aufgaben der drei Gewalten. Auch heute noch sehen sich die Medien bzw. Journalisten in diesem Selbstverständnis. In diesem Zusammenhang arbeiten sie mit anderen Akteuren (Stadt, Polizei u. a.) zusammen.

> Wir sind Mitglied im so genannten Kriminalpräventiven Rat. Und auf der Basis begleiten wir die ganzen Ordnungspartnerschaften, die es zum Beispiel zwischen Stadt und Polizei gibt. Da sind wir also eingebunden und fühlen uns auch in der Pflicht, sowas zu begleiten, möglicherweise auch ein bisschen zu steuern. Beispiel: Es gibt eine Ordnungspartnerschaft, die auch ausgezeichnet worden ist zum Thema *subjektives Sicherheitsgefühl und XXX* [geändert]. Die begleiten wir – oder haben die begleitet, indem wir eine Serie gemacht haben, wo wir neue Ansätze und Wohnformen vorgestellt haben, die eben besonderen Wert darauf legen, dass sich die Leute in ihrem Quartier sicher fühlen. Was es dafür für Kriterien gibt, wie man das macht, wie man da mit Beleuchtung arbeitet, wie man damit dunkle Ecken vermeidet. Da gibt's zum Beispiel hier in XyZ [geändert] das sogenannte YX Zwei [Ausdruck geändert], das ist schon nach diesen Prinzipien gemacht. Das ist auch explizit von der Polizei in der Planungsphase begleitet worden. Und sowas machen wir eigentlich relativ konsequent (127–138).

Die Zusammenarbeit erschöpft sich nun nicht mehr nur auf der Überwachung dreier Staatsgewalten, sondern nimmt die Form einer aktiven Teilnahme an. Herr Weber sieht sich und die Zeitung „in der Pflicht" (130), den Kriminalpräventiven

Rat der Stadt und die daraus entspringende Ordnungspartnerschaften „zu begleiten, möglicherweise auch ein bisschen zu steuern" (130). Das „möglicherweise" und das „bisschen" schränken zwar hier das ausdrucksstarke Verb „steuern" ein bzw. sollen es abmildern. Allerdings nimmt das Wort „bisschen" hier eher die Funktion des „Zünglein an der Waage" ein. Auch das „möglicherweise" kann so kontextualisiert werden. Während es vordergründig auf die Möglichkeit anspielt, verweist es zugleich auch auf die Potentialität und Fähigkeit; es *ist* möglich, weil das Medium dazu fähig ist, dies zu tun.

Damit wird aus dem „möglicherweise auch ein bisschen zu steuern" kein Ausdruck von der begrenzten Handlungsmöglichkeit des Mediums im Rahmen dieser Partnerschaften, sondern es unterstreicht das Gegenteil: Wir können und wir werden – da wo es uns sinnvoll erscheint – steuern. Und wer steuert, bestimmt nicht nur die Richtung, sondern muss – bevor er sich für eine Richtung entscheidet – schon eine Wahl getroffen haben, wohin er steuern will. Das Medium geht dergestalt mit einer Idee, Motivation, einer Vorstellung und Meinungen in solche Partnerschaften, die es auch zu repräsentieren gilt. Und da das Medium sich so versteht, ist es nicht mehr nur der Vermittler, der die anderen Akteure im Rahmen dieser Ordnungspartnerschaften beobachtet und dann darüber berichtet. Es hat vielmehr eine eigene Meinung zu den Dingen und Sachverhalten, die es anbringen und erfüllt sehen will. Die aktive Haltung des ‚Steuerns' zeigt an, dass das Medium zu einem Akteur geworden ist bzw. die eigene Selbstzuschreibung in einer aktiven Rolle gesehen wird und nicht nur medialer Erfüllungsgehilfe für die anderen Akteure (z. B. Polizei, Stadtverwaltung, Politik) ist.

Eine aktive Begleitung sieht dergestalt so aus, dass die Zeitung über eine Ordnungspartnerschaft „Subjektives Sicherheitsgefühl und XXX [geändert]" eine Berichtserie gemacht hat. Herr Weber hebt hervor, dass diese Ordnungspartnerschaft ausgezeichnet wurde. Aber er macht auch deutlich, dass sich die Aktivität des Mediums nicht nur in einer reinen Berichterstattung erschöpft, sondern dass das Medium zu den Themen eigene Meinungen hat, die es vorbringt und einzubringen versucht. Es geht also nicht nur um eine reine Begleitung, sondern auch um eine Mitgestaltung auf der Basis einer Mediumsmeinung. Das Medium bezieht eigene Standpunkte zu Themen und vertritt diese bei solchen Treffen. Es wird zwar die Kooperation unterstrichen, indem die gemeinschaftliche Beschlusslage bestätigt wird: „Wenn beschlossen wird […] dann tragen wir so was mit" (149).

Zugleich sieht sich Herr Weber dann – als Vertreter des Mediums – als Wächter über die dort beschlossenen Maßnahmen und deren Umsetzung. „Wenn es das nicht gibt, dann verprügeln wir die ganz furchtbar" (149–150). Aber nicht nur durch solche institutionalisierten Treffen zeigt das Medium seine Repräsentanz und seine aktive Rolle im Rahmen städtischer Sicherheitsthemen. Herr Weber berichtet

5.2 Interviewanalyse

stolz von einem Beispiel, das unterstreichen soll, wie aktiv und beharrlich er bzw. das Medium ist, wenn es darum geht, die sich gebildete Meinung des Mediums in die städtebauliche bzw. -planerische Praxis umzusetzen.

> Beispiel Straßenstrich: Der ist in X-Stadt schon dreimal verdrängt worden. Von der Innenstadt ins X-Viertel, von dem X-Viertel in die X-Bahn und von der X-Bahn dann zum X-Platz. Da hören wir nicht auf, die zu pisacken und haben gesagt: ‚Leute, ihr müsst euch einen Platz in der Stadt einfallen lassen, wo ihr bereit seid, das zu ertragen.' Weil das gehört zur Großstadt, muss ertragen werden und es ist Aufgabe der Stadt das irgendwann mal konstruktiv anzugehen und zu sagen: ‚Jawohl, hier wollen wir es aushalten, hier haben wir alle möglichen Standorte überprüft und sagen, den Leuten ist es zumutbar.' Und deshalb haben wir die Idee mit dem Straßenstrich auf dem X-Platz auch gut gefunden. Haben aber auch sehr frühzeitig gesagt: ‚Kinders, das wird das Problem nicht in der Form lösen, als das der Straßenstrich jetzt komplett auf dieses Areal begrenzt sein wird. Es wird weiterhin Verrichtungsfahrten geben und die werden auch da aufschlagen, wo es Anwohnern wehtun kann.' Zum Beispiel jetzt merkt man, es verlagert sich grade rund um XX. Große Areale, die nachts relativ leer sind, da fahren die natürlich hin. Grade, wenn das möglichst nicht sehr weit von dem Standort entfernt ist. Gewerbegebiete, sowas. Also, wir fühlen uns da eingebunden in solche Ordnungspartnerschaften, begleiten das konstruktiv, aber eben auch kritisch. Das ist unser Job, finde ich (150–165).

Das Medium ‚piesackt' die Stadtvertreter, indem es kundtut, was es für gut und richtig empfindet. Die fortlaufenden Umzüge des Straßenstriches in X-Stadt werden vom Medium kritisch gesehen, und es fordert die Stadt zu einem konstruktiven Umgang mit diesem Thema auf, was zugleich unterstellt, dass die Stadt bisher keinen konstruktiven Umgang mit diesem Thema gefunden hat. Das sarkastische „irgendwann" unterstreicht diesen Aspekt weiter, ebenso der Hinweis, dass es Aufgabe der Stadt sei. Gleichzeitig zeigt sich hier die Diskrepanz zwischen expliziten (*on-air*-Aktivitäten) und impliziten (*off-air*-Aktivitäten). Offiziell vertritt das Medium die Auffassung, dass es Aufgabe der Stadt sei, sich darum zu kümmern. Im Rahmen der *off-air*-Aktivitäten wird dann aber aktiv mit eigenen Vorstellungen und Meinungen die Entwicklung beeinflusst; zugleich reklamiert das Medium eine gewisse Deutungshoheit: „Haben aber auch sehr frühzeitig gesagt: ‚Kinders, das wird das Problem nicht in der Form lösen, als das der Straßenstrich jetzt komplett auf dieses Areal begrenzt sein wird' ".

Dass das Medium sich selbst in der Rolle des kritischen Begleiters und des Akteurs sieht, verdeutlicht folgender Umstand: Die Meinung, die sich das Medium bildet und vertritt, findet ihren Niederschlag in den Gesprächen mit der Stadt, den Ordnungsbehörden und der entsprechenden Berichterstattung im materiellen Medium (hier: der Zeitung). Offiziell dafür eintreten und diese Meinung verantworten muss das Medium hingegen nicht. Es bleibt in einem Raum stehen, dass es aus der

Verantwortlichkeit – im Sinne des Übernehmens der Verantwortung und der entsprechenden Folgen aus dem Tun – lässt. Das Medium folgt anderen Sachzwängen als z. B. die Politik. Es muss den Leserwünschen gerecht werden und hat deshalb eine Reihe von Feedback-Möglichkeiten etabliert, wie der Leser mit dem Medium in Kontakt treten kann. Die Meinung, die das Medium auf der einen Seite vorzeigt „Und deshalb haben wir die Idee mit dem Straßenstrich auf dem Kirmesplatz auch gut gefunden" ist eine rezeptive, sie ist gerade nicht konstruktiv, so wie es der Stadt nahegelegt wird. Denn die Meinung des Mediums, die zu ihrem Akteurstatus dazugehört, muss trotz allem eine unverbindliche sein. Sie darf nicht zu *eindeutig*, zu verbindlich sein, da die letztinstanzliche Entscheidung auf Seiten der Leserschaft (respektive der Anwohner und der sich damit möglicherweise konstituierende Stimmung zu einer Entscheidung „Straßenstrich") gefällt wird. Und auf der Seite der Leserschaft sind in der Regel beide Meinungen vorhanden. Das Medium kann nicht nur Meinungen *vorschlagen*, sondern muss diese immer auch austarieren, um nicht Gefahr zu laufen, einer Meinung zu folgen, die die Mehrheit der Rezipienten nicht hat und damit Leser zu verlieren. Daher sind – wie erwähnt – die Rückmeldungen der Leser von essentieller Bedeutung für die Meinungsbildung des Mediums zu einem Sachverhalt. Die Meinung zu einer Sache, und damit sind nicht nur die ausdrücklichen Meinungsformate wie der Kommentar gemeint, drückt sich in der Berichterstattung aus. Und die Meinung in solchen Berichten konstituiert sich nicht nur vor dem Hintergrund der Präferenzen des Redakteurs, sondern vor dem Profil des Mediums, den externen Zuschreibungen und den Erwartungen der Leserschaft, die man als Medium durch die Feedback-Kanäle für Leser erhält.

Daher folgt nun von Herrn Weber – nach der Absegnung der städtischen Entscheidung – zugleich die Einschränkung, die dem Medium im weiteren Verlauf die Möglichkeit gibt, situativ auf aktuell sich ergebende Ereignisse einzugehen. „Haben aber auch sehr frühzeitig gesagt: ‚Kinders, das wird das Problem nicht in der Form lösen, als dass der Straßenstrich jetzt komplett auf dieses Areal begrenzt sein wird.'" Das Medium trägt dergestalt eine Entscheidung mit, behält sich aber vor, auch diese Meinung wieder einzuschränken und zu revidieren. Es verweilt im Status des Bedenkenträgers. Der Hinweis „frühzeitig" öffnet ein zeitliches Fenster, das die Weitsicht des Mediums verdeutlichen soll und es zugleich absetzt von der zuvor angeblich mitgetragenen Entscheidung. Das „frühzeitig" impliziert auch ein „früher als die Anderen" und hebt dadurch die Kompetenz und Exklusivität des eigenen Denkens und Handelns hervor. Zudem zeigt es an, dass man von Anfang an dabei gewesen ist – nur deshalb kann man etwas frühzeitig erkennen – und das Thema begleitet und beobachtet hat. Für Herrn Weber ist dergestalt klar: „Also, wir fühlen uns da eingebunden in solche Ordnungspartnerschaften, begleiten das konstruktiv, aber eben auch kritisch. Das ist unser Job, finde ich". Die kritische Begleitung solcher Gespräche und Prozesse wird als Teil der Tätigkeit des Mediums betrachtet. Hier lässt sich vordergründig die Figur der ‚Medien als Vierter Gewalt' identifizieren. Die Medien beobachten und melden sich kritisch zu Wort, wenn sie eine Fehlentwicklung auszumachen geglaubt haben oder wenn Stadtvertreter nicht für das eintreten, was sie versprochen haben. Allerdings widerspricht einem solchen Bild die aktive und zum Teil mitarbeitende Teilnahme an diesen Gesprächen. Das Medium (Zeitung) ist nicht mehr nur Begleiter, sondern zugleich auch Antreiber für die eigenen Perspektiven, Meinungen und Wünsche, die zumeist ökonomisch gespeist werden durch Abozahlen und die Größe der Leserschaft. Damit hat sich der Referenzpunkt für die kritische Begleitung, z. B. solcher Kriminalpräventiven Räte und Ordnungspartnerschaften, geändert. Es sind in erster Linie wirtschaftliche Erwägungen und die Erwartungserwartungen der Leserschaft, die das Medium vertritt und nicht mehr nur die aus dem Grundgesetz extrapolierten Aufgaben der Überwachung der drei Gewalten Exekutive, Judikative und Legislative. Um es noch einmal zu verdeutlichen: Wenn Journalisten bzw. Medien das Bild der Vierten Gewalt implizit oder explizit heranziehen, dann ist die Hintergrundfolie das Grundgesetz, der Glaube und die Überzeugung, die anderen Gewalten beobachten und gemäß den ihnen verliehenen Aufgaben kritisch zu begleiten. Und hier scheint m. E. der Bruch zu sein. Denn das ist heute nicht mehr die Folie für die Beobachtungsleistung der Medien auf die anderen Gewalten, sondern die bereits angesprochene Ausrichtung auf ökonomische Interessen (vgl. hierzu auch Kap. 6).

Die Hintergrundfolie und der Bezugspunkt ist dergestalt eine andere geworden. Es ist nicht mehr das Grundgesetz, sondern es sind die Nutzer des Mediums, die den Referenzpunkt bilden. Und durch diese Verschiebung des Bezugspunktes lässt sich dann auch das praktische Handeln der Medien (Ausrichtung auf die Nutzer/Leser, eigene Profilbildung, eigene Meinungen und Intentionen etc.) erklären.

5.3 Abschluss

Die kurze Interviewanalyse fokussierte sich auf drei ausgewählte Aspekte, deren Ergebnis hier kurz zusammengefasst werden sollen.

1. Die Frage nach den Wegen der Information in die Redaktion hinein und aus ihr heraus:
   Die Wege der Informationen sind sowohl bei den Ein- wie auch bei den Ausgabekanälen vielfältiger geworden. Dabei sind nicht nur die technischen Veränderungen (E-Mail, Callcenter etc.) zu konstatieren, sondern – was strukturell eine größere Bedeutung hat –, die Einbindung des Lesers und damit auch die

Bedeutung des Mediums (Zeitung) für diesen ist, zumindest aus der Sicht des Mediums, enger und größer geworden. Leser sind nicht mehr nur passive Rezipienten, sondern sind auch *Produzenten* für das Medium geworden. Zugleich fassen die Rezipienten das Medium nicht mehr nur als passiven Informationslieferanten auf, sondern fordern mitunter ein „Kümmern" des Mediums für die eigenen Belange ein. Dem Medium wird dergestalt auch eine aktive Funktion durch die Rezipienten zugeschrieben.

2. Die Zusammenarbeit mit der Polizeipressestelle:
Die Zusammenarbeit zwischen den beiden Akteuren Medium und Polizeipressestelle lässt sich als Gabentausch fassen, der vertrauensbildend wirkt, aber auch zu beiderseitigem Nutzen vollzogen wird. Die Gabe, das Übergeben von *informellen* Informationen, soll das gegenseitige Vertrauen stärken. Die vertrauensbildenden Handlungen vollziehen sich *on-* und *off-air*. Zugleich bleibt es letztlich aber bei einer Trennung beider Akteure. Es handelt sich nicht um eine „Liebesbeziehung", sondern um eine Symbiose von beiderseitigem Nutzen.

3. Von der vierten Gewalt zum Akteur:
Das Bild und das Selbstverständnis der Medien als Vierte Gewalt sind auch heute noch gegenwärtig. Derweil zeigen die Handlungen der Medien, dass sie heute besser als eigenständige Akteure zu fassen sind, denen es in erster Linie um die Etablierung eigener Positionen, Deutungen und Standpunkte geht und zwar vor dem Hintergrund der Rezipientenbindung. Ein emanzipatorisches Erkenntnis- und Mitteilungsinteresse, wie es noch in den 1970er und 80er Jahren vorherrschte, ist dem aktiven Handeln vor dem Hintergrund eines eigenen Werte- und Profilkanons gewichen, der vom Leser (Verkaufs- und Abozahlen, Leserrückmeldungen) und damit im Wesentlichen von ökonomischen Erfordernissen gestaltet wird.

Medien sind und waren schon immer Akteure. Das Neue ist eine Veränderung in der Art und Weise des Agierens, das nicht mehr nur auf Vermittlung zielt, sondern mehr auf ein aktives, gestaltendes und *generierendes* Agieren, das zudem zunehmend darauf zielt, die eigenen Rezipienten zu aktivieren. Natürlich: Vermittler agieren und Akteure ebenfalls. Aber Medien als Akteure agieren mit einem anderen *Motiv* als die Vermittler; sie wollen nun im hohen Maße selbst bestimmen, was, wie und warum in den Medien gesendet wird. Damit ist gemeint, dass Medien immer stärker – aus ganz unterschiedlichen Beweggründen (z. B. politisch, moralisch, ökonomisch motiviert) – selbst darüber entscheiden, was berichtet wird; und zugespitzt formuliert, selbst Inhalte anschieben und hervorbringen, über die dann erst berichtet wird. Sie sind selbst immer auf der Suche nach einem Inhalt, der zu einem *Thema* ausgebaut werden kann. Sie erschaffen sich also vermehrt ihren Gegenstand

5.3 Abschluss

selbst, über den dann berichtet wird, und beziehen darüber hinaus Stellung, die über eine einfache Kommentierfunktion hinaus geht (vgl. Bidlo 2011b, S. 46). Und den Beiträgen ist oft nicht anzusehen, dass sie vonseiten des Mediums angestoßen wurden (vgl. allgemein Böhm 2010). Um nicht missverstanden zu werden: Es geht an dieser Stelle nicht um die Unterstellung einer tendenziöse Berichterstattung oder das Einlösen lobbyistischer Interessen, das einen manipulativen Charakter impliziert. Es geht vielmehr darum, dass Medien – als korporierte Akteure – Deutungen offerieren, die sich bewusst profilbildend hervorheben und zugleich Funktionen übernehmen, die früher von anderen gesellschaftlichen Subsystemen übernommen wurden. In diesem Rahmen ging es um das Feld der Inneren Sicherheit, das bisher in erster Linie von der Polizei und der Politik besetzt wurde.

Drei Fallanalysen – ein Experiment 6

Das nächste Kapitel, das im Wesentlichen aus *drei* Fallanalysen[1] von Fahndungssendungen des deutschen Fernsehens besteht, ist ein Experiment – wenn auch kein methodisches oder theoretisches, sondern vor allem ein Experimentieren mit wissenschaftlichen Darstellungs- und Überzeugungsstrategien. Gegenstand der verschiedenen Strategien waren Videos von Fernsehsendungen. Unsere ursprüngliche Absicht war es, drei Formate aus dem TV-Genre *Fahndungssendung* ausführlich mit der Methode der hermeneutisch-wissenssoziologischen Videoanalyse (siehe hierzu: Reichertz und Englert 2011) im Hinblick auf die jeweils aktiven und aktivierenden Akteure zu untersuchen.

Zu diesem Zweck wurden jeweils einige Einzelsendungen aus den Fernsehsendungen *Ermittlungsakte – Auf Spurensuche mit Ulrich Meyer, Tatort Internet – Schützt endlich unsere Kinder!* und *Aktenzeichen XY... ungelöst* gemeinsam und detailliert in der Forschergruppe interpretiert. Es wurden also (mit dem System HANOS – vgl. Reichertz und Englert 2011, S. 37 ff.) ausführliche Transkriptionen der Videos angefertigt, immer wieder zwischen der dargestellten Handlung und der Handlung des Darstellens unterschieden und im Rahmen einer sequenzanalytischen Interpretation nach einer validen Lesart gesucht. Insofern lagen allen folgenden Beiträgen Datenmaterial und Interpretationsergebnisse in gleicher Kalibrierung vor. Ebenfalls allen Beiträgen lag die explizite Absicht zugrunde, mit der Fallanalyse nicht nur die erlangten Ergebnisse zu präsentieren, sondern mit Hilfe der Darstellung den Leser von der Plausibilität der Interpretation und damit von der Plausibilität der Ergebnisse zu überzeugen (vgl. Reichertz 1991; Reichertz und Soeffner 1994).

---

[1] Genau genommen handelt es sich um *fünf* Fallanalysen, da in dem Beitrag von Jo Reichertz sowohl das alte Format von *Aktenzeichen XY... ungelöst* unter Eduard Zimmermann als auch das neue Format von *Aktenzeichen XY... ungelöst* unter Rudi Cerne als auch (wenn auch nur kurz) das Format der vergleichbaren Sendung *Zeugen gesucht – mit Julia Leischik* behandelt werden.

O. Bidlo et al., *Tat-Ort Medien*, Medien – Kultur – Kommunikation,
DOI 10.1007/978-3-531-19457-8_6,
© VS Verlag für Sozialwissenschaften | Springer Fachmedien Wiesbaden 2012

Anfangs hatten wir noch geplant um der Vergleichbarkeit willen, allen Fallanalysen die gleiche Gliederung zu geben,[2] doch schien uns das bald zu eintönig und vor allem: der Sprung zu den jeweils anderen, höher aggregierten Stufen der Interpretation schien uns so nur sehr schwer darstellbar zu sein. Deshalb beschlossen wir, jeder Stufe der Interpretation eine eigene Fallanalyse zu widmen – um so einen Einblick in den Gesamtprozess der Forschungsarbeiten geben zu können.

Also finden sich im Folgenden erst eine hermeneutisch-wissenssoziologische *Detailanalyse* einer *Sequenz* einer Sendung (Beitrag Englert), dann eine schon stärker zusammenfassende *Rekonstruktion der Struktur* eines Formats (Beitrag Bidlo) und schließlich die *summarische und kontrastive Interpretation* verschiedener Formate innerhalb eines Genres, die sich vor allem auf den Moderator und dessen Akteurrolle bezieht (Beitrag Reichertz).

Fokus unserer Fallanalysen war der Blick auf mögliche Akteure, also die Frage danach, wer in Fahndungsformaten eigentlich aktiv und wer aktiviert wird und wer aktiviert werden soll – also wer der Akteur ist und was er genau tut und auf wen sich sein Handeln richtet. Die Akteure, die in solchen Formaten immer (entweder implizit oder explizit) in der einen oder anderen Rolle vorkommen und deren Rollen deshalb beleuchtet werden, sind: die Politik, die jeweilige Sendung (als korporierter Akteur), der Moderator (als persona), die Zuschauer, die Opfer, die Zeugen und die Täter (siehe Reichertz 2007b, 2011a; Bidlo et al. 2011).

All das ist Teil einer spezifischen Ausprägung des allgemeinen Prozesses der Mediatisierung, die wir als ‚Media-Con-Activiating' verstehen, die in der Einleitung bereits angedeutet und in Nachwort dieses Buches genauer vorgestellt werden.

Da alle Beiträge sich bei der Interpretation der gleichen Methode, nämlich der hermeneutisch-wissenssoziologischen Videoanalyse (vgl. Reichertz und Englert 2011) bedienen, war es trotz aller Bemühungen nicht immer möglich, Dopplungen zu vermeiden.

---

[2] Die größte Nähe zu der ursprünglichen Gliederung findet sich im Beitrag von Carina Jasmin Englert und am meisten hat sich Jo Reichertz davon entfernt.

6.1 Videoanalyse von Ermittlungsakte – Auf Spurensuche mit Ulrich Meyer

Carina Jasmin Englert

> Die Spur ist das Ende einer Kette. (William J. Watkins, Tom Brown)

6.1.1 Informationen zur Sendung

Die Fernsehsendung *Ermittlungsakte – Auf Spurensuche mit Ulrich Meyer* (im Folgenden kurz *Ermittlungsakte* genannt) wird von der Produktionsfirma *META Productions* im Auftrag von *Sat.1* produziert und ist ein ‚Ableger' der Sendung *Akte 20.12 – Reporter kämpfen für Sie*. Jede Folge nimmt zwischen 40 und 60 Min. Sendungszeit in Anspruch und wurde von April 2010 bis Juni 2011 wöchentlich mittwochs ab 23.15 Uhr auf *Sat.1* ausgestrahlt.

Der Moderator der Sendung, der die Zuschauer mehrmals dazu aufruft, per E-Mail oder Telefon mit der zuständigen Polizeidienststelle oder (den korporierten Akteuren) der Sendung in Kontakt zu treten, arbeitet mit einem mehrköpfigen Team zusammen. Dieses *Ermittlungsakte*-Team besteht aus unterschiedlich spezialisierten Kriminalermittlern: der Gerichtsmedizinerin der *Charité Berlin* Saskia Guddat, dem Kriminaltechniker Werner Neumeyer und dem IT-Experten Tobias Schrödel. Die Teammitglieder beantworten Fragen rund um die forensischen Aufklärungsmethoden des aktuellen Kriminalfalles der jeweiligen Episode. Die (Re-)Konstruktion des Ermittlungsprozesses in einer Sendung wird über diese Expertenerläuterungen hinaus durch originale Polizeivideos und Tatortfotos veranschaulicht.

Als ihre Aufgabe versteht die Sendung *Ermittlungsakte* – der sendungseigenen Homepage zufolge – die *Unterstützung der Polizei* bei der Aufklärung von Kriminalfällen. Neben dieser Unterstützungsfunktion der *Ermittlungsakte*, ist die Informierung über moderne Ermittlungsmethoden der Verbrechensaufklärung ein wichtiges Ziel der Sendung (vgl. Ermittlungsakte 2012).

Um diesen Zielen gerecht zu werden, werden in jeder Episode der *Ermittlungsakte* zwei Kriminalfälle von ihrem Tatverlauf bis zur Ergreifung des jeweiligen Täters (re-)konstruiert. Dabei folgen die einzelnen Episoden i. d. R. einem gleichbleibenden Aufbau: Zu Beginn der Sendung wird ein bereits abgeschlossener Kriminalfall vorgestellt und dessen Ermittlungsarbeit wird bis hin zu der Lösung des Falles und der Verurteilung des Täters in der Sendung erläutert. Mithilfe von Zeugenaussagen, Berichten der zuständigen Ermittler und den Spezialisten des *Ermittlungsakte-Teams* erfolgt die (Re-)konstruktion des gesamten Verlaufs des jeweiligen Kriminalfalles unter der Leitung von des Moderator der Sendung Ulrich Meyer. Dieser

(Re-)Konstruktion eines Verbrechens folgt ein erster aktueller Fahndungsaufruf durch Meyer, der die Zuschauer um Mithilfe bei noch ungeklärten Fällen bittet. Hieran schließt sich ein Themenslot in der Sendung an, welcher unterschiedliche moderne Ermittlungsmethoden behandelt. Meyer geht bspw. auf Spurensuche mit Spürhunden oder nimmt an der Spurensuche an einem fingierten Tatort teil. Die Besonderheit an diesen Themenslots besteht darin, dass sich Meyer als Moderator der Sendung selbst aktiv einbringt, indem er sich z. B. von Spezialisten vor Ort ballistische Tests vorführen lässt oder mit dem *Ermittlungsakte*-Team einen Mord fingiert und diesen mit einem Kriminaltechniker in einer Spurensuche am Tatort ‚aufklärt'. Diesem Themenslot ist ein zweiter Fahndungsaufruf angeschlossen, in dem Meyer die Zuschauer erneut zur Mithilfe zur Aufklärung eines Verbrechens aufruft. Im Anschluss hieran behandelt Meyer einen zweiten bereits aufgeklärten Kriminalfall, dessen (Re-)Konstruktion dem bereits beschriebenen Muster folgt. Für das Ende der Sendung ergeben sich zwei Möglichkeiten: Entweder schließt sie nach der (Re-)Konstruktion der Ermittlungsarbeit des zweiten abgeschlossenen Falles oder sie endet mit der Meldung eines Fahndungserfolges, an dem die Sendung *Ermittlungsakte* neben Zeugen und den zuständigen Behörden teilhatte.

6.1.1.1 Kurzbeschreibung des Inhalts der ausgewählten Sendung

Die zu untersuchende Folge der Fernsehsendung *Ermittlungsakte* wurde am 09.03.2011 auf *Sat.1* um 23.15 Uhr ausgestrahlt. Die Sendung wurde durch zwei Werbepausen unterbrochen und dauerte rund 40 Min. inklusive der Werbepausen. Der Aufbau dieser Sendung folgte dem Regelfall (s. o.).

Die Episode beginnt mit dem bereits gelösten Kriminalfall der Kindergärtnerin Susanne K. in Hannover, die 1998 tot in ihrem Haus aufgefunden wurde. Die zuständigen Ermittler konnten anhand der Beweismittel am Tatort den Tathergang rekonstruieren. Die Gerichtsmedizinerin Guddat sowie der Kriminaltechniker Neumeyer erläutern mit Meyer die Todesursache und den Tathergang im Fall von Susanne K. Die weiteren Ermittlungen wiesen zunehmend auf den Ehemann von Susanne K. als Mörder hin. Sein Motiv: aus Angst, dass sich seine Frau von ihm trennen könnte und so die finanzielle Unterstützung der Schwiegereltern wegfallen würde, beauftragte Hans Joachim K. zwei lettische Auftragskiller, seine Frau zu töten. Hans Joachim K. und die lettischen Auftragskiller wurden zu lebenslanger Haft verurteilt.

Der erste Fahndungsaufruf der Folge handelt von einem Raubmord in Solingen von 2010: die Lehrerin Monika B. wurde tot in ihrer Wohnung von der Feuerwehr aufgefunden. Der Tochter von Monika B. fiel auf, dass zwei Ringe, die ihre Mutter zu Lebzeiten nie abgenommen hatte, nicht in der Wohnung gefunden werden konnten. Nach der Obduktion der Leiche wurde festgestellt, dass Monika B. gewaltsam zu Tode gekommen war. Die Polizei startete einen öffentlichen Fahndungsaufruf und gab Fotos der Toten und von deren zwei Ringen, heraus. Hierauf meldete sich eine Goldankäuferin, der einer dieser Ringe von einem Pärchen angeboten

6.1 Videoanalyse von Ermittlungsakte – Auf Spurensuche mit Ulrich Meyer

worden war. Aus ihren Angaben ließen sich zwei Phantombilder erstellen. Anhand dieser bittet Meyer die Zuschauer um Mithilfe.

Im nächsten Handlungsstrang behandelt Meyer die Frage, wie Kriminaltechniker einem Mörder, der sein Opfer im eigenen Haus ermordet hat, auf die Spur kommen können. Hierzu fingiert das Team der *Ermittlungsakte* in der *Tatortstraße* der Landespolizeischule Berlin-Spandau, einen Mord. Die *Tatortstraße* ist ein von Kriminalisten geschaffenes Haus, das zu Trainingszwecken für Kriminaltechniker eingesetzt wird. Meyer begibt sich mit dem Polizeihauptkommissar Martin Otter auf Spurensuche am fingierten Tatort. Er lässt sich alle Schritte der Tatortanalyse von Otter erklären und fasst diese für die Zuschauer zusammen und nimmt selbst an der Spurensuche teil. In ihrer Ermittlungsarbeit finden Otter und Meyer immer mehr Hinweise, die am Ende zu einer (Re-)Konstruktion des Tathergangs beitragen. Nach der Spurensuche im ‚Wohnzimmer' der *Tatortstraße* begeben sich Kriminalhauptkommissar Otter und Meyer auf den Weg in das ‚Badezimmer' der fiktiven Wohnung. Hier finden sich mehrere Hinweise darauf, dass jemand die Tatwaffe im Waschbecken gereinigt und dabei Blutspuren hinterlassen hat. Damit beendet der Kriminalhauptkommissar die Spurensicherung und Meyer befragt ihn zur Rekonstruktion des fingierten Mordfalles. Otter vermutet keinen Raubmord und kann den Fall komplett rekonstruieren. Ein Schlusswort von Meyer in Form eines Voice-over-Kommentars beendet diesen Handlungsstrang.

Hieran schließt sich der zweite aktuelle Fahndungsaufruf zu einem ‚Benzindieb' in Mecklenburg-Vorpommern in der Zeit Anfang Februar 2011 an. Ein junger Mann, der gerade seinen dunklen *Mercedes C-Klasse* betankte, wurde von einer Überwachungskamera der Tankstelle gefilmt. Bereits in mindestens 32 Fällen betankte er sein Auto mit falschem Kennzeichen an zahlreichen Tankstellen entlang der A19 ohne zu bezahlen, erklärt Kriminalhauptkommissar Thomas Telchmann. Meyer ruft die Zuschauer dazu auf, sich bei der Kripo Röbel an der Müritz oder der *Ermittlungsakte* zu melden, wenn ihnen der junge Mann zwischen 18 und 25 Jahren in einer roten Arbeitshose bekannt ist.

Der zweite bereits geklärte Kriminalfall, der in der Sendung vorgestellt wird, ereignete sich 2010 in Hamburg. Der Taxifahrer Peter S. begann seine Nachtschicht am Hamburger S-Bahnhof *Blankenese*. Ein junger Mann stieg in das Taxi von Peter S. Der unbekannte Fahrgast zückte während der Fahrt eine Waffe und erschoss Peter S. Nachdem die Leiche im Taxi gefunden worden war, verwendete die Polizei bei ihren Ermittlungen einen 3D-Laser-Scanner zur Rekonstruktion des Tathergangs. Meyer befragt den IT-Experten Schrödel sowie den 3D-Laser-Scanner Experten Jörg Meixner zu den Ermittlungsarbeiten. Die anhand dieser Daten erstellte Rekonstruktion ergibt: Nachdem der Täter Peter S. erschossen hatte, steuerte er das Taxi in die Parklücke, stahl das Portemonnaie von Peter S. und verschwand. Meyer, Guddat und Neumeyer erläutern, dass Schmauchspuren und das Navigationssystem entscheidende Hinweise auf den Täter und den Tathergang geben. Infolge der Auswertung der Bilder der Überwachungskameras an den umliegenden S-Bahnhöfen konnte ein Täterprofil erstellt werden. Nach Veröffentlichung eines Fotos des Verdächtigen zur Fahndung erhielt die Mordkommission einen Hinweis auf einen arbeitslosen 24 jährigen Mann. Der Täter konnte anhand von Schmauchspuren abschließend überführt und in eine geschlossene Psychiatrie eingewiesen werden. Sowohl das Motiv als auch der Ort, an dem die Tatwaffe versteckt ist, blieben ungeklärt.

Zum Abschluss der Sendung erinnert Meyer die Zuschauer an die beiden in der Episode gegebenen Fahndungsaufrufe und verweist (wie in den beiden Fahndungsfällen zuvor) nochmals auf die sendungseigene Homepage. Die Sendung schließt Meyer mit einem Fahndungserfolg im Fall des ‚Kofferbabys' von Hamburg. Der Fahndungsaufruf sei von *Ermittlungsakte* eine Woche zuvor gesendet worden, worauf ein Hinweis einging. Die Polizei prüfe, ob die Spuren am Koffer von dem Identifizierten stammen, so Meyer. Diesem Handlungsabschnitt folgt die Abmoderation der Sendung durch Meyer mit Hinweis auf die Folge der *Ermittlungsakte* in der kommenden Woche und auf die Sendung *Akte 20.11 – Reporter kämpfen für Sie!*, in der Meyer ebenso Moderator ist. Die vorliegende Episode schließt mit einem Abspann.

6.1.1.2 Sequenzen der ausgewählten Sendung

Die vorgestellten Handlungsstränge der *Ermittlungsakte* vom 09.03.2011 setzen sich aus insgesamt 23 Sequenzen zusammen. Die neunte Sequenz ist der Handlungsabschnitt, der im Folgenden unter den Fragestellungen untersucht wird, wie sich das Medium in der *Ermittlungsakte* selbst inszeniert und welche Aufgabe der Zuschauer in diesem Handlungsabschnitt erhält. Aus diesem Grund ist die neunte Sequenz im Vergleich zu den anderen Handlungsabschnitten der Sendung im Nachstehenden ausführlicher dargestellt. Der zu untersuchende Handlungsabschnitt wird durch eine Werbepause unterbrochen. Zugunsten der besseren Lesbarkeit wurde auf eine Unterteilung dieses Sinnabschnitts in weitere Sequenzen aufgrund der Werbepause verzichtet, wie die nachstehende Übersicht zeigt (Tab. 6.1):

Tab. 6.1 Sequenzen der Sendung Ermittlungsakte vom 09.03.2011

Nr.	Titel der Sequenz
1	Vorspann der Sendung *Ermittlungsakte* vom 09.03.2011
2	Erste Fallkonstruktion mit Meyer und dem *Ermittlungsakte-Team*: Der Mordfall Susanne K. aus Hannover 1998
3	Einblendung und Einführung in das Sendungskonzept der *Ermittlungsakte* durch Meyer
4	Erste Vorschau auf die aktuelle Sendung der *Ermittlungsakte*
5	Fortsetzung der ersten Fallrekonstruktion in der Sendung: Der Mord an Susanne K.
6	Übergangsmoderation zwischen der Fallrekonstruktion des Mordes an Susanne K. und dem ersten Fahndungsaufruf

Tab. 6.1 (Fortsetzung)

Nr.	Titel der Sequenz	
7	Erster aktueller Fahndungsaufruf im Kriminalfall einer Lehrerin aus Solingen durch Meyer	
8	Übergangsmoderation zwischen dem ersten Fahndungsaufruf und dem Themenslot über die neuesten Methoden der Kriminalisten in Sachen Spurensuche	
9	Spurensuche in der Tatortstraße in der Landespolizeischule Berlin/Spandau	9.1 Erste Bilder von ‚Spurensuchern' und der *Tatortstraße* in Berlin und allgemeine Erläuterungen zur Spurensuche durch einen Voice-over-Kommentar von Meyer
		9.2 Meyer befragt Kriminalhauptkommissars Weller zu allgemeinen Informationen über die *Tatortstraße*
		9.3 Videosequenz der Rekonstruktion des Mordes, den das *Ermittlungsakte-Team* in der *Tatortstraße* inszeniert hat, Voice-over-Kommentar zu dem Tathergang durch Meyer
		9.4 Meyer und Polizeihauptkommissar Otter beginnen mit der Spurensuche: Meyer und Otter ziehen sich beide sterile Einweganzüge an
		9.5 Otter und Meyer sichern die ersten Spuren im ‚Wohnzimmer' der *Tatortstraße*, in dem eine Frauenleiche liegt
		Zwischeneinblendung des Vorspanns der *Ermittlungsakte*
		Zweite Vorschau auf die weiteren Sendungsinhalte der *Ermittlungsakte*: Taximord von Hamburg
		Unterbrechung der Sendung durch die erste Werbepause, die durch vorherige Programmvorschau auf das Fernsehprogramm von *Sat.1* gerahmt ist
		Zwischeneinblendung des Vorspanns der *Ermittlungsakte*
		9.6 Zusammenfassung des bisher gesendeten Inhalts aus dem Themenslot ‚Spurensuche' in der *Tatortstraße* in der Landespolizeischule in Berlin-Spandau
		9.7 Untersuchung der Leiche am Tatort: Meyer und Kriminalhauptkommissar Otter entdecken ein Haar in der Hand des Opfers
		9.8 Otter untersucht die Trinkgläser den wahrscheinlichen Tathergangs
		9.9 Fortsetzung der Spurensuche im ‚Bade' zimmer in der *Tatortstraße*
		9.10 Beendigung der Spurensuche: Meyer befragt Otter zu der genauen Fallrekonstruktion und gleicht die Erläuterungen von Otter mit den Informationen ab, die er bereits als „Spurenleger" im Team der *Ermittlungsakte* besitzt
		9.11 Meyer befragt Otter abschließend zu dessen weiterer Vorgehensweise
		9.12 Die Sequenz endet mit einer Zusammenfassung durch einen Voice-over-Kommentar durch Meyer über das Thema Spurensuche

Tab. 6.1 (Fortsetzung)

Nr.	Titel der Sequenz
10	Übergangsmoderation zwischen dem Themenslot über die neuesten Methoden der Spurensuche und dem zweiten aktuellen Fahndungsaufruf zu einem Benzindieb in Mecklenburg Vorpommern
11	Zweiter aktueller Fahndungsaufruf zu einem Benzindieb in Mecklenburg Vorpommern durch Meyer
12	Übergangsmoderation zwischen dem zweiten Fahndungsaufruf und der zweiten Fallrekonstruktion des Taximörders in Hamburg durch Meyer
13	Zweite Fallkonstruktion in der Sendung mit Meyer und dem *Ermittlungsakte-Team*: Der Taximörder in Hamburg
14	Zwischeneinblendung des Vorspanns der *Ermittlungsakte*
15	Programmvorschau von *Sat.1*
16	Zweite Werbepause
17	Programmvorschau von *Sat.1*
18	Zwischeneinblendung des Vorspanns der *Ermittlungsakte*
19	Fortsetzung der zweiten Fallrekonstruktion des Taximordes in Hamburg durch Meyer und das *Ermittlungsakte-Team*
20	Erinnerung an die beiden in der Sendung erfolgten Fahndungsaufrufe durch Meyer
21	Erfolgsmeldung zu dem Fahndungsaufruf in der vergangenen Woche durch die *Ermittlungsakte*: Eine Frau gab der Polizei Hinweise zu dem Fall des „Kofferbabys" in Hamburg
22	Abmoderation der Sendung „Ermittlungsakte" durch Meyer mit einem Hinweis auf die nächste Folge der *Ermittlungsakte* am darauffolgenden Mittwoch sowie auf die Sendung *Akte 20.11-Reporter kämpfen für Sie!* am kommenden Dienstag
23	Abspann der Sendung *Ermittlungsakte* vom 09.03.2011

6.1.1.3 Kurzbeschreibung der ausgewählten Sequenz: Konzentration auf *move* 9.5

Die Beschreibung der neunten Sequenz konzentriert sich auf den zu analysierenden *move* 9.5 (zum Begriff des ‚move' siehe Reichertz und Englert 2011, S. 14 f.). Meyer geht in dem fünften *move* der neunten Sequenz der Frage nach, wie Kriminaltechniker einem Mörder auf die Spur kommen, der sein Opfer im eigenen Haus ermordet hat. Hierzu fingiert das Team der *Ermittlungsakte* in der *Tatortstraße* in Berlin Spandau einen Mord an einer Frau. Meyer begibt sich mit dem Polizeihauptkommissar Martin Otter auf Spurensuche an diesem fingierten Tatort in der *Tatortstraße*. Otter beginnt damit, die Spuren im Wohnzimmer, zu sichern. Dabei unterstützt ihn Meyer. Nach den ersten beiden gesicherten Spuren befragt Meyer Otter zu der weiteren Vorgehensweise in der Spurensicherung. Otter erläutert Meyer die nächsten Schritte. Der fünfte *move* endet mit der Einblendung des Vorspanns der *Ermittlungsakte*, dem sich die Sendungsvorschau und die erste Werbepause der Sendung anschließten, welche durch eine Programmvorschau auf das Fernsehprogramm von *Sat.1* gerahmt ist.

6.1.2 Hermeneutische Ausdeutung der Sequenz

Die ausgewählte neunte Sequenz der Episode mit dem Titel *Spurensuche in der Tatortstraße in der Landespolizeischule Berlin/Spandau* eignet sich zu der Videoanalyse unter den gegebenen Fragestellungen, da das Medium sowohl vor der Kamera (u. a. durch Meyer) vertreten wird als auch durch zahlreiche Handlungen der Kamera selbst. Im Fokus der folgenden Analyse steht die *Handlung der Kamera* in der fünften Handlungseinheit der neunten Sequenz (oben durch 9.5 bezeichnet – zur Unterscheidung zwischen *Handlung der Kamera* und *Handlung vor der Kamera* siehe ausführlich Reichertz und Englert 2011, S. 28 ff.).

6.1.2.1 Die Handlung vor der Kamera

Da die Handlung der Kamera den Schwerpunkt der folgenden hermeneutisch-wissenssoziologischen Analyse des ausgewählten *moves* bildet, soll an dieser Stelle eine *take* Übersicht – (take = Einstellung) über die Handlung vor der Kamera aus Umfangsgründen ausreichen (Tab. 6.2):

Tab. 6.2 Sequenzen der Sendung Ermittlungsakte vom 09.03.2011

Take	Inhalt des *takes*
1	Ein Metallkoffer wird von Otter vom Boden aufgenommen und auf eine Türschwelle gelegt
2	Otter und Meyer knien auf der Türschwelle, zwischen ihnen der Metallkoffer. Otter öffnet den Koffer, beide blicken hinein. Vor ihnen ist eine Frauenleiche mit Kopfverletzung zu erkennen
3	Der Inhalt des Metallkoffers wird gezeigt: eine Kleberolle, eine Schwarzfolie sowie weitere für die Spurensicherung notwendige nicht identifizierbare Utensilien
4	Otter und Meyer knien auf der Türschwelle und richten ihren Blick immer noch in den Metallkoffer
5	Ein Spurennummernschild wird zur Markierung von Spuren von Otter hinter der Türschwelle in den Raum auf den Boden gestellt. Das Schild trägt die Nr. 1 und ist durch dunkle Fingerabdrücke verschmutzt
6	Otter nimmt aus dem geöffneten Metallkoffer eine Taschenlampe heraus und schaltet sie ein, sodass sie in den Koffer leuchtet. Meyer ist teilweise in weißem Schutzanzug und blauen Gummihandschuhen zu erkennen
7	Otter und Meyer knien auf der Türschwelle. Meyer hält eine kleine schwarze Taschenlampe in der Hand, kniet sich noch weiter dem Boden entgegen und leuchtet auf ihn. Otter folgt mit seinem Blick dem Strahl der Taschenlampe

Tab. 6.2 (Fortsetzung)

Take	Inhalt des takes
8	Der Lichtkegel der Taschenlampe bewegt sich über den Boden des *Tatort-Zimmers*. Schemenhaft ist im Lichtstrahl ein Schuhabdruck zu erkennen
9	Die Frauenleiche mit Kopfverletzung ist zu sehen. Otter kniet auf der Türschwelle hinter dem Metallkoffer und Meyer hält eine Taschenlampe in der Hand. Meyer deutet auf den Lichtpunkt der Taschenlampe am Boden. Otter folgt dieser Zeigegeste und blickt auch auf diesen Lichtpunk. Otter zeigt ebenso wie Meyer auf den Lichtpunkt und erklärt: „Das ist der Schuhabdruck, den wir jetzt als erstes nehmen werden. Dazu gibt es Schwarzfolie. So nennt sich das."
10	Ein Blick durch eine Überwachungskamera aus der linken oberen Ecke des Raumes zeigt die Schrankwand des *Tatort-Zimmers* und dessen Deckenlampe. Die Schrankwand ist mit Dekorationsgegenständen, Gläsern und einem Fernseher gefüllt. Zwei Schranktüren am Ende der Schrankwand stehen offen. Ein schwarzer Sessel verdeckt die am Boden liegende Frauenleiche bis zur Brust. Im Hintergrund sind der geöffnete Metallkoffer und Meyer zu erkennen, wie er das *Tatort-Zimmer* in einem weißen Schutzanzug und mit der Taschenlampe in der Hand betritt und sich über den Schuhabdruck beugt.
11	Der Boden des *Tatort-Zimmers* und der im Lichtkegel der Taschenlampe zu erkennende Schuhabdruck sind zu sehen
12	Vor einem komplett schwarzen Hintergrund sind Ausschnitte zweierlei Aufnahmen zu erkennen: auf der linken Seite befindet sich der vermeintliche Täter und auf der anderen Seite befindet sich der Fußabdruck
13	Der Schuhabdruck wird durch die Taschenlampe angeleuchtet und durch eine Schwarzfolie aufgenommen, indem die Schwarzfolie auf den vermeintlichen Fußabdruck gelegt und aufgedrückt wird
14	Das Schild zur Spurensicherung mit der Nr. 2 wird von Otter aus dem Metallkoffer herausgenommen und an Meyer weitergegeben, der das Schild neben den Schuhabdruck auf den Boden stellt
15	Die Schwarzfolie mit dem Schuhabdruck wird von Otter in die Kamera gehalten. Im Hintergrund links befindet sich die gestellte Frauenleiche mit der Kopfverletzung auf einem Teppich und rechts der offen stehende Metallkoffer
16	Otter und Meyer befinden sich vor einem Sideboard im Wohnzimmer. Meyer fragt Otter nach seiner weiteren Vorgehensweise: „Jetzt müssen wir uns dem ganzen Tatort widmen. Wie gehen Sie denn da vor? Ich finde das ein völlig unübersichtliches Durcheinander."
17	Otter erklärt: „Ja. Wir würden zunächst an der Leiche die weiteren Spurensicherungsmaßnahmen abarbeiten und uns dann in den Raum in den hinteren Bereich weiter vorkämpfen." Die Leiche der Frau ist zu sehen. Ein auf dem Boden liegender Wäschehaufen, der unter den geöffneten Türen der Schrankwand auf dem Boden liegt, zwei schwarze Sofas, zwischen ihnen ein Ecktisch. Die Sofas stehen um einen Wohnzimmertisch, der mit einer weißen Tischdecke bedeckt ist und auf dem eine Sektflasche und ein Sektglas stehen. Auf ihm befinden sich eine Blumenvase und zwei Dokumente. Auf dem einen Sofa liegen zwei gepunktete grüne Kissen und eine Handtasche

6.1.2.2 Die Handlung der Kamera

Der zu analysierende *move* beginnt mit einem ‚Flash-Effekt', ähnlich dem ‚Blitz' eines Fotoapparates. Zur gleichen Zeit setzt ein Voice-over-Kommentar von Meyer ein. Dieser erstreckt sich vom ersten bis zum achten *take*: „Otter sieht den Tatort zum ersten Mal und die tote Frau in der Wohnung. Mehr haben wir ihm nicht erzählt. In demem Wohnzimmer gibt er die Spurennummer eins. Mit welcher Systematik geht er weiter vor? Ich bin gespannt. Erst mal soll ich den Fußboden ableuchten." Dem folgt eine Großaufnahme eines Metallkoffers aus der Froschperspektive, der von einer behandschuhten Hand vom Boden aufgenommen und weggetragen wird. Die Handkamera folgt dieser Bewegung mit einem Vertikalschwenk, bis der Koffer waagrecht auf dem Boden abgelegt wird. Dabei ist der Metallkoffer ständig scharf gestellt. Während des gesamten *takes* ist der Metallkoffer in Großaufnahme zu sehen. Diese und alle weiteren Aufnahmen dieser Sequenz erfolgen mit einer Wackel- bzw. Handkamera.

Im zweiten *take* nimmt die Kamera nach einem scharfen Schnitt die Höhe des knienden Meyer und des hingeknieten Otter ein. Die Szene, wie Otter den Metallkoffer vor sich platziert und Meyer neben ihm auf der Türschwelle kniet, filmt die Kamera aus dem *Tatort-Zimmer* heraus. Während dieses *takes* ist im Hintergrund leise die Titelmelodie der Sendung *Ermittlungsakte* zu hören.

Der dritte *take* zeigt über die Schulter von Otter, wie er den Metallkoffer öffnet. Der Inhalt des Metallkoffers steht im dritten *take* scharf gestellt im Mittelpunkt der Aufnahme. Diese Großaufnahme des Koffers erfolgt aus der Froschperspektive. Im Vordergrund sind unscharf der Kopf und Oberkörper einer Person in einem weißen Schutzanzug zu erkennen.

Otter und Meyer sind auch im vierten *take* im Mittelpunkt der Aufnahme zu sehen. Sie befinden sich in der rechten hinteren Ecke der Aufnahme und werden von der Kamera beide aus dem *Tatort-Zimmer* heraus aus einer Froschperspektive aufgenommen. Im Vordergrund ist etwas ‚unscharf' eine weibliche ‚Leiche' zu erkennen. Die Kamera zoomt langsam aus der Aufnahme heraus.

Der fünfte *take* zeigt ein Schild zur Markierung von Spuren in Großaufnahme aus der Froschperspektive der Handkamera. Dabei ist das Schild scharf, dagegen die Türzarge im Vordergrund nur verschwommen zu sehen, ebenso wie ein Teil des geöffneten Metallkoffers.

Im sechsten *take* zeigt die Handkamera aus der amerikanischen Einstellung erneut den Inhalt des Metallkoffers und die eingeschaltete Taschenlampe in Großaufnahme. Im Mittelpunkt der Aufnahme befindet sich die Taschenlampe aus dem Metallkoffer. Rechts ist ‚unscharf' ein Teil des Kopfes und Oberkörpers einer Person mit weißem Schutzanzug zu sehen.

Der siebte *take* zeigt Otter und Meyer sowie den Metallkoffer im Hintergrund der Aufnahme. Die Kamera schwenkt vom linken Rand der Aufnahme, in dem eine am Boden liegende ‚Frauenleiche' zu sehen ist, auf den Lichtkegel zu, der durch die Taschenlampe auf den Boden des *Tatort-Zimmers* geworfen wird, vertikal hin zu dem rechten Rand der Aufnahme. Dabei bleibt die Kameraperspektive auf Augenhöhe mit dem knienden Otter und dem neben ihm knienden Meyer. Die Kamera nimmt diesen Vorgang aus dem *Tatort-Zimmer* heraus auf Augenhöhe von Otter und Meyer auf und folgt der Zeigegeste von Otter mit einem Schwenk.

Der achte *take* zeigt aus der Froschperspektive die Bewegung des Lichtstrahls über den Boden des *Tatort-Zimmers* in einer Detailaufnahme. Schemenhaft ist ein Schuhabdruck auf dem Laminat-Fußboden zu erkennen, der den Mittelpunkt der Aufnahme bildet.

Nach einem weiteren ‚scharfen' Schnitt sind im neunten *take* Otter und Meyer im Hintergrund, sowie die weibliche ‚Leiche' im Vordergrund der Aufnahme, in einer Totale zu erkennen. Die Handkamera wackelt leicht auf Augenhöhe von Otter und Meyer und zoomt langsam auf die beiden Personen zu. Die Kamera nimmt diese Szene aus dem *Tatort-Wohnzimmer* heraus auf. Sie steht dabei leicht von Otter und Meyer aus nach links versetzt und filmt so gleichzeitig die ‚Frauenleiche', den Lichtstrahl sowie Otter, Meyer und den Metallkoffer.

Im zehnten *take* ist eine halbtotale Aufnahme durch eine Überwachungskamera zu sehen. Diese filmt aus der Froschperspektive und aus dem Hintergrund des Raumes heraus das weitere Vorgehen im *Tatort-Zimmer*. In dieser Aufnahme, die durch leichte Störungen, langsameres Bewegungstempo und schlechtere Farbauflösung der Aufnahme auf eine schlechtere Qualität hinweisen, ist nahezu das gesamte Zimmer zu erkennen (bis auf die Wand, an der die Überwachungskamera angebracht ist). Während dieser Aufnahme ist folgender Voice-over-Kommentar von Meyer zu hören: „Otter scheint die richtige Fährte aufgenommen zu haben. Denn hier ist tatsächlich unser Täter entlanggegangen." Dieser Voice-over-Kommentar erstreckt sich bis zum 13. *take*.

Im elften *take* ist der Boden des *Tatort-Zimmers* in Großaufnahme zu sehen. Im Mittelpunkt der Aufnahme steht der durch die Taschenlampe angeleuchtete Fußabdruck als Detailaufnahme.

In dem zwölften *take*, der mit einem (aus dem ersten *take* bekannten) ‚Flash-Effekt' beginnt, montiert die Kamera vor einem schwarzen Hintergrund Ausschnitte von zwei Aufnahmen nebeneinander. Rechts ist der Fußabdruck in Farbe auf dem Boden des *Tatort-Zimmers* in Großaufnahme zu sehen, über den ein blauer Streifen, der einem Scanner ähnlich scheint, läuft. Auf dem linken Aufnahmeausschnitt ist der vermeintliche Täter in schwarz-weiß zu erkennen, der sich in Zeitlupe bewegt. Ein weiterer ‚Flash-Effekt' markiert das Ende dieses *takes*.

Der 13. *take* zeigt eine Person in einem weißen Schutzanzug und blauen Gummihandschuhen, die auf dem Boden kniet und eine Schwarzfolie zum Aufnehmen des Schuhabdrucks in der Hand hält. Die Kamera befindet sich auf Hüfthöhe der knienden Person, sehr nahe dem Boden. Der Blick der Handkamera fällt dabei Richtung Boden auf den Fußabdruck, der mit der Schwarzfolie aufgenommen werden soll. Die Kamera schwenkt diagonal von der Schwarzfolie, welche die Person auf Hüfthöhe hält, auf den Boden, wo sich der Schuhabdruck des Täters befindet.

Nach einem weiteren harten Schnitt beginnt der 14. *take* mit einer Großaufnahme eines Spurensicherungsschildes mit der Nummer „2" darauf. Die Kamera folgt mit einem Vertikalschwenk der Hand, die das Schild aus dem Metallkoffer nimmt und es an Meyer weiterreicht, der es dann neben dem Schuhabdruck platziert. Die Kamera befindet sich dabei auf Hüfthöhe von Otter und Meyer und richtet ihren Blick auf den Boden, auf dem das Schild platziert wird.

Im 15. *take* zeigt die leicht wackelnde Handkamera die Schwarzfolie in Großaufnahme. Die Schwarzfolie wird von der Rückseite her angeleuchtet, sodass der Fußabdruck auf der Schwarzfolie im Mittelpunkt der Aufnahme zu erkennen ist. Die Schwarzfolie wird von jemandem in einem weißen Schutzanzug in die Kamera gehalten. Im Hintergrund sind links die Frauenleiche und rechts der Metallkoffer ‚unscharf' zu sehen.

Die Handkamera folgt im 16. *take* vertikal der Bewegung von Otter und Meyer, indem sie mit ihnen vom Boden aufsteht und auf Meyer verweilt, der eine Frage an Otter stellt.

Während Otter erklärt, wie die Spurensicherung fortgesetzt wird, schwenkt die Kamera im 17. *take* autonom über den ganzen Raum des *Tatort-Zimmers*. Sie beginnt bei der Frauenleiche, die aus der Vogelperspektive zu sehen ist. Dem folgen Aufnahmen von auf dem Boden liegender Wäsche aus der Froschperspektive. Die Kamera blickt autonom in Schränke und mit einem horizontalen Schwenk über den ganzen Raum. Währenddessen fragt Meyer in einem Voice-over-Kommentar: „Gelingt es dem Kriminalisten, gleich die Bluttat zu rekonstruieren?"

6.1.3 Interpretation der Sequenz

Die Interpretation der Sequenz orientiert sich an den eingangs erläuterten Fragestellungen, wie sich das Medium in der Fernsehsendung *Ermittlungsakte* inszeniert und welche Aufgaben der Zuschauer von der Sendung erhält. Dies gilt es im Folgenden anhand der Ausdeutung und Interpretation der Sendung herauszuarbeiten. Auch hier bildet die Handlung der Kamera den Schwerpunkt der Betrachtung.

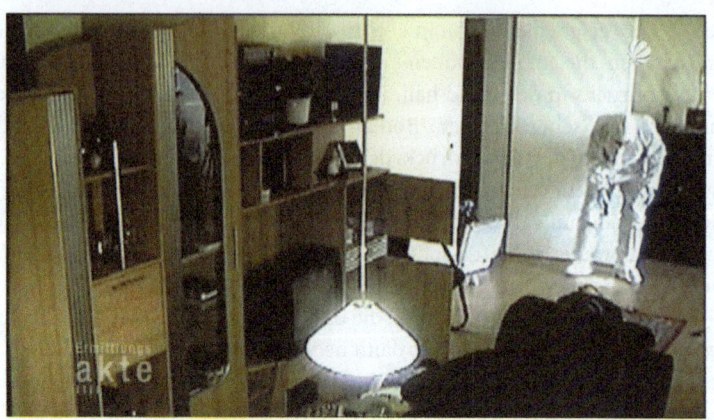

Abb. 6.1 © *Ermittlungsakte* vom 09.03.2011, Sat.1

6.1.3.1 Das Medium in der Rolle des Lehrers im Spurenlesen

Auffällig in der Sequenz über die *Tatort-Straße* in Berlin-Spandau sind neben zahlreichen bereits beschriebenen Aktivitäten der Kamera insbesondere die häufig auftauchenden Großaufnahmen, die autonome Kameraführung bei der Spurensuche und der Blick der Überwachungskamera.

Der Blick durch eine Überwachungskamera erfolgt genau in dem Moment, als Meyer zum ersten Mal das Zimmer der *Tatort-Straße* betritt, in dem sich der inszenierte Mord ereignet hat (Abb. 6.1).

Zu sehen ist Meyer in einem weißen Schutzanzug. Er beginnt damit, eine Spur am Boden zu sichern (Schuhabdruck). Die Kleidung von Otter und Meyer in Schutzanzügen zeigt auf den ersten Blick: hier haben wir es mit einer Art von ‚Spezialisten' zu tun (vgl. Goffman 2006). Dadurch, dass der Beginn der Spurensicherung nicht durch die Handkamera aufgezeichnet wird, wie es in den übrigen Aufnahmen der gesamten Sequenz der Fall ist, sondern durch eine gesonderte Überwachungskamera, die vermeintlich ‚über dem Geschehen' steht, erscheint die sonst genutzte Handkamera mehr als ein Teil des ‚Teams' von Meyer und Otter, welches die Spuren am ‚Tatort' sichert. Durch die Aufnahme der Überwachungskamera entsteht der Eindruck einer übergeordneten Perspektive über das sich vor der Kamera ereignende Geschehen. Diese Perspektive ermöglicht es, das gesamte Geschehen im Zimmer der *Tatort-Straße* zu beobachten und damit alle und alles, die sich in dem Raum befinden und was sich im Raum ereignet. Die Perspektive dieser Überwachungskamera, die den gesamten Raum überblicken kann, kann die Handkamera in der Sequenz nicht einnehmen. Die Handkamera wirft vielmehr

6.1 Videoanalyse von Ermittlungsakte – Auf Spurensuche mit Ulrich Meyer

wie ein *Beobachter*, der sich mit Otter und Meyer im Raum befindet, einen eigenen Blick auf den ‚Tatort'. Die Überwachungskamera erscheint hier trotz der schlechteren Qualität ihrer Aufnahmen als *Big Brother*, der *über* dem Geschehen steht und einen Gegensatz zwischen an der Spurensicherung beteiligten Akteuren und die Spurensicherung beobachtenden Akteuren eröffnet.

Nachdem Otter und Meyer die ersten zwei Spuren am ‚Tatort' gesichert haben und Meyer Otter dazu befragt, wie die Spurensicherung ab diesem Zeitpunkt weiter verläuft, wirft die Handkamera von selbst einen Blick in den restlichen Teil des *Tatort-Zimmers*. Dies tut sie nicht willkürlich, sondern orientiert sich zunächst an der Leiche am Boden, dann an den am Boden liegenden zerwühlten Kleidungsstücken und offenen Schranktüren und im Anschluss daran schwenkt sie über die Sofaecke und über den Wohnzimmertisch, auf dem ein Sektglas sowie eine leere Sektflasche stehen. Sie beäugt damit noch vor Meyer und Otter den gesamten ‚Tatort'. Weder Meyer noch Otter haben bisher einen genaueren Blick in das *Tatort-Zimmer* geworfen. Die Kamera erkundet noch vor Meyer und Otter kleinere Details im *Tatort-Zimmer* genauer, indem sie Großaufnahmen macht, eine bestimmte Reihenfolge bei den Aufnahmen einhält und sogar detaillierter hinsehen kann als die Überwachungskamera, der lediglich einen Gesamtüberblick über das Tatgeschehen ohne Großaufnahmen möglich zu sein scheint. Die Handkamera zoomt während ihres ‚Erkundungszuges' zuerst auf die verschmierte Blutlache am Kopfende der ‚Frauenleiche' und zoomt leicht aus dieser halbtotalen Aufnahme heraus. Die Handkamera bewegt sich mit einigen Schritten vom Kopf- zum Fußende der Leiche, ohne diese aus den Augen zu lassen und läuft, ähnlich wie jemand, der die Spuren an einem Tatort sichert, auf die nächste potentielle Spur zu: die offenstehenden Türen des Wandschranks. Nachdem die Kamera einen kurzen Blick in die leeren Fächer des ‚Wohnzimmerschrankes' geworfen hat, schwenkt sie vertikal auf die zerwühlten Kleidungsstücke am Boden des *Tatort-Zimmers*, auf welche sie kurz in Großaufnahme aus der Froschperspektive blickt. Sie sieht sich weiter im hinteren Teil des Zimmers um und schwenkt kurz vertikal über den Wohnzimmertisch, auf dem ein leeres Sektglas und eine leere Sektflasche auf einer weißen Spitzendecke stehen und verweilt kurz auf dem zweiten schwarzen Sofa, auf dem sich zwei Kissen und eine Handtasche befinden. Der Blick auf die Handtasche scheint das Interesse der Kamera zu wecken, denn die Handkamera fährt auf die Handtasche zu und scheint diese näher betrachten zu wollen. Nach dieser Aufnahme endet der zu untersuchende *move* und lässt sich anhand der folgenden Abfolge von Aufnahmen veranschaulichen (Abb. 6.2–6.9).

Die Großaufnahmen in der gesamten Sequenz sind allerdings nicht nur ein signifikanter Bestandteil der autonomen Kameraführung, sondern sie sind in der gesamten Sequenz die vorrangig verwendete Aufnahmeform bei der Spurensuche.

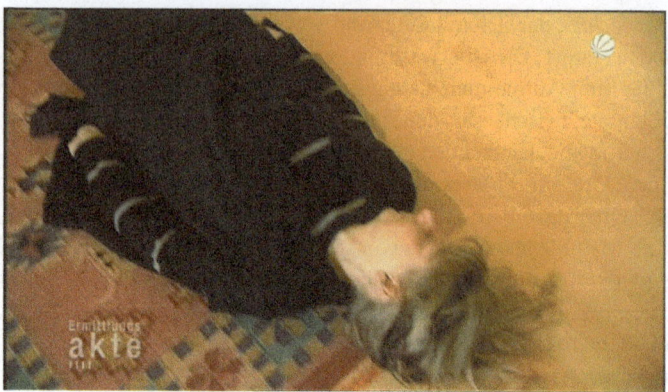

Abb. 6.2 © *Ermittlungsakte* vom 09.03.2011, *Sat.1*

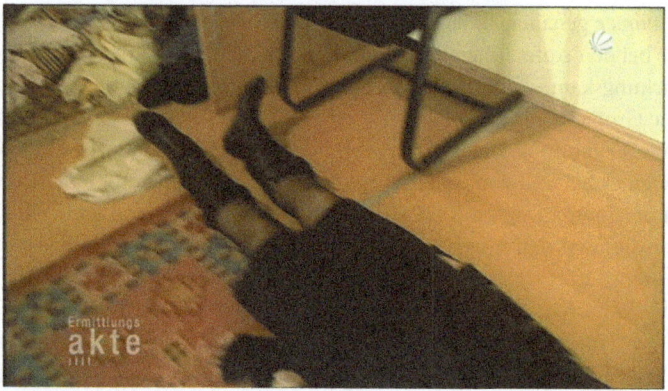

Abb. 6.3 © *Ermittlungsakte* vom 09.03.2011, *Sat.1*

In diesen Großaufnahmen dominieren die Aufnahmen von Werkzeugen zur Spurensicherung, bspw. der Taschenlampe oder Schwarzfolie, sowie von den Spuren selbst, wie u. a. dem Schuhabdruck und den zerwühlten Kleidungsstücken. Die Spurensuche der Kamera beginnt mit einer Großaufnahme des Metallkoffers, in dem sich die Werkzeuge und Materialien zur Spurensicherung befinden. Der Inhalt des Koffers steht in den darauffolgenden fünf Sekunden in Form einer Groß- bis Detailaufnahme dreimal im Mittelpunkt der Aufnahmen. Die Personen werden lediglich in kurzen *takes* in der Halbtotalen gezeigt und geraten bei der Großaufnahme der Vorgehensweise, wie ein Schuhabdruck als Spur per Schwarzfolie gesichert wird,

Abb. 6.4 © *Ermittlungsakte* vom 09.03.2011, Sat.1

Abb. 6.5 © *Ermittlungsakte* vom 09.03.2011, Sat.1

sogar ganz in den Hintergrund. Buchstäblich im Hintergrund befinden sich Otter und Meyer bei den halbtotalen Aufnahmen der Kamera der beiden Personen auf der Türschwelle des *Tatort-Zimmers*. Vor Meyer und Otter steht bei allen Aufnahmen aus dem *Tatort-Zimmer* heraus immer der Metallkoffer, in dem sich das Werkzeug für die Spurensicherung befindet im Fokus der Kamera. Auch als Meyer aktiv an der Spurensicherung teilnimmt, indem er mit der Taschenlampe auf den Boden leuchtet, um einen möglichen Schuhabdruck zu finden, konzentriert sich die Kamera nach einer kurzen halbtotalen Einstellung auf beide Personen *und* auf den Koffer sowie auf den Schein der Taschenlampe und zeigt diesen in Großaufnahme.

Abb. 6.6 © *Ermittlungsakte* vom 09.03.2011, *Sat.1*

Abb. 6.7 © *Ermittlungsakte* vom 09.03.2011, *Sat.1*

Als der Schuhabdruck von Otter mit der Schwarzfolie aufgenommen wird, steht nicht Otter im Mittelpunkt des Interesses der Kamera, sondern die auf den Boden gepresste Schwarzfolie. Das dabei entstehende Bild eines Schuhabdrucks auf der Folie ist der Kamera eine erneute Großaufnahme wert. Die ‚Frauenleiche' sowie die Hände, welche die Schwarzfolie in die Kamera halten, geraten dabei durch die Kadrierung, in der die Schwarzfolie im Mittelpunkt steht und den Großteil der Aufnahme einnimmt, in den Hintergrund. Ebenso auffällig wie die beschriebenen Großaufnahmen sind die Aufnahmen der nummerierten Schilder zur Markierung der Spuren. Beide Schilder mit der Beschriftung „1" und „2" stehen bei ihrer Plat-

6.1 Videoanalyse von Ermittlungsakte – Auf Spurensuche mit Ulrich Meyer

Abb. 6.8 © *Ermittlungsakte* vom 09.03.2011, Sat.1

Abb. 6.9 © *Ermittlungsakte* vom 09.03.2011, Sat.1

zierung an den relevanten Stellen zur Spurensicherung im Mittelpunkt der Aufnahme, sodass vor allem die Hände, die sie greifen, und damit die Personen, welche die Schilder platzieren, als Nebensächlichkeiten wahrgenommen werden. Die Konzentration auf die Spuren und die Spurensicherung findet in der autonomen Kameraführung ihre Steigerung, in der die Spuren völlig unabhängig von Otter und Meyer von der Kamera selbst erkundet werden, wie oben bereits beschrieben worden ist.

Erwartbar wäre nun gewesen, dass der Kriminaltechniker Otter als ‚Experte' in der Spurensicherung die Reihenfolge der Spurensicherung als Kommentar aus dem Off während der autonomen Kameraführung den Zuschauern erläutert. Doch das passiert nicht. Die Frage, die sich deshalb stellt und bei näherer Betrachtung für die Analyse unter den gegebenen Fragestellungen wichtig ist, lautet: Wer bildet nun den Zuschauer aus? Otter als ausgebildeter Spurensicherer oder die Sendung *Ermittlungsakte*? Die Antwort lautet, dass die *Ermittlungsakte* mehr der tonangebende Ausbilder in der Spurensuche zu sein scheint als Kriminalhauptkommissar Otter, da Meyer durch seine gezielten Fragen Otter an den für ihn geeigneten Stellen dazu auffordert, seine Vorgehensweise zu erklären und dadurch bestimmt, wann Otter zu was Erklärungen anführt, und da die Kamera Otters Erläuterungen zu den Fragen durch bestimmte Großaufnahmen (s. o.) und durch die Kameraführung diese Erklärungen rahmt und erläutert (z. B. dass die Personen bei den Aufnahmen der Utensilien zur Spurensicherung vernachlässigt werden). Es ist also die Sendung und ihre korporierten Akteure selbst, die Deutungen nahelegen und eine Geschichte (re-)konstruieren, in der der Kriminaltechniker lediglich als Darsteller, aber nicht als Regisseur, eine Rolle spielt.

6.1.3.2 Der Zuschauer in der Rolle des Schülers im Spurenlesen

Der Zuschauer wird bereits durch die Handlung vor der Kamera angesprochen, z. B. dadurch, dass er einen Einblick in die *Tatort-Straße* erhält und durch Fragen und Erläuterungen von Otter und Meyer in die ‚Kunst des Spurenlesens' eingeführt wird. Für den Zuschauer wird deutlich, dass diese Verständnisfragen nicht allein von Meyer ausgehen, denn dann hätte er keine Kamera zur Begleitung des Geschehens mitnehmen müssen, sondern für den Zuschauer.

Durch die Konzentration auf die Spuren durch die Kameraführung und die Vernachlässigung des eigentlichen ‚Spezialisten' in der Spurensuche, nämlich den Kriminaltechniker Otter, stehen der Inhalt, die Suche nach Spuren und deren Sicherung, im Vordergrund. Die Sendung *Ermittlungsakte* bzw. Meyer scheinen nicht lediglich Kriminalhauptkommissar Otter und seine Fähigkeiten zu überprüfen, sondern dem Zuschauer soll etwas über die Spurensicherung an einem Tatort gezeigt bzw. erzählt werden. Dieser Eindruck wird dadurch gestützt, dass die Kamera autonom den Spuren in der *Tatort-Wohnung* folgt. Das Medium legt auf diese Weise eine Deutung nahe: „Wir suchen Spuren und Sie als Zuschauer sind mit dabei. Hier können Sie Ihre Fähigkeiten in der Spurensuche ausbilden oder auch vertiefen." Auf diese Weise wird nicht nur das Medium zum Spurensicherer, sondern nimmt den Zuschauer an die Hand und zeigt ihm die ‚Kunst des Spurenlesens'. Dadurch, dass der Zuschauer von dem Medium an die Hand genommen wird, entsteht der Eindruck, dass das Medium sich mit dem Appell „Sieh zu und pass auf!" an den Zuschauer richtet. So weist die Handlung der Kamera, insbesondere die Kameraführung, dem Zuschauer eine bestimmte eine Rolle zu: die des Schülers.

6.1 Videoanalyse von Ermittlungsakte – Auf Spurensuche mit Ulrich Meyer

Die zahlreichen Großaufnahmen im Detail, welche Werkzeuge zu der Spurensicherung für welche Vorgehensweise benötigt werden, verstärken den Eindruck, dass der Zuschauer in dieser Sequenz zum Schüler in der Spurensicherung wird. Der Zuschauer bekommt eine Einführung bzw. eine Art Ausbildung in der Methode der Spurensicherung. Er nimmt nicht nur durch die Kameraführung an der Spurensuche vor Ort im *Tatort-Zimmer* teil, sondern erkennt anhand der Darstellungsweise, dass er das auch lernen kann (ähnlich wie es Reichertz für den Zuschauer und sein Verhältnis zu Casting-Shows beschrieben hat; vgl. hierzu Reichertz 2010a, S. 95). Die Kamera beginnt ihre Spurensuche autonom bei der Leiche und setzt diese dann weiter in den hinteren Teil des *Tatort-Zimmers* fort und gibt damit eine Reihenfolge in der Spurensuche vor. In ihrer autonomen Bewegung verharrt sie immer wieder kurz und geht gezielt auf bestimmte Gegenstände im Zimmer zu. Sie gibt dem Zuschauer einen groben Überblick über das Zimmer und setzt Relevanzen, ganz in Sinne als wolle sie sagen „Und nun du! Zeige, was du soeben gelernt hast!"

Die Überwachungskamera ermöglicht dem Zuschauer – ähnlich der Rundschau der autonomen Kamera – einen weiteren Überblick über die Situation der Ermittlungsarbeit. Der Zuschauer sieht Otter und Meyer bei der Spurensuche und gewinnt eine Übersicht über das Terrain. Er sieht der *Ermittlungsakte* und dem Kriminalspezialisten durch den Blick über die Überwachungskamera bei der Arbeit zu: also dabei, wie Meyer das *Tatort-Zimmer* betritt und die Spur Nummer zwei, den Schuhabdruck, mit einer Taschenlampe beleuchtet. Für kurze Zeit erweckt es für den Zuschauer den Anschein, nicht nur Schüler des *Ermittlungsakte*-Teams und von Otter zu sein, sondern sogar einen Gesamtüberblick über das Geschehen – ähnlich einem Lehrvideo – zu erhalten. Dieser Rahmen verstärkt den Eindruck der Rollenverteilung zwischen dem Zuschauer als Schüler und dem Medium als Lehrer. Denn – wie Goffman schreibt – versucht man seine Alltagserfahrungen u. a. anhand solcher Rahmungen zu ordnen (vgl. Goffman 2004). Auf die Frage, die man sich nach Goffman bei dem Eintritt in jede Situation explizit oder implizit stellt („Was ist hier eigentlich vor?"), wird dem Zuschauer eine Deutung durch Kameraführung und Handlungen vor der Kamera nahegelegt: „Sie kennen sich hier nicht aus, deshalb passen Sie auf, wir zeigen Ihnen wie es geht! Und nun dürfen Sie zeigen, was Sie gelernt haben!"

6.1.3.3 Der Lerninhalt: Die Spuren als Zeichen

Doch was soll dem Zuschauer nun genau gezeigt werden? Dies lässt sich aus der autonomen Kameraführung gegen Ende des *moves* schließen. Die Kamera löst sich von Meyer und Otter, die im Eingangsbereich des *Tatort-Zimmers* verbleiben. Durch den Voice-over-Kommentar „Gelingt es dem Kriminalisten, gleich die Bluttat zu rekonstruieren?" von Meyer am Ende des fünften *moves* der neunten Sequenz regt der Moderator den Zuschauer nicht nur dazu an, auch nach der Werbepause im Programm zu bleiben, sondern er weckt die Neugier der Zuschauer, sich selbst und die eigenen Spurensicherungskenntnisse einmal zu testen. Dies erinnert an das Rätsellösen eines ‚whodunit' Romans, dem Klassiker der Kriminalromane, in dem das Rätseln des Lesers wichtiger Bestandteil seiner Motivation ist, den Roman zu lesen (vgl. hierzu z. B. Koebner 1990; Brück et al. 1998). Dieses Motiv spiegelt sich also nicht nur in Fernsehsendungen wie *Tatort* wider (vgl. Brück et al. 1998), sondern wird auch zu einem Bestandteil von Hybridformen des Fernsehens, hier der *Ermittlungsakte*.

Dass es tatsächlich um die Vermittlung von Inhalten über die Spurensicherung an Tatorten geht, lässt sich des Weiteren auch daran erkennen, dass die drei Faustregeln des Spurenlesens (vgl. Hard 1995, S. 62) in den Erklärungen von Otter und durch die Kameraführung zum Gegenstand des *moves* werden. Diese drei Faustregeln sind zusammengefasst: erstens das Prinzip des zu Tage liegenden Untergrunds, das sich mit der Frage befasst, wie das, was in einem Mordfall passiert ist, zutage gefördert werden kann; zweitens das Prinzip der plausiblen Konkurrenzhypothesen (Leitfrage: Welche Alternativhypothesen gibt es zu der ursprünglich aufgestellten?) und drittens das Prinzip der Triangulation oder multiplen Operationalisierung, in der sich ein Ermittler bei der Spurensicherung die Frage stellt, welche Spuren bzw. Indizien zum Beleg der aufgestellten Hypothese noch finden lassen müssen (vgl. Hard 1995, S. 62).

Das Zusammenspiel von Otters Erläuterungen sowie der Kameraführung verdeutlicht genau diese drei Faustregeln, die es in dem *move* der *Ermittlungsakte* dem Zuschauer zu zeigen gilt und die es vom Zuschauer zu lernen gilt. Die im *Tatort-Zimmer* zu findenden Spuren sind nicht von sich aus Zeichen (vgl. Hard 1995, S. 63 ff.), sondern Otter und die Kameraführung zeigen dem Zuschauer, wie diese Spuren mit welcher Bedeutung zu versehen sind. Spuren erhalten damit erst vor dem Hintergrund des Wissens des ‚Spurensuchenden' und dessen Eindrücke bei der Spurensuche Sinn (vgl. Reichertz 2007a, S. 314), Spuren sind also nicht von sich aus sinnerfüllt. Ein Beispiel hierfür zeigt sich an den Erläuterungen Otters zum Schuhabdruck auf dem Fußboden des *Tatort-Zimmers*. Ein Schuhabdruck an sich trägt zunächst keine Bedeutung und ist zunächst allein ein Signifikant. Das Signifikat, also der Sinn bzw. die Bedeutung des Schuhabdrucks, wird erst durch die Zuweisung von Otter und die Erläuterungen von Meyer ergänzt, wodurch er das Zeichen *Schuhabdruck* überhaupt erst kodiert (vgl. hierzu auch Hard 1995, S. 63). So setzt es sich Spur für Spur, Zeichen für Zeichen während der Ermittlungsarbeit vor der Kamera fort und der Lerninhalt wird hieran klar: Die Zuschauer lernen hier Zeichen lesen – ähnlich wie Vokabeln in der Schule. Interessant ist in diesem Zusammenhang, dass Meyer und Otter mit der Spur des Schuhabdrucks ausgerechnet die ursprüngliche Bedeutung des Wortes Spur ‚entdecken'. Das Lexem ‚Spur' stammt von dem althochdeutschen ‚spor' ab und bezeichnet ursprünglich den Fußabdruck. Weiterhin interessant hieran ist, dass das Wort ‚Spüren' die Tätigkeit des Spürens mit dem Objekt der Spur miteinander in der Hinsicht verbindet, als dass man durch das Spüren eine Spur verfolgt und deutet (vgl. Krämer 2007, S. 13). In dem Spüren selbst steckt also sowohl die Spur als auch die Tätigkeit der Verfolgung und Deutung der Spur und der Schuhabdruck deutet dies bereits an.

Sowohl vor der Kamera als auch durch die Handlung der Kamera kristallisiert sich immer wieder das gleiche Thema (als Lerninhalt für den Zuschauer) heraus: Die Spuren und das Spurenlesen in der Ermittlungsarbeit (vgl. hierzu auch Ginzburg 2011). Oder – wie es Gerhard Hard formuliert:

> Der Detektiv arbeitet als Detektiv im allgemeinen im präzisen Auftrag und unter Zeitdruck an der Lösung eines meist präzise definierten Falles, wobei er vor allem die Antezedenzbedingungen (Ursachen) z. B. eines Mordes aufdecken soll, und zwar die Antezedenzbedingungen sowohl auf physisch-materieller (z. B. physiologischer) wie auf sozialer Ebene, d. h. auf der Ebene des Handelns – soweit diese individuellen Gegebenheiten noch nicht bekannt sind. Das muss gerichtsverwertbar geschehen, möglichst zwingend und ‚beyond reasonable doubt' auch für den common sense. (Hard 1995, S. 123)

Hard erklärt weiter, dass der Detektiv bzw. Ermittler aufgrund des Zeitdrucks am besten auf theoretischer Ebene mit sehr wahrscheinlichen ‚*common sense*'-Theorien, die er aus alltäglichen (Lebens-) Erfahrungen zieht, arbeitet (vgl. Hard 1995, S. 123). Für den zu analysierenden *move* bedeutet dies, dass die Spurensicherung für den Zuschauer auf der Grundlage von ‚*commons-sense*'-Theorien verständlich erläutert werden kann. Der Ermittlers konzentriert sich in seiner Arbeit auf das Finden von relevanten Signifikanten, wie Spuren und Indizien und auf die koordinierte, überzeugende und widerspruchsfreie Dekodierung. In dieser Dekodierung nutzt er „[…]tunlichst Annahmen, die schon vorweg als äußerst plausible anerkannt sind" (Hard 1995, S. 124). Der Fahnder, insbesondere der Kriminaltechniker, fragt sich damit nicht in erster Linie, wie er den *Täter* findet, sondern wie er am besten zur *Spur* kommt (vgl. Reichertz 2007a, S. 314).

Der Fokus in der Ermittlungsarbeit von Otter und Meyer liegt sowohl durch die Erläuterungen von Otter als auch durch die Kameraführung, auf den Spuren selbst. Dies kann der Zuschauer beim Fernsehen verfolgen. Durch diese Konzentration auf die einzelnen Spuren bzw. auf die Artefakte stehen die Spuren und das Spurenlesen als Lerninhalt im Vordergrund, zunächst einmal unabhängig davon, wer die Spuren wie liest. Die Erläuterungen spiegeln dabei ‚Alt-Bekanntes' wider: ausgerechnet der Schuhabdruck als entscheidende Spur, um das Rätsel zu lösen ist ein altbekanntes und wenig kreatives Motiv. Gleiches gilt für die vorsichtige und bedachte Vorgehensweise in der Spurensicherung, um keine Spuren zu verwischen, wie auch die langsame Kameraführung, die immer wieder ähnliche Aufnahmen zeigt, widerspiegelt. Dies tut sie vor allem als Otter und Meyer kniend auf der Türschwelle die Spurensuche beginnen. Immer wieder nimmt die Kamera diese Szene auf, mit kleinsten Veränderungen: der Metallkoffer wird geöffnet, eine Taschenlampe wird herausgenommen, diese wird weitergereicht... Jeder Schritt will bei der Spurensuche gut durchdacht sein, die kleinsten Veränderungen müssen berücksichtigt werden. Hierzu muss man immer wieder auf die gleichen Spuren achten und diese immer wieder neu interpretieren.

An all diesen Erläuterungen über das Spurenlesen verdeutlichen sich abschließend nochmals die Rolle des Mediums und die des Zuschauers: Der Lerninhalt wird von dem Lehrer an die Schüler weitergegeben. Das Medium, hier die *Ermittlungsakte*, inszeniert sich selbst als Spurenleser und als ein Lehrer dieser ‚Kunst‘, der aktiv an der Spurensuche für alle sichtbar teilnimmt und einen Beitrag zur Aufklärung einer – wenn auch fingierten – Bluttat leistet. Und nicht nur das: es ermöglicht dem Zuschauenden einen Blick ‚hinter die Kulissen‘ der Spurensicherung und deckt die genaue Vorgehensweise der Spezialisten auf. Auf diese Weise ermöglicht das Medium es dem Zuschauer, die ‚Kunst des Spurenlesens‘ zu erlernen.

Signifikant sowohl bei der Handlung vor der Kamera als auch bei der Handlung der Kamera selbst erscheinen die Sichtbarkeit und so die Inszenierung des Mediums. Nicht nur die Handlung der Kamera beeinflusst die Perspektive auf das Geschehen entscheidend, sondern auch Meyer, der als Personifikation der Sendung *Ermittlungsakte* auftritt, weist auf die Aktivität des Mediums bei der Ermittlungsarbeit im eigens inszenierten Fall hin – ähnlich wie in der Sendung *Akte 20.11 – Reporter kämpfen für Sie*, in der Meyer auch als Moderator vor die Kamera tritt. Sowohl *Akte 20.11 – Reporter kämpfen für Sie* als auch *Ermittlungsakte* sind neben den klassischen Fahndungssendungen wie *Aktenzeichen XY... ungelöst* (s. Kap. 6.3) und *Tatort Internet – Schützt endlich unsere Kinder* (siehe 6.2) eine der wenigen Fernsehsendungen in der deutschen Fernsehlandschaft, in denen die Sichtbarkeit des Mediums vor und durch die Kamera gleichermaßen so deutlich hervortritt (vgl. hierzu auch Englert und Roslon 2011).

Über die Inszenierung und die Sichtbarkeit des Mediums lässt sich auch die Aufgabenverteilung an den Zuschauer erklären. Das Medium oder genauer: die Sendung *Ermittlungsakte* inszeniert sich vor der Kamera selbst als Akteur und tritt als Ulrich Meyer personifiziert in Erscheinung. Dem Zuschauer wird auf diese Weise ein Deutungsangebot im Hinblick auf das Rollenverständnis von Meyer nahegelegt: hier ist jemand, der im Sinne der *Ermittlungsakte* handelt, er vertritt das Medium und diejenigen, die sich für die Verbrechensaufklärung interessieren. Mit diesem Gedanken wird der Weg dafür frei, dass das Medium, hier die Sendung *Ermittlungsakte*, dem Zuschauer eine Aufgabe gibt und ihn aktiviert: „Sieh zu, pass auf und lerne!" Dies bestätigt auch der Untertitel der Sendung: der Zuschauer begibt sich mit Meyer auf Spurensuche. Zudem fordert Meyer die Zuschauenden in der Sendung immer wieder dazu auf, bei Hinweisen im Hinblick auf aktuelle Fahndungsaufrufe „Teil des *Ermittlungsakte*-Teams" zu werden. In der zu untersuchenden Sequenz wird dies insbesondere durch die Handlung der Kamera selbst deutlich, zeigt sich allerdings auch an den Handlungen vor der Kamera, bspw. wenn der Moderator Meyer den Kriminaltechniker Otter nach der Vorgehensweise bei der Spurensicherung immer wieder befragt.

6.1.4 Verdichtung: Wir sind ein Team!

Bereits dadurch, dass die Fernsehsendung *Ermittlungsakte* einen Mord in der *Tatort-Straße* in Berlin-Spandau fingiert, scheint sich das Medium selbst zu inszenieren, denn das Medium wird in personifizierter Form in der *Ermittlungsakte* selbst tätig. Dabei kann die Rolle des Mediums nicht auf die eines Vermittlers von Informationen und zwischen Kriminaltechniker und Zuschauenden reduziert werden. Das Medium ist in dieser Sequenz vielmehr ein Akteur, der sich für bestimmte Themenbereiche der Inneren Sicherheit interessiert und diese überprüft, indem das Medium in der Spurensicherung selbst tätig wird. Denn ohne solch einen fingierten Mord hätte die *Ermittlungsakte* die Aufklärungsarbeiten nicht gleichzeitig als Beteiligter und übergeordneter Beobachter gar nicht begleiten können. Da die Sendung *Ermittlungsakte* den Mord fingiert hat, weiß sie mehr als der zuständige Kriminalhauptkommissar der *Tatort-Straße* und kann von dieser übergeordneten Ebene (Metaebene) die Arbeit des Ermittlers genau verfolgen und auf Fehler und Ungenauigkeiten überprüfen. Die Sendung *Ermittlungsakte* inszeniert sich in dieser Sequenz als Akteur, der ‚über den Ermittlungsarbeiten der Kriminalisten steht'.

Obwohl die Rolle eines Spurenlesers bei der Aufklärung eines Verbrechens in den Medien weder neu noch originell ist (vgl. zur Geschichte des Spurenlesens auch Ginzburg 2011), gewinnt sie in den letzten zehn Jahren insbesondere durch neue Fernsehformate aus dem US-amerikanischen Fernsehen, wie u. a. durch *CSI – Den Tätern auf der Spur* an neuer Attraktivität und Relevanz. Auch in der vorliegenden Analyse der *Ermittlungsakte* scheint die Rolle des Spurenlesers nicht nur interessant genug, um dessen Arbeit einmal genau zu betrachten und damit Einschaltquoten zu erzielen, sondern die Rolle des Spurenlesers nutzt das Medium dazu, um selbst an der Spurensuche teilzunehmen und um den Zuschauern der Sendung das Angebot zu machen, doch einmal selbst in die Rolle des Spurenlesers zu schlüpfen. Auf diese Weise fordert das Medium den Bürger dazu auf, aufzupassen und sensibilisiert ihn im Hinblick auf Fragestellungen der Inneren Sicherheit. Die Sendung *Ermittlungsakte* aktiviert den Zuschauenden durch die eigene Inszenierung im Hinblick auf die Innere Sicherheit – ein Motiv, das sich durch die Zielsetzung der gesamten Sendung zieht (s. o.).

Der Zuschauer bekommt in diesem Aktivierungsprozess die Aufgabe: aufpassen und lernen! Wir zeigen, wie es geht und du bist nun in der Lage, selbst auf Spurensuche zu gehen. Oder wie es die *Ermittlungsakte* auf ihrer Homepage selbst erklärt: „Auf Verbrecherjagd: Die neue TV-Reihe beteiligt sich an Fahndungsaufrufen der Polizei und bittet das TV-Publikum um Mithilfe […]".

Oder wie es Ulrich Meyer in jeder Sendung formuliert: „Werden Sie Teil des *Ermittlungsakte-Teams!*"

6.2 Das Medium als Inszenierung oder: Das halbe Märchen von …

Videoanalyse einer Sequenz des Formats *Tatort Internet*
Oliver Bidlo

6.2.1 Einleitung und Informationen zur Sendung

Der vorliegend Aufsatz möchte mittels einer kurzen qualitativen Videoanalyse (zur Methode vgl. genauer Reichertz und Englert 2011) die Sequenz einer Sendung vom 22.11.2010 *Tatort Internet. Schützt endlich unsere Kinder!*[3] untersuchen. Das Format war vom 07. Oktober 2010 bis 22. November 2010 auf *RTL 2* zu sehen. Insgesamt wurden bisher zehn Folgen des Formats gesendet, die sich mit dem sexuellen Missbrauch von Kindern und der Rolle des Internets zur Kontaktaufnahme mit Kindern und Jugendlichen auseinandersetzten. Im Rahmen der Serie werden Männer, die über Chatseiten im Internet Kontakt zu minderjährigen Kindern suchen und sich mit diesen treffen wollen, bei arrangierten Treffen durch eine Kamera überrascht und mit ihrem devianten Verhalten konfrontiert. Begleitet wird die Sendung durch Prominente, die in verschiedenen Funktionen eingesetzt werden (Moderation durch den früheren Hamburger Innensenator und Polizeidirektor Udo Nagel, Stephanie zu Guttenberg als Co-Moderatorin und Vertreterin bzw. Vorsitzende des Vereins *Innocence in Danger* Xavier Naidoo). Die Sendung selbst hat eine Reihe von crossmedialer Berichterstattungen nach sich gezogen und wurde im Feuilleton breit diskutiert. So hob die Fernsehkritik von Christian Geyer den ‚Prangereffekt'

---

[3] Ein kurzer Hinweis zur Schreibweise sei erlaubt. *RTL 2* und die meisten Journalisten schreiben „Tatort Internet. Schützt endlich unsere Kinder". In der Sendung selber und dem Logo wird „tatort internet" klein geschrieben und der Zusatz „Schützt endlich unsere Kinder!" mit einem großen Ausrufezeichen versehen. In diesem Beitrag wird „Tatort Internet" groß geschrieben es sei denn, es wird direkt auf die Einblendung in der Sendung eingegangen.

hervor, der in seinen Augen nichts Obszönes habe, da die Täter „einem keine Wahl" ließen (Geyer 2010). In der Süddeutschen Zeitung (Deininger 2010) wurde Kritik darüber laut, dass *RTL 2* das Fehlverhalten eines Mannes, der Leiter eines Caritas-Kinderdorfes war, nicht den Behörden oder der Caritas gemeldet hatte. Bereits fünf Monate vor der Ausstrahlung wurden die entsprechenden Aufnahmen gemacht, ohne das *RTL 2* nach den Aufnahmen aktiv wurde, um den Mann den Behörden zu melden.[4] Unter *stern.de* hält Gernot Kemper fest: „ ‚Tatort Internet' ist Infotainment und versammelt in seiner Bildsprache die grellen Hilfsmittel, mit denen heutzutage Informationssendungen aufgebrezelt werden. Also wackelt die Kamera, schnelle Schnitte ahmen schlechte Krimis nach, und bei jeder Gelegenheit raunt eine tiefe Stimme beunruhigende Weisheiten in den Raum, unterbrochen wahlweise von Bläsereinsätzen oder Düsterklängen, für die bekannte Klassiker geplündert werden. Am Anfang war das penetrant, als die Sendung später zu ihrem Thema gefunden hatte, wurde das Effekt-Feuerwerk deutlich zurückgefahren" (Kemper 2010). *Die Zeit* fragt in einem Interview mit einem Anwalt für Strafrecht: „Kämpft RTL 2 mit ‚Tatort Internet' mit legitimen Mitteln gegen Kinderpornografie?" (Huber 2010). Der Medienjournalist Stefan Niggemeier konstatiert in einer TV-Besprechung für *heise.de*, nachdem er auf den vermeintlichen Aufklärungseffekt der Sendung eingegangen ist: „Das ist aber auch das einzige, was sie tut. Der Rest ist frivole Spannung und bleibt auf dem hysterisch-hilflosen Niveau des Untertitels: ‚Schützt endlich unsere Kinder!' Weder der Adressat dieser Aufforderung, noch das dafür geeignete Mittel wird je klar genannt" (Niggemeier 2010). Die Geschäftsführerin des Vereins *Innocence in Danger* Julia von Weiler, betont, was das Format intendiert: Eine Gesetzesänderung soll her, die bereits die Anbahnung des sexuellen Missbrauchs eines vermuteten Minderjährigen unter Strafe stellt (vgl. ebd.).

Im Rahmen dieser Analyse sollen nun folgende Fragen in den Fokus gestellt werden:

1. Welche Aufgabe bekommt der Zuschauer vom Medium zugewiesen?
   Die Darstellung und die Konzeption eines Filmes oder eines Videos zielen immer auf einen Zuschauer, auf einen Rezipienten, nach dem sie greifen. Dieses „Greifen" kann ganz unterschiedlich konzipiert sein. Der Rezipient kann z. B. aktiv angesprochen und in die Filmhandlung einbezogen werden, so dass er konstitutiver Teil der Sendung oder des Films wird. Er kann bewusst zum Handeln angeregt und *aktiviert* werden. Er kann als externer Beobachter und stiller

---

[4] Hier zeigt sich der rechtliche Graubereich, mit der *RTL 2* sich auch verteidigte: Denn der Mann hatte noch keine Straftat begangen, sondern war „nur" distanzlos und grenzüberschreitend gegenüber dem vermeintlichen Kind – das ja in Wirklichkeit ein Erwachsener war – aufgetreten.

Rezipient in Dokumentarfilmmanier gestaltet sein und bleibt damit in maximaler Reichweite des Filmes. Zwischen diesen Aspekten – maximale Einbeziehung und Aktivierung (ex- und impliziten Handlungsaufforderungen) z. B. auch durch Feedbackkanäle (z. B. Einblendung Telefonnummer) und maximal zu erreichender Distanz – gibt es unzählige Abstufungen und zugleich, auch innerhalb einer Sendung oder eines Filmes, Hybridformen. Entsprechend der Fragestellung zielt ein Teil der Analyse auf die Ansprache des Mediums an den Zuschauer. Es geht also um „die Handlung des Zeigens" (Reichertz und Englert 2011, S. 28).

2. Wie inszeniert sich das Medium selbst?
Die zweite Frage, die die Rahmung des Aufsatzes bzw. Analyse vorgibt, zielt auf die Selbstreferenzierung des Mediums. Das meint, dass das Medium eine eigene Vorstellung von dem hat, wie es erscheinen will und wie es rezipiert werden soll. Es wird sich zeigen, dass diese beiden Leitfragen eng miteinander verbunden sind und letztlich zu ein und demselben Themenkreis gehören.

Die Sendereihe *Tatort Internet* ist, mit eigenen Worten des Senders, „ein investigatives und gesellschaftlich relevantes Format, das aufrüttelt, schockiert und alle betrifft. *RTL 2* widmet zehn Folgen – Prime Time – in einem noch nie da gewesenen Rahmen dem Schutz von Kindern und Jugendlichen."[5] So gibt bereits diese kurze Selbstbeschreibung Andeutungen, was das Medium mit dem Zuschauer vorhat (aufrütteln, schockieren) und wie es die Sendung verstanden haben möchte (investigativ, gesellschaftlich relevant). Die Kurzbeschreibung soll aber nicht Teil der Analyse sein und wird auch nicht als Vergleichsmaß angesetzt.[6] Vielmehr soll das Augenmerk darauf gerichtet werden, mit welchen Formen das Medium zu welchen Inszenierungen kommt, wie es die Deutungsangebote von sich selbst dem Zuschauer vermittelt. Aber auch hier kommen nicht nur explizite, sondern auch implizite bzw. vorbewusste Aspekte in den Blick, die einen Akteur – und so kann und muss man das Medium in diesem Kontext verstehen – begleiten.

6.2.1.1 Kurzbeschreibung des Inhalts der ausgewählten Sendung
Für die unter 2. durchgeführte Analyse wurden der Sendungstrailer ausgewählt und eine zweiminütige Sequenz der Sendung vom 21.11.2010 zu Beginn der Folge.

---

[5] Die Selbstbeschreibung findet sich auf der Internetseite des Senders unter: http://www.rtl2.de/66093.html.

[6] Der Ausgangspunkt und der Ansatz der Analyse wären dann ein anderer. Man würde die Selbstbeschreibung hermeneutisch ausdeuten, daran anschließend eine Sendung interpretieren und dann die Ergebnisse unter der Fragestellung „Wie genau stimmt die Selbstbeschreibung mit der Umsetzung überein" miteinander vergleichen. Dies interessiert uns hier nicht.

6.2 Das Medium als Inszenierung oder: Das halbe Märchen von ...

Der inhaltliche Rahmen der besprochenen Sendung folgt der Ausrichtung der Sendung. Es werden Chatgespräche von Kindern und Jugendlichen gezeigt, die jedoch vom Medium selbst gemacht wurden. Die Chats, in denen es um die sexuelle Kontaktaufnahme von Erwachsenen zu Kindern und Jugendlichen geht, führen dann zu einem Treffen des Erwachsenen und dem vermeintlichen Kind, bei dem es sich um eine Schauspielerin handelt.

6.2.1.2 Sequenzen der ausgewählten Sendung

Bei der ausgewählten Sequenz handelt es sich einmal um den Trailer der Sendung. Hierbei müssen zwei Aspekte unterschieden werden. Einmal gibt es einen Vorschautrailer zum Anfang der Sendung. Hier werden inhaltliche Versatzstücke dieser Sendung mit anderen Inhalten verbunden und zu einem Vorschautrailer zusammengestellt. Dieser ist daher immer etwas anders, da sich die Inhalte von Sendung zu Sendung unterscheiden. Aber auch hier gibt es sich wiederholende Momente, die ins Format einführen. Der erste Satz ist bereits eine Art Filmzitat: „Es geschieht am helllichten Tag". Das Zitat spielt auf den bekannten Film aus dem Jahre 1958 *Es geschah am helllichten Tag* an, einem Film u. a. mit Heinz Rühmann und Gerd Fröbe in den Hauptrollen. Mit dem Schreiben des Drehbuches wurde Friedrich Dürrenmatt beauftragt. Es sollte Sexualverbrechen an Kindern behandeln.[7]

Nach dem mit Inhalten aus der aktuellen Sendung versehenen Trailer folgt der eigentliche Sendungstrailer, der immer gleich ist. Analysiert wird in diesem Aufsatz der Sendungstrailer. Zudem wird dann eine 1:30 min lange Sequenz analysiert, die direkt nach dem Sendungstrailer beginnt. Inhaltlich wird dort zu Beginn auf ein Chatprotokoll eingegangen, das zu einem Treffen zwischen den beiden Chattern führt. Die Chat-Teilnehmerin *MarieMünchen96*, stellt sich im Chat als ein 13 Jahre altes Mädchen vor. Sie wird in ein Chatgespräch mit *NetterXXX* verwickelt, das später zu einem Treffen in der realen Welt – in Köln – führt. Die Sequenz zeigt einmal das Chatprotokoll (zusätzlich mit Stimmen nachgesprochen), die daran anschließende Vorbereitungen auf das Treffen (Kamera, Ton, Sicherheitsmann, die Absprache einer roten Mütze als Erkennungsmerkmal u. a.) und das anschließende Warten des Mädchens, das von einer volljährigen Schauspielerin *gespielt* wird. Die Sequenz endet mit einem Ausschnitt des Chatprotokolls, das auch zwischendurch immer wieder eingeblendet wird.

---

[7] Weitere Informationen zum Film finden sich unter: http://www.wikipedia.de.

6.2.2 Hermeneutische Ausdeutung der Sequenz

6.2.2.1 Der Sendungstrailer

Kurzbeschreibung Der regelmäßige Sendungstrailer steht – wie oben bereits angemerkt – nicht direkt am Beginn der Sendung, sondern folgt auf den Vorschautrailer, der einige inhaltliche Versatzstücke der folgenden Sendung aufnimmt und darstellt. Er endet mit dem eingeblendeten Titel des Formats Tatort Internet in großen Buchstaben und roter Schriftfarbe; im Hintergrund laufen undefinierbare Zahlen- und Buchstabenreihen, einem Code gleich, in roter Farbe ab. Darauf folgt der hier ausgedeutete Sendungstrailer.

Man sieht einen Mann, wie er aus einem weißen Auto aussteigt, dahinter sind zwei große Satellitenschüsseln zu sehen. Gleichzeitig hört man eine Voice-over-Stimme, die mit dem Satz beginnt: „Die Ermittlungsbehörden warnen vor dem größten Tatort der Welt." Der darauf folgende Schnitt zeigt dann den Mann auf den Weg zu einem transparenten Gebäude. Die Voice-over-Stimme stellt ihn vor als Udo Nagel, ehemaliger Polizeipräsident und Innensenator von Hamburg. Udo Nagel wird in Großaufnahme gezeigt, wie er die gläserne Tür, welches das *RTL 2*-Zeichen und den Schriftzug trägt, öffnet und ins Gebäude geht und sofort in einem Filmstudio wieder zu sehen ist. Das dargestellte Filmstudio, vor dem Herr Nagel die Moderation führt, zeigt Monitore, Schnitt- und Anschlusspulte und weitere Technik. Es handelt sich dabei also mehr um ein Fernsehtechnikbüro, und nicht um ein gewöhnliches Fernsehstudio, von dem aus eine Moderation geführt wird. Die Voice-over-Stimme erklärt gleichzeitig, dass „wir" – und damit meint das Medium sich selbst als korporierten Akteur – mit der Unterstützung des Moderators Onlinetäter aufgespürt werden. Eine kurze Begrüßung durch den Moderator – „Guten Abend und willkommen bei ‚Tatort Internet' " – wird sofort abgelöst durch einen Vorspann, der Chatprotokolle darstellt, Stimmen, die den vertonten und gesprochenen Text eines Internetchats andeuten (Männerstimme im Dialog mit Kinderstimme). Kinderlachen ist zu hören. Alles ist von „martialischer" Musik unterlegt. Aus den Buchstaben des Chattextes, der schwarz/weiß gehalten ist, bildet sich eine Schlagzeile „Mörder sucht Opfer in Chatrooms!" auf einer eingeblendeten Zeitung, gleichzeitig sind aus dem unterlegten „Klangteppich" Kinderschreie zu hören. Aus den grauen und schwarz-weißen Buchstaben werden rote Buchstaben und Tropfen, die den Hintergrund der Schlagzeile mit roter Farbe auffüllen. Die Zeitung wird in der Totale eingeblendet, um dann in einem Strudel zu verschwinden. Abschließend wird vor dem Hintergrund aus Zahlen- und Buchstabenreihen in großen weißen Lettern „Schützt endlich unsere Kinder!" eingeblendet. Die Buchstaben färben sich rot und der Haupttitel „tatort internet" erscheint als Abschluss.

6.2 Das Medium als Inszenierung oder: Das halbe Märchen von …

Interpretation Die großen Sende- und Empfangsschüsseln, vor denen der Moderator gleich zu Beginn des Trailers aus dem Wagen steigt, sollen einmal die Größe, Reichweite und Wichtigkeit des Senders *RTL 2* und der nun folgenden Sendung verdeutlichen. Die Größe der Sendeschüsseln impliziert nicht nur die *potentielle* Reichweite, sondern auch die *notwendige* Reichweite für die folgende Sendung. Sie *muss* von allen Menschen gesehen werden. Zugleich weisen die Satellitenschüsseln auf die ‚nackte' Technik hin, mit denen TV-Sendungen gemacht werden.

Das weiße Auto des Moderators und die weißen Sendeschüsseln weisen den Sender – versinnbildlicht durch den Satellitensender und -empfänger – und den Moderator als weiße *Ritter* aus, die sich zusammengetan haben, um gegen Böses zu kämpfen. Die Voice-over-Stimme bestätigt diese Allianz, mit der man Onlinetäter aufspüren will. Das Medium will aktiv sein und zieht eine deutliche Trennung zwischen sich und dem Moderator, der das Medium unterstützt. Er ist zwar Teil der Sendung, nicht aber Teil des Mediums und seiner Aktivität. Mehr noch soll deutlich werden, dass das Medium die Aktivität initiiert und begründet hat – „wir spüren Online-Täter auf" – und dabei wird es dann „unterstützt" von Udo Nagel, dem Moderator. Dieser geht in das transparente Gebäude, an dessen Tür die Senderinitialen und das -zeichen eingraviert sind, und wird anschließend im Studio gezeigt. Die Transparenz des Gebäudes will auf die Transparenz und die *Echtheit* der gezeigten Handlungen hindeuten. Hier darf man hinter den Spiegel und die Kulissen schauen. Diese beiden Aspekte werden in der Analyse ein wiederkehrendes Motiv bilden.

Nach Betreten des Gebäudes sieht man Herrn Nagel unvermittelt in einem Studio stehen, im Hintergrund ist ‚nackte' Filmtechnik zu sehen (Abb. 6.10). Dem Zuschauer soll damit ein unverblümter Blick auf die Bilder des Mediums und der Kamera suggeriert werden. Kein Bluescreen mit einem projizierten Hintergrund ist zu erkennen, keine Dekoration, keine Couch, Sitze, Blumen oder Tische, keine vermeintlichen ‚Inszenierungaccessoires'[8] nur die reine Technik, die das Medium braucht, um die Bilder zu produzieren, die es sendet. Auch wenn die Technik die Komplexität und Kompliziertheit anzeigt, vermittelt die Handlung des Zeigens dieser Technik eine Form von Eigenenthüllung, bietet es den Blick hinter die Kulissen an. Das Medium versucht von Beginn an, den Verdacht des ‚Falschspielens' (dessen Glaube wohl beim Zuschauer vermutet bzw. unterstellt wird) auszuräumen, indem man dem Zuschauer immer wieder unverblümte Blicke auf das Geschehen ‚hinter' der Kamera geben will. Bereits der Gang in das transparente Gebäude zielt – wie erwähnt – auf die *Durchsichtigkeit* und Nachvollziehbarkeit der Handlungen des

---

[8] Natürlich handelt es sich hierbei auch um Inszenierungsaccessoirs, nämlich zur Inszenierung von Authentizität.

Abb. 6.10 © *Tatort Internet* vom 22.11.2010, RTL 2

Mediums, dies dem Zuschauer vermittelt werden sollen. Hier soll nichts verborgen, alles soll in seiner *Tatsächlichkeit* dargestellt werden.

Der daran anschließende Vorspann ist geprägt von eingeblendeten Chatprotokollen und nachgesprochenen Sätzen aus dem Chat. Er ist von Beginn an mit Musik unterlegt, die wiederum mit Kinderlachen und -schreien durchsetzt wird. Die eingeblendete (digital erzeugte) Zeitung beinhaltet Schlagzeilen wie „Sexueller Missbrauch übers Internet: Vier Jahre Haft". Diese kurze Sequenz ist weitgehend in schwarz-weiß gehalten und unterstreicht, dass die Taten ‚schwarz-auf-weiß' nachlesebar sind, sie also *wirklich* geschehen. Durch die dann fallenden Buchstaben, die zu einem roten Hintergrund werden, wird rot die dominante Farbe, die deutlich auf „vergossenes Blut" anspielt und dadurch die Dramatik der zu besprechenden Thematik unterstreichen will.

Der Trailer ist mit Tricktechnik erstellt, die so ausgerichtet ist, dass sein Inhalt in seiner Wichtigkeit und gesellschaftlichen Relevanz hervorgehoben werden soll. Die Form (Tricktechnik und Gestaltung) will den Inhalt (tatsächliche gesellschaftliche Relevanz, Wichtigkeit des Themas) hervorheben und emotional aufladen. Das Einblenden der Zeitung mit ihren Schlagzeilen soll für den gesellschaftlichen Ist-Zustand stehen (es gibt sexuelle Gewalt, die durch das Internet angestoßen und in neuer Form ermöglicht wird). Und die Antwort und Handlungsaufforderung des Mediums auf diesen Zustand folgt sogleich im nächsten Schnitt. Der (Unter)Titel der Sendung wird in großen, weißen Lettern vor dem Zahlen- und Buchstabenhintergrund eingeblendet: „Schützt endlich unsere Kinder!" Die Notwendigkeit dieser Aussage und Aufforderung wird mit dem Wechsel der Buchstabenfarbe von Weiß auf Rot nochmals unterstrichen, die Musik schwillt synchron dazu an und unterstreicht dies damit akustisch. Überblendet wird dann in Rot umrandeter Schrift der eigentliche Titel eingeblendet „tatort internet". An wen sich die Handlungsaufforderung richtet, bleibt ungeklärt, ein direkter Adressat wird nicht genannt. Aber die Inszenierung macht deutlich: Hier tritt das Medium als Ankläger und aktiv Handelnder (Akteur) auf, der sich eines Themas annimmt, das bisher von *allen* anderen (implizit andere Medien, Politik, Gesellschaft) nicht genügend beachtet wurde.

Angeklagt werden nicht nur die vermeintlichen und potentiellen Täter, sondern auch jene, die sich diesem Thema nicht zuwenden und nicht ihr Mögliches tun, um das Thema in das Bewusstsein der Gesellschaft bringen. Das ist zum einen der Gesetzgeber, der kein Gesetz verabschiedet, um bereits die Anbahnung des sexuellen Missbrauchs eines vermuteten Minderjährigen unter Strafe zu stellen. Aber auch die Menschen, die bisher nicht wussten, dass sich in den Tiefen und Untiefen des Internets solche Aktivitäten und Gefahren verbergen, werden zumindest implizit aufgefordert, sich durch dieses Format über den Sachverhalt zu informieren, nach dem Motto: „Sagt später nicht, ihr habt nichts davon gewusst". Die damit einhergehende implizite Begründungsweise führt zu einer kaum negierbaren Logik, aus der heraus es dem Zuschauer geradezu *unmöglich* gemacht wird, sich von der Sendung abzuwenden. Tut er dies, fällt er sogleich unter die Anklage „Schützt endlich unsere Kinder!" und ihm droht, sich selbst zu den ‚Ignoranten' zu stellen, die sich dem Thema bisher nicht angenommen haben. Stellt er sich jedoch auf die Seite des Mediums – indem er der Sendung zuschaut – kann er sich als Teil dieser Bewegung verstehen. Und er wird zum Zeugen und Chronisten der nachfolgenden Ereignisse. Das Medium stellt sich selbst als aktiv Handelnder dar in diesem Feld; allerdings unterlässt es dieses Format – anders als z. B. *Aktenzeichen XY… ungelöst* – die Zuschauer explizit an- und aufzurufen (s. Kap. 6.3), z. B. um sich aktiv durch Anrufe, Hinweise, eigene Darstellungen oder Erfahrungsberichte zu beteiligen.

6.2.2.2 Ausgewählte Sequenz

Kurzbeschreibung Die ausgewählte Sequenz beginnt mit einem Chatprotokoll, das durch Stimmen nachgesprochen wird, Text wird gezeigt, Tastenklicken ist zu hören. Im rechten oberen Rand wird „Original-Chatprotokolle" eingeblendet, um die Echtheit zu bezeugen. Im Chat spricht *NetterXXX* – ein 46-jähriger Mann – mit *MarieMünchen96* – einem 13-jährigen Mädchen.[9] Nach einem Schnitt erklärt eine Voice-over-Stimme, dass sich das Team von *Tatort Internet* auf ein Treffen

---

[9] Die Chatprotokolle sind zwar original (was man an dieser Stelle getrost unterstellen darf, auch wenn es sich nur um ausgewählte Auszüge handelt), aber natürlich hat nicht ein 13-jähriges Mädchen das Chatgespräch geführt, sondern eine Redakteurin von *RTL 2*.

Abb. 6.11 © *Tatort Internet* vom 22.11.2010, RTL 2

zwischen den beiden Chattern (Mann und vermeintliches Mädchen) vorbereitet. Es werden ein Auto mit allerlei Filmtechnik – Mikrophone, Aufnahmegeräte – und ein Filmteam gezeigt, die sich verkabeln und aufnahmebereit machen. Dann zeigt die Kamera, die den Blick des Zuschauers ermöglicht, die Protagonistin, wie sie gerade aus einer Flasche trinkt; und dahinter ist ein Kameramann zu sehen, wie er die Szene gerade aufnimmt (Abb. 6.11).

Weitere Aufnahmen zeigen eine belebte Innenstadt. Danach beginnt die eigentliche Geschichte, das Treffen des Mädchens aus dem Chat, das vom Kamerateam begleitet werden wird, mit ihrer Internetbekanntschaft. Die Darstellerin wird als volljährige Schauspielerin vorgestellt, die die Rolle der 13-jährigen Marie aus dem Chat übernehmen soll. Sie ist mit einer roten Kappe und einem Rucksack versehen. Bei ihrem Gang durch die Innenstadt wird sie zu Beginn von drei Männern begleitet. Mit dem direkt neben ihr laufenden Mann führt sie ein Gespräch, alle Männer werden Voice-over als „unsere Sicherheitsleute" vorgestellt, die mit vor Ort sind. Es folgt ein weiteres eingespieltes Chatprotokoll, das die Kleidung des Mädchens thematisiert („wie ziehst du dich eigentlich an?"). Das Mädchen weist darauf hin, dass es eine rote Mütze tragen wird, um gleich von der Internetbekanntschaft erkannt zu werden.

Die Schnitte der Darstellung wechseln zwischen dem Mädchen, das sich für das Treffen in der Innenstadt vorbereitet und instruiert wird, und den Chatprotokollen, die das eigentliche „Anliegen" des Mannes – sexuellen Kontakt – thematisieren. Die

6.2 Das Medium als Inszenierung oder: Das halbe Märchen von ...

Voice-over-Stimme erklärt für die Zuschauer den Sachverhalt und gibt zusätzliche Informationen zu dem Mann, mit dem sich die Darstellerin treffen wird. Dabei wird die Darstellerin von einer Kamera gezeigt, die sich hinter einer Glasscheibe zu verstecken scheint. Ein Fensterputzer läuft am Mädchen vorbei direkt auf die Scheibe zu und fängt an, diese zu putzen. Die Kamera scheint er nicht zu bemerken.

Der Mann, mit dem sich das Mädchen treffen soll, wird sodann von der Kamera des Filmteams „entdeckt" und in unkenntlicher Form mit der Kamera verfolgt. Am vereinbarten Treffpunkt findet dann die Begrüßung zwischen „NetterXXX" und *MarieMünchen96* statt. Sie bittet ihn, ihr Zigaretten zu kaufen, was er bereitwillig bejaht. Die Voice-over-Stimme belehrt die Zuschauer, dass das Mädchen im Alter von 13 Jahren aus Gründen des Jugendschutzes keine Zigaretten bekommen dürfe und dies dem Mann klar sein müsse. Dieser Umstand wird durch die Voice-over-Stimme genutzt, um darzustellen, dass es Gesetzte für den Schutz der Jugend vor Alkohol und Zigaretten gebe, nicht aber vor sexueller Belästigung im Internet.

Danach weist die Voice-over-Stimme darauf hin, dass der Mann Kameras bemerkt habe, aber wohl zu beschäftigt mit dem Mädchen sei und das Filmteam nicht weiter beachte. Das Vorgehen des Mannes wird zudem als typisch dargestellt: das Anlocken von Kindern im Internetchat durch die Aussicht auf Geschenke oder von Sachen, die sie aufgrund von Altersgrenzen nicht kaufen können. Der Gang durch die Stadt wird vom Filmteam versteckt begleitet und endet abrupt mit der Konfrontation des Mannes mit seinem Tun durch das Filmteam.

Interpretation Der Beginn der Sequenz mit der Einblendung und dem stimmlichen Nacherzählen des Chatprotokolls soll zunächst vorstellen, wie die Kontaktaufnahme zwischen Kindern und Erwachsenen in den entsprechenden Chats vonstattengeht, mit welchen textsprachlichen Mitteln der Kontakt und die Intention des erwachsenen Chatters – Herstellung eines Treffen mit dem Ziel sexueller Handlungen – hervorgebracht wird. Die Art und Gestaltung des Beginns der Sequenz zielt darauf ab, ein hohes Maß von Authentizität zu erzeugen (Einblendung „Original-Chatprotokolle"). Gleichzeitig wird dem Zuschauer dadurch vorgeführt, wie ein solcher Chat funktioniert.

Die Aufnahmeperspektive, die den (einen anderen) Kameramann zeigt, der die Szene gerade filmt, ist nicht für eine bessere Perspektive des Zuschauers auf die Situation gedacht. Dieser Umstand ‚Das Medium filmt das Medium' dient einzig dem Grund Authentizität zu erzeugen und sagt zugleich etwas über das Selbst- und das (erwartete) Fremdverständnis des Mediums aus. Das Medium ‚denkt', dass alles, was es zeigt, allein aufgrund der Darstellung im Medium bereits an ‚Echtheit' verliert bzw. dieser Glaube beim Zuschauer unterstellt wird. Aus diesem Grund ‚kämpft' das Medium gegen seine Inauthentizität an, indem es sich selbst bei der

Aufnahme zeigt und damit ein Bild hinter dem Bild, d. h., hinter der Inszenierung glaubt zu ermöglichen. Dem Zuschauer soll so das Gefühl gegeben werden, dass er nicht nur dabei ist, sondern das die von ihm rezipierten Aufnahmen *wirklich* wirklich sind (vgl. hierzu auch Reichertz 2011b, S. 229). Bereits das Zeigen des nackten Filmstudios hatte das Ziel der Echtheitsproduktion. Dieser Aspekt wird mit der ‚Kamera auf Kamera' Perspektive erneut aufgenommen. Der Zuschauer wird mit *in* die Situation genommen, um als Zeuge und Chronist der Ereignisse zu dienen. Und daher macht es für das Produzententeam Sinn, bereits die Vorbereitungen auf das Treffen mit der Chatbekanntschaft – Verkabelung der Darstellerin, Vorbereitung der Technik, letzte Absprachen – dem Zuschauer zu zeigen und zu dokumentieren.

Die Voice-over-Stimme erklärt als auktorialer, allwissender Erzähler den Ablauf, sie spricht von Sicherheitsleuten, und schon zeigt die Kamera einen groß gewachsenen, kräftigen Mann, der der Szene nach- bzw. mitläuft. Sofort ist dem Zuschauer verständlich (auch ohne erklärenden Untertitel, Namens- oder Funktionseinblendung für den dargestellten Mann), dass es sich bei diesem Mann um den Sicherheitsmann handelt. Dass unterstellt wird, dass ein Sicherheitsmann nötig ist, zeigt die absichtsvolle *Planlosigkeit*, mit der das Medium die Szenen untermauern und damit einen Echtheitseindruck beim Zuschauer produzieren will. Denn es lauert Gefahr, eine dunkle, undeutliche Gefahr, für die man sich wappnen muss. Genau dies bezeugt der Sicherheitsmann und die Vorstellung desselben bzw. seine Anwesenheit durch das Medium. Gleich darauf folgen ein Schnitt und eine Überleitung in eine „phantastische" Darstellung: Einblendung des Chatprotokolls (Text), und im Hintergrund einen unkenntlich gemachten Mann (der anhand seiner Kleidung, als solcher auszumachen ist). Eine Männerstimme spricht den Chattext des Mannes nach, eine Kinderstimme die entsprechenden Antworten.

Gleichzeitig wird im Hintergrund in abgedunkelter und verfremdeter Form eine am Chattext ausgerichtete Szenerie gezeigt: Spricht der Text davon, was das Mädchen beim Treffen als Erkennungszeichen anhaben wird (rote Mütze), wird die vorher gezeigte junge Schauspielerin im Hintergrund wartend mit einer roten Mütze gezeigt (Abb. 6.12).

Gleich darauf ‚switched' der Schnitt wieder auf eine (anzunehmende) versteckte Kameraperspektive im Klarbild.

Dass die Kamera versteckt zu sein scheint, wird aus der ungewöhnlichen Perspektive angedeutet. Die Kamera nimmt in etwa aus Kniehöhe auf, hinter einer Glasfassade. Zufällig kommt ein Fensterputzer vorbei und wischt genau die Glasscheibe, hinter der die versteckte Kamera angebracht ist. Dabei verdeckt er kurzzeitig das Mädchen. Er selbst scheint die Kamera ebenfalls nicht zu bemerken. Diese Szene ist in gleicher Weise bemerkenswert, wie die oben erwähnte. Denn auch sie will die Echtheit der Darstellung unterstreichen. Hier wird nichts geschnitten, was vielleicht nicht ins Bild passt oder störend ist, um eine vom Zuschauer vielleicht

6.2 Das Medium als Inszenierung oder: Das halbe Märchen von ...

Abb. 6.12 © *Tatort Internet* vom 22.11.2010, RTL 2

unterstellte Inszenierung schöner zu machen. Im Gegenteil soll vielmehr der fensterputzende Mann als Zeichen für die Aufrichtigkeit und der ‚Wirklichkeit' der Darstellung stehen; er dient als visueller Kronzeuge des authentischen Ablaufs, als Verweisungsstruktur auf die Echtheit. Hier kann nichts wiederholt, keine Szene neu gedreht werden. Hier muss auch aus dem Zufall heraus vonseiten des Mediums ‚improvisiert' werden (Abb. 6.13).

Die Kamera macht dies, indem sie das Putzen des Mannes einfach schneller laufen lässt. D. h., das Band wird in hoher Geschwindigkeit abgespielt, um schnell wieder den Blick auf das Mädchen mit der roten Mütze zu haben, um sogleich auf eine andere Kameraperspektive zu wechseln, die das Geschehen von einiger Entfernung aus „ungefiltert" zeigt. Die Filmproduzenten hätten diese „störende" Szene herausschneiden können, belassen sie aber aus. o. g. Gründen in der Darstellung.

Wirft man nun einen Blick auf die Kleidungsabsprache als Erkennungsmerkmal und die bisherige *narrativen* Struktur der Erzählung, kann man nach kulturellen Mustern und Bildern fragen, nach denen das Geschehen abläuft bzw. an welchen es explizit oder implizit angelehnt ist. Die rote Mütze des Mädchens kann und muss hier als ein Kollektivsymbol betrachtet werden, das die Szenerie aufschlüsselt. Es ist das Märchen vom *Rotkäppchen*, dem Mädchen, das allein durch den Wald geht, unschuldig und unerfahren in der Welt und das unschuldig auf den bösen Wolf ‚wartet'. Das Mädchen mit der roten Mütze – aus dem Korb im Märchen ist in der Jetztzeit ein Rucksack geworden – steht hier einsam im Großstadtdschungel, der unübersichtlich, schnell, drängend und dadurch gefährlich wirkt (Abb. 6.12).

Abb. 6.13 © *Tatort Internet* vom 22.11.2010, RTL 2

Tatsächlich findet sich in dem Bild des Rotkäppchens ebenfalls das ‚Bild im Bild'- bzw. das Verweisungsmotiv wieder. Denn das Märchen vom Rotkäppchen, das ja bereits oberflächlich betrachtet gut zur dargestellten Filmszenerie passt, besitzt selbst einen Deutungsboden, der auf den sexuellen Hintergrund der Sequenz anspielt. Denn eine gängige Interpretation des Rotkäppchenmärchens sieht in ihm eine Warnung vor Vergewaltigung junger Mädchen bzw. Frauen durch die ‚bösen' Männer. Die rote Kappe steht für die einsetzende Pubertät bei jungen Mädchen, die sich durch die Menstruation ausdrückt, aber zugleich auch auf die Jungfräulichkeit anspielen soll. Der böse Wolf steht entsprechend für die bösen Männer und deren sexuellen Absichten und Begierden (vgl. z. B. Stein 2004, S. 35).

Die Jungfräulichkeit wird zudem in einem eingespielten Chatprotokoll, das zugleich das Ende der hier ausgewählten Sequenz markiert, nahezu ausdrücklich angesprochen, indem der Mann fragt: „Und du hast auch noch nie was gehabt mit dem Mann? Du weißt, was ich meine". Die Jungfräulichkeit wird zu einem wesentlichen Moment für den Mann bei der Auswahl seiner *Opfer*.

Das ‚Auffressen' wird daran anschließend ebenfalls thematisiert, wenn der Mann sagt:

> hab echt jetzt schon grosse Lust auf dich
> ja ich find dich lecker hmmm.

Damit werden in frappanter Weise Elemente des *Rotkäppchen*-Märchens aufgenommen, um den aufgenommenen Bildern eine Storyline zu unterlegen. Und diese Storyline zielt auf den moralischen und pädagogischen Impetus, denen sich das Medium bzw. das Format verschrieben hat. Im Hinblick auf die erkenntnisleitenden Fragestellungen dieser Analyse, sollen die wesentlichen Elemente beider Kurzanalysen im Nachfolgenden verdichtet werden.

6.2.3 Verdichtungen im Hinblick auf die Fragestellungen

Das Medium versucht mit einigen Mühen, dem Zuschauer ein Gefühl von Authentizität der Darstellung zu geben. Dabei müssen zwei Ebenen unterschieden werden, denen man die beiden Leitfragen dieses Aufsatzes zuordnen kann. Zum einen inszeniert sich das Medium selbst als echt und ehrlich. Dies tut es z. B. mit dem auf die ‚nackte' Technik reduzierten Fernsehstudio, von dem aus der Moderator die Sendung begleitet, durch die Einblendung „Original Protokolle", wenn es um die Chatgespräche geht, durch das Filmen des Mediums selbst oder dem Einsatz von versteckten Kameras und der Verfremdungstechnik von dargestellten potentiellen Tätern. Um es mit einem Bild auszudrücken: Das Medium steht, einem Zauberkünstler gleich, mit hochgeschobenen Ärmeln auf der Bühne vor den Zuschauern und versucht sie davon zu überzeugen, dass alles, was sich hier abspielt, sich auch wirklich so abspielt, ohne doppelten Boden und ohne Trick. Dennoch weiß der Zauberkünstler (oder hier: das Medium), wie auch der ein oder andere zauberkundige Zuschauer, dass auch dies eine Inszenierung ist. Der Zauberkünstler, respektive das Medium, wollen die Zuschauer durch eine Illusion die Echtheit der Ereignisse, die sich abspielen, vermitteln. Und die Zuschauer wollen ‚hinters Licht' geführt werden. Denn jeder Besucher einer Zauber-, Magier- oder Illusionsschau weiß insgeheim, dass es sich ja nur um eine Illusion handelt, auch wenn er die Illusion als solche nicht durchschaut. So bleibt ein Restzweifel, ob es nicht vielleicht doch ‚echter' Zauber sein könnte. Kommen wir später auf dieses Bild zurück und wenden uns zunächst der Frage zu, welche Rolle dem Zuschauer innerhalb der Sendung zugewiesen wird.

Der Zuschauer soll in die Szenerie einbezogen werden, oder besser: eintauchen können, indem kameranahe Perspektiven und verschiedene Schnitte es ihm erleichtern, an der Darstellung teilzunehmen. Ja, er ist Teil des Teams, wie das Bild oben (Kamera filmt Kamera) verdeutlicht hat. Das Medium offeriert eine „Ästhetik des Performativen" (Fischer-Lichte 2004), die die Ereignishaftigkeit durch die Teilnahme der Zuschauer in den Vordergrund stellt. Die Perspektive Kamera auf Kamera versucht, nicht nur das Medium unverblümt und authentisch zu zeigen (das Medium kämpft gegen sich selbst). Durch den Blick auf alle Beteiligten wird der

Zuschauer zu einem Teil des Ganzen gemacht.[10] Denn die Teilnahme der Zuschauer an der Darstellung ist für das Medium in doppelter Hinsicht wichtig. Es erhöht die Authentizität der Darstellung – und hier sind wir wieder bei dem Bild des Zauberkünstlers. Er lässt einen Zuschauer auf die Bühne kommen und an einer Szene teilnehmen, um der Darstellung Echtheit zu verleihen. Und dieser Zuschauer soll später nach Hause (oder zurück ins Publikum) gehen und dort davon berichten, dass es sich wirklich so zugetragen hat. D. h. dem Zuschauer soll hier die Funktion eines Zeugen zugewiesen werden und z. B. nicht die des Voyeurs. Die Kameras, ob versteckt oder begleitend, geben dem Zuschauer einen *echten* Einblick auf und in das Geschehen, er wird Zeuge von diesem. Und wer Zeuge wird, muss Zeugnis ablegen. Er wird eine eigene Authentizitäts-, d. h. Echtheitsquelle, er kann und muss vor anderen bezeugen, was er da gesehen hat. Und diese Perspektive steht im Einklang mit dem pädagogischen und moralischen Aufklärungswillen der Sendung.

Aber ist denn die Darstellung, die man in der Sendung Tatort Internet dargeboten bekommt nicht echt, ist es nicht eine echte Dokumentation der wirklichen Ereignisse? Dass sich einiges von dem, was man dort sieht, wirklich so abgespielt hat, bleibt an dieser Stelle unbestritten und ohne Bedeutung. Denn zugleich zieht der Autor dieser Zeilen den Schluss, dass sich die Szene vor einem Drehbuch abspielt, das man als modernes Rotkäppchen-Märchen bezeichnen kann. Bereits der erste Satz des für diese Sendung spezifischen Trailers „Es geschieht am helllichten Tag" spielen – wie erwähnt – auf den Film mit Heinz Rühmann „Es geschah am hellichten Tag" an. Und die narrative Struktur dieses Filmes lehnt sich ebenfalls an das Rotkäppchen-Märchens an. Das Filmplakat macht dies visuell deutlich. Für die *Erzählung* in der gezeigten Folge Tatort Internet heißt das: Die Protagonisten, das Setting und auch die „Moral von der Geschichte" des Rotkäppchen-Märchens finden sich deutlich als narrative Struktur und kulturelles Muster in der *RTL 2* Darbietung (Abb. 6.14).

Das blutjunge, jungfräuliche, gerade in die Pubertät gekommene Mädchen, dass – nach vorherigem Chatkontakt mit dem großen bösen Wolf, der bereits sprachliche ‚Fresssymbolik' mit den Ausdrücken „fressen", „lecker" und „hmmm" betreibt – im Großstadtdschungel einsam und verloren auf den Wolf wartet.

Das Gefühl der Verlorenheit und das Bild des Großstadtdschungels werden durch die Kamera in Szene (und damit ist es eine Inszenierung) gesetzt. Die Kamera zoomt von dem Mädchen weg, so dass man als Zuschauer es nur noch aus

---

[10] Es erinnert an Szenen beim Sport – z. B. Handball, Fußball oder Basketball –, wo kurz vor dem Spiel, in der Halbzeitpause oder einem kurzen Time out die Kamera sich in den Kreis oder unter die Spieler mischt und von unten nach oben die Ansprache des Trainers oder des Mannschaftskapitäns wiedergibt. Man hat als Zuschauer das Gefühl, unmittelbar dabei, Teil der Mannschaft zu sein.

Abb. 6.14 © Helmuth Ellgaard (1913–1980) – Holger Ellgaard

einiger Entfernung sehen kann; zugleich sieht man die vielen Menschen, die an es vorbeiziehen bzw. durch das Bild laufen. Die Kameraperspektive verweilt aber nicht in dieser Position, sondern wechselt über einen Schnitt sofort wieder in die unmittelbare Nähe, um so dem Zuschauer nicht das Gefühl zu nehmen – was zuvor mit viel Mühe aufgebaut wurde – Teil des Ganzen zu sein.

Der Zuschauer wird zum ‚wirklichen' Zeugen dieses Märchens bzw. dieser Aufführung (vgl. Fischer-Lichte 2010), er ist und bleibt nicht nur Zuschauer, teilnahmsloser Beobachter oder gar Voyeur, sondern er wird Zeuge oder, um im Märchen zu bleiben: er wird (Mit-)Chronist der Ereignisse, von denen er dann später berichten kann und soll. Die Aufführung – im theaterwissenschaftlichen Sinne – lebt übrigens gerade von der Unmittelbarkeit und Distanzlosigkeit zwischen Bühne und Zuschauer. Die Zuschauer werden konstitutiver Teil der Aufführung (vgl. Fischer-

Lichte 2004, 2010). Da das Medium Fernsehen die Distanz bereits in sich trägt, muss es, wenn es *aufführen* will, durch Inszenierung eine gewisse Distanzlosigkeit und damit Authentizität herstellen. Und der Authentizitätsanspruch („Was Ihr seht, ist echt") wird noch dadurch gesteigert, dass es eine Reihe von meist prominenten Akteuren gibt – der Moderator der Sendung, eingeblendete Schauspieler, Musiker oder Politikergattinen –, die zumindest den Rahmen der Sendung mit ihrer Anwesenheit und Ansprachen bezeugen und adeln. Der Zuschauer wird vom Medium eingereiht in den illustren Kreis der Bezeuger. Dies geschieht nicht von Anfang an, sondern wird durch die Darstellung des Mediums, der Arbeit der Kamera und der dadurch sich vollziehenden Einbettung des Zuschauers erreicht.

Somit lässt sich sagen, dass sich das Medium in der hier untersuchten Sequenz in hohem Maße inszeniert, und zwar um zum einen authentisch zu wirken (vgl. hierzu Bidlo 2008) – das macht die Unmöglichkeit bzw. Paradoxie des Ganzen deutlich – und um zum anderen ein Märchen zu erzählen, an deren Ende eine Moral steht, ein pädagogischer Impuls, der vor solchen Situationen warnt. Auch wenn das Anliegen ehren- und moralvoll ist, versucht das Medium – dem Zauberkünstler auf der Bühne gleich – den Zuschauer hinters Licht zu führen.

Das Besondere an einem Märchen ist seine Unpersönlichkeit. Zwar ‚fiebert' man mit *Rotkäppchen* mit, aber das Märchen bietet die Möglichkeit, die Protagonisten auszutauschen, sich selbst, die eigenen Kinder oder allgemeiner: andere Personen dort einzusetzen, um sie damit dann für sich unmittelbar persönlich werden zu lassen. Und daher lässt sich eine „Moral von der Geschichte" (Reichertz 2011b) erzielen, weil es kein Einzelfall, sondern ein Allgemeinfall darstellen will. Dergleichen findet man in der analysierten Sequenz von Tatort Internet. Alles ist letztlich austauschbar, obgleich man doch versucht, Echtheit herzustellen, Echtheit zu inszenieren: Die Schauspielerin, die auch eine andere sein könnte, der Ort, der auch ein anderer sein könnte und der Täter, der durch seine Unkenntlichmachung jedermann sein könnte und der selbst in der Art und Weise der Kontaktherstellung als ‚typisch' beschrieben wird. Bei der Person des Täters implodiert dann das Spannungsfeld von Inszenierung und Authentizität vollends.

Der Täter – es wird in der Darstellung keinen Zweifel daran gelassen, dass er ein solcher ist – *ist* im juristischen Sinne kein Täter, da die Person, mit der er sich trifft, eine volljährige Schauspielerin ist und damit kein Verbot oder Gesetzesverstoß zum Tragen kommt. Weiterhin lässt man es nicht zu einem Übergriff kommen, sondern löst bereits viel früher die Inszenierung auf und offenbart dem *bösen* Wolf, dass er Teil einer Aufführung war, die mit dem Chatgespräch begann und nun vor Vollzug eines sexuellen Aktes oder des Auffressens des Rotkäppchens aufgelöst bzw. abgebrochen wird. Der Phantasie des Zuschauers bleibt es überlassen – und hier ist aufgrund der Darstellung keine große phantastische Anstrengung

6.2 Das Medium als Inszenierung oder: Das halbe Märchen von ...

nötig –, sich auszumalen, wie es weiter gegangen wäre, wenn das Medium nicht das Setting gestellt (und es sich um ein echtes 13-jähriges Mädchen gehandelt hätte) und die Szenerie rechtzeitig abgebrochen hätte. Der Wolf wird damit maximal zu einem potentiellen, nicht aber zu einem wirklichen Täter im juristischen Sinne. Dergestalt wird die vermeintliche Authentizität vollends als Inszenierung oder – mit Bezug auf diese Sequenz – als (halbes) Märchen vom *Rotkäppchen* ‚entlarvt'. Die Mühen, die sich das Medium und die Kamera machen, um den Zuschauer zu seinem Verbündeten zu machen und ihm die Echtheit der Darstellung weismachen will – die dann später von ihm bezeugt werden soll –, können die Inszenierungen des Mediums nicht verschleiern.

Schaut man von diesem Aspekt des Märchens auf einen größeren Rahmen und sucht nach einer Matrix, einer Struktur oder einem Bild, welche das Medium in dieser Sequenz in seiner Funktion beschreiben kann, so kann man das Medium hier als eine moderne Wanderbühne bezeichnen (vgl. Bidlo 2009). Die Wanderbühnen mit ihren Wandertruppen zogen mit ihren Wagen auf der Suche nach einem adäquaten *Spiel*platz von Ort zu Ort, Kostüme, Bühnentechnik und Maschinerie immer dabei. Aufgrund der wechselnden Örtlichkeiten war die Bühne bzw. der Bühnenaufbau entsprechend unterschiedlich gestaltet, aber so, dass es schnell und direkt aufgebaut und Einsatz finden konnte. Die transportable Bühne einer Wandertruppe musste aufgrund der verschiedenen Umgebungen schnelle und vielfältige Verwandlungsmöglichkeiten bieten (vgl. auch Maurer-Schmoock 1982, S. 11). Die fahrenden Schauspieler übernahmen eine wichtige soziale und kulturelle Funktion innerhalb der Gesellschaft. Sie waren zum einen die Nachrichtentransporteure, die – weit herumgekommen – über Geschichten und Ereignisse aus den jeweils bereisten Gebieten erzählen konnten. Zum anderen waren sie durch die Darbietung von Possen und Komödien, die auch ein höfisches Geschehen thematisierten, Moderatoren dieses Geschehens. Die Handlung in den Stücken der Wanderbühne war geprägt von der Scheinhaftigkeit der Welt. Im späten 18. Jahrhundert wandelte sich die Wanderbühne in ihren dargebotenen Inhalten verstärkt von einer zuvorderst affektiv orientierten Unterhaltung hin zu einer mehr und mehr aufklärerischen Darstellung, die Themen der Rationalität, Aufklärung oder sittlich-moralisches Handeln aufnahm und zeigte und die Wanderbühne solcherart zu einer moralischen Anstalt, zu einer Sittenschule wurde. All diese Aspekte der klassischen Wanderbühne – Mobilität, Unmittelbarkeit und dadurch generierende Authentizität und den Anspruch auf die Darstellung und Vermittlung von sittlich-moralischem Handeln – wurden oben ebenfalls in der Sequenz von „Tatort Internet" identifiziert. Daher kann man zu Recht ihre Funktion mit der der historischen Wanderbühne vergleichen.

6.2.4 Abschluss – Medium als Akteur

Das Medium, hier in Form des korporierten Akteurs *Tatort Internet* von *RTL 2* tritt hier als Akteur und Initiator in einem Feld der Inneren Sicherheit auf. Es besetzt eine von ihm proklamierte Leerstelle, die von Gesetzgeber, Gesellschaft und anderen Medien bisher nicht gesehen und geschlossen wurde. Es stellt eindeutige Forderungen auf: on-air ist es „Schützt endlich unsere Kinder!", off-air sollen neue Gesetze angestoßen werden, die bereits das „Anbandeln", also den Versuch der Kontaktherstellung mit dem Ziel sexueller Handlungen an Minderjährigen, unter Strafe stellen. Das Medium berichtet also nicht nur über eine vermeintliche Straftat, sondern setzt ein Setting, um solche Straftaten selbst zu erzeugen. Es ist kein Vermittler mehr – zumindest nicht in erster Linie –, sondern es ist Ankläger und Richter in einem. Und erst daran anschließend versucht es, seine Sicht auf die Dinge, seine Überzeugungen in diesem Feld zu vermitteln. Dabei zielt das Format „Tatort Internet" nicht auf eine unmittelbare Aktivierung der Rezipienten und deren Mithilfe. Aber es fordert eine gesellschaftliche (Selbst-)Bestätigung seines Handelns ein, indem es durch die Darstellung den Zuschauer auf seine Sicht und Handlungen *einschwören* will. Und durch die (angestrebte) gesellschaftliche Zustimmung wird das Medium dann gestärkt in dem Diskurs der Inneren Sicherheit, seine Stimme wird gewichtiger und wichtiger und es gewinnt zusätzlich an gesellschaftlich relevantem und damit ökonomisch wichtigem Profil. Diese Profilarbeit wird jedoch nicht durch dokumentarische und vermittelnde Darstellungen geleistet, sondern durch klare narrative Strukturen, mit denen die Bildergeschichten unterlegt sind, und durch entsprechende Inszenierungen. Das Medium ist dergestalt kein Aufklärer, sondern *inszeniert* sich als Aufklärer. In der Hoffnung, dass die Inszenierung unbemerkt bleibt, soll der Zuschauer als Kronzeuge und Chronist die Echtheit der Darstellung bezeugen.

6.3 „Leihen Sie Ihrer Polizei Ihre Augen und Ohren…" oder: die Mutter der Fahndungsshows im Wandel der Zeit

Jo Reichertz

> Der Rundfunk müsste demnach aus dem Lieferantentum herausgehen und den Hörer als Lieferanten organisieren.
> Bertolt Brecht (1968): Der Rundfunk als Kommunikationsapparat

6.3.1 Die frühen Tage von *Aktenzeichen XY… ungelöst*[11]

Am 20. Oktober 1967 änderte sich für die deutsche Verbrechensbekämpfung die Welt. Denn an diesem Tag, inmitten des aufkeimenden Studentenprotests und inmitten des sich dort artikulierenden Wunsches nach bedingungsloser Selbstbestimmung, trat im Zweiten Deutschen Fernsehen (*ZDF*) um 20 Uhr ein neuer Akteur auf, der den Charakter der deutschen Kriminalitätsrepression massiv veränderte: In deutschen Wohnzimmern (dort stand der Fernseher damals noch) flimmerte nämlich (wenn auch noch in Schwarz-Weiß) zum ersten Mal die Sendung *Aktenzeichen XY… ungelöst* über die Bildschirme. Ihr biederer, etwas stämmiger Moderator, der gelernte Vermessungstechniker und später ins Journalistenfach gewechselte Eduard Zimmermann (38), verkündete im dreiteiligen Anzug, weißem Hemd und Krawatte den überraschten Zuschauern die berühmt gewordenen und oft zitieren Worte: „Den Bildschirm zur Verbrechensbekämpfung einzusetzen, das, meine Damen und Herren, ist der Sinn unserer neuen Sendereihe *Aktenzeichen XY… ungelöst*".[12]

---

[11] Erst nach Fertigstellung des Artikels wurde mir der Aufsatz von Isabell Otto (Otto 2004) über die Sendung *Aktenzeichen XY…ungelöst* und die Masterarbeit von Nadja Freund (Freund 2008) bekannt. Sie wählen beide einen sehr ähnlichen Einstieg wie ich, argumentieren dann jedoch sehr unterschiedlich. Die Ähnlichkeiten ergaben sich also zufällig, nicht gewollt.

[12] Genau genommen war *Aktenzeichen XY … ungelöst* nicht die erste Fahndungssendung in der deutschen Fernsehgeschichte. Genau 28 Jahre zuvor, nämlich am 4. Juli 1938, wurde im nationalsozialistischen Deutschland (und zwar nur in Berlin) die Sendung *Die Kriminalpolizei warnt!* in die deutschen Fernsehstuben, also die Orte, an denen man sich in den Kindertagen des Fernsehens gemeinsam gegen kleines Entgelt in großen und kleinen Gruppen dem Fern-Sehen hingab (Seegers 1997; Reichertz 2009, S. 20 f.), ausgestrahlt. In dieser, bis 1939 produzierten Sendung wurden die Bürger von Kriminalbeamten über aktuelle Verbrechen informiert (vgl. grundlegend hierzu Pinseler 2006, S. 41 ff., 2010, S. 76 und vor allem: Winker 1994, S. 227).

Kriminalität wachse fünfmal[13] schneller als die Bevölkerung, so Zimmermann in seiner Moderation weiter, und Polizei und Staatsanwaltschaft würden ihrer nicht mehr Herr. Deshalb sei es Zeit, mit dem neuen Medium ‚Fernsehen' der Polizei zu helfen. Jeder am Bildschirm sei gefordert, bei der Aufklärung von Verbrechen zu helfen und für Hinweise gäbe es bis zu 6.000 Mark Belohnung – was für die damalige Zeit ziemlich viel war. Und: „Jeder von Ihnen kann heute helfen, dass die Fälle nicht ungelöst bleiben".[14] Die Zuschauer konnten – auch das war neu – während der Sendung anrufen und ihre Beobachtungen den Mitarbeitern/innen von Zimmermann live mitteilen.

Kein Anruf von Zuschauern blieb (so schien es) ungehört. Schon während der Sendung – so konnte man in der Sendung sehen, gingen viele Hinweise bei den viel beschäftigten Telefonistinnen ein. Und Zimmermann verkündete bereits in der laufenden Sendung, welche wichtigen Hinweise eingetroffen waren und dass die Polizei just in dem Moment (also live) den Hinweisen nachginge. Zu der Sendung und damit zur Öffnung des Rückkanals gehörte auch noch die etwa 10-minütige, schnell nach der ersten Sendung eingeführte Ergebnissendung zu später Stunde. Hier wurde ein Überblick über die Zuschauerreaktionen gegeben, erste Erfolgsmeldungen verkündet und über die aktuellen Aktivitäten der Polizei berichtet. Somit war auch der Zuschauer auf dem neusten Stand der Erkenntnisse. Kurz: Der ganze Freitagabend war für die, die es so wollten, *ein Aktenzeichen XY... ungelöst -Abend*. Auch das war neu.

Mit diesem Konzept forderte *Aktenzeichen XY... ungelöst* zweifellos von dem Zuschauer eine Aktivierung[15] – sie sollten daheim am Bildschirm „Bleistift und Papier bereithalten" (Zimmermann) gegebenenfalls vom Sofa aufstehen und zum Telefonhörer greifen und *Aktenzeichen XY... ungelöst* (also nicht die Polizei!) zu verständigen. Anfangs gab es auch noch den Tipp von Zimmermann, „die Fahndungsfotos zur besseren Erinnerung vom Bildschirm abzufotografieren" (Ummenhofer und Thaidigsmann 2009, S. 25). Das Besondere war, dass sich die Zuschauer aktivieren ließen und tatsächlich anriefen. Wie viele der Millionen Zuschauer sich

---

[13] Diese Aussage von Zimmermann war so nicht richtig. Laut Kriminalitätsstatistik stieg die bekannt gewordene Kriminalität im Wirtschaftswunderland der 1960er Jahre nur *drei*mal schneller als die Bevölkerungszahl (vgl. Ummenhofer und Thaidigsmann 2009, S. 17). In seinem Buch nennt Zimmermann dagegen die richtige Zahl. Dort spricht er von „dreimal" (Zimmermann 1969, S. 46).

[14] Vgl. http://www.youtube.com/watch?v=9TywYZ3XeN4 – zuletzt aufgerufen am 4. Okt. 2011. Das Video wurde jedoch bereits gelöscht.

[15] In seinem Buch *Das unsichtbare Netz* berichtet er, dass er an eine breit angelegte Fahndungssendung gedacht hatte, „bei der die Bereitschaft der Bürger zur Mithilfe aktiviert werden kann" (Zimmermann 1969, S. 49).

wirklich aktivieren ließen, darüber wurden bis heute noch keine aussagekräftigen Zahlen veröffentlicht. Ob die Zuschauer auch die Fahndungsfotos abfotografierten, wissen wir ebenfalls nicht, da es zur damaligen Zeit und bei dem damaligen Stand der Kommunikationsforschung noch keine Nutzungs- und Aneignungsstudien gab.

Für den weiteren Erfolg von *Aktenzeichen XY... ungelöst* war sehr wesentlich, dass genau 14 Minuten nach der ersten Sendung der erste gesuchte (mutmaßliche) Täter aufgrund der Hinweise der Zuschauer von der Polizei in Bad Neuenahr gefasst wurde – also in das vom Fernsehen ausgelegte ‚unsichtbare Netz' (so ein Buchtitel von Zimmermann – Zimmermann 1969) gegangen war. Das machte große Schlagzeilen und zeigte, dass Fernsehen wie Zuschauer in der Lage waren, tatsächlich der Polizei zu helfen, Kriminelle dingfest zu machen. Dem Fernsehen gelang es somit tatsächlich, den Zuschauer als Lieferanten von nützlichen Informationen zu aktivieren. Die Utopie von Brecht aus dem Jahr 1923 (Brecht 1968, siehe Motto des Beitrags) war somit Wirklichkeit geworden – auch wenn er sich die Aktivierung des Zuschauers gewiss anders vorgestellt hatte.

Bis zu diesem Zeitpunkt hatte das Fernsehen ausschließlich in Nachrichtensendungen über reale kapitale Verbrechen in Deutschland berichtet oder hatte zur Unterhaltung Filme oder Serien gezeigt,[16] in denen Verbrechen begangen und die Verbrecher selbst am Ende regelmäßig ermittelt und eingesperrt wurden. Die Zuschauer damit zu unterhalten – so das von Zimmermann eigenständig entwickelte Konzept[17] –, dass sie selbst dem Fernsehen und der Polizei durch ihre Mitarbeit dabei helfen, richtige Verbrecher zu fangen – das war damals (nicht nur) in Deutschland völlig neu. Entsprechend gab es nicht nur Zustimmung, sondern die Sendung rief flächendeckend Kritik und teils heftige Ablehnung hervor – nicht nur bei den sich als kritisch verstehenden Bürgern, sondern auch bei vielen Polizisten.

Oft war wegen der ausgelobten Belohnungen damals öffentlich von „Kopfgeldjagd" oder „Aufforderung zum Denunziantentum und zur Menschenjagd" (so

---

[16] Gemeint sind hier *Polizeibericht* oder *Stahlnetz* – beide von Jürgen Roland produziert oder die Durbridge-Filme, die damals noch echte Straßenfeger waren.

[17] Später gefragt, wie er zu dem Konzept kam, antwortet Zimmermann: „Ich erinnere mich noch sehr genau. Ich hatte schon vor *Aktenzeichen XY ... ungelöst* eine Sendung in enger Zusammenarbeit mit der Polizei produziert. Diese Sendung, sie hieß *Vorsicht, Falle!*, diente in erster Linie der Verbrechensprävention. Bei dieser Tätigkeit habe ich die Arbeit der Kripo sehr schätzen gelernt und erkannt, wo genau die Polizei der Schuh drückt. Von da bis zu *Aktenzeichen XY ... ungelöst* war es dann nur ein kurzer Weg. Ich wollte das Fernsehen nicht nur für die Vorbeugung, sondern auch für die repressive Verbrechensbekämpfung und die Fahndung nutzen. *Aktenzeichen XY ... ungelöst* hat die ältere Schwester *Vorsicht, Falle!* in der öffentlichen Bedeutung dann überflügelt" (Zimmermann 2006).

z. B. in Novak und Karasek 1970[18]) die Rede – weshalb der Sender, also das *ZDF*, und Eduard Zimmermann sich vor Gericht gegen den Vorwurf der ‚Verletzung der Menschenwürde' (mit Erfolg) verteidigen mussten. Eduard Zimmermann, von Freunden wie Kritikern mal abschätzig, mal anerkennend gern auch ‚Ganoven-Ede' genannt, hatte viele Jahre zu kämpfen, bevor er vielen Bürgern als ‚Deutschlands bekanntester Verbrecherjäger' und den Medienmachern als ‚sicherer Quotenbringer' galt (in den ersten Jahren hatte die Sendung eine aus heutiger Sicht unheimliche Quote von bis zu 79 % und war damit lange Zeit die erfolgreichste Sendung im deutschen Fernsehen).

Der Erfolg von *Aktenzeichen XY… ungelöst* war so groß, dass auch die Nachbarländer teilhaben wollten: Österreich beteiligte sich im März 1968 an der Sendung, ein Jahr später kam noch die Schweiz hinzu.[19] Es war die erste konzertierte Verbrecherjagd im deutschsprachigen Europa – weshalb sie ab 1969 als Eurovisionssendung lief. Ab 1975 wurde der mediale Kampf gegen das Verbrechen dann in Farbe ausgestrahlt.

Dass die Kritik an *Aktenzeichen XY… ungelöst* so massiv war, hing wohl auch mit dem politischen Klima in den späten 1960er und den frühen 1970er Jahren zusammen. Zimmermann erschien vielen Kritikern nämlich als ein Mann, der für Law and Order stand und somit damals nicht in die neue Zeit des demokratischen Aufbruchs passte, diesem sogar skeptisch gegenüberstand. So nannte Heinrich Böll die Sendung ein „muffiges Grusical für Spießer"[20] (ein Zitat, das vor allem von Zimmermann selbst immer wieder in Umlauf gebracht wurde), für Ulrike Meinhof war *Aktenzeichen XY… ungelöst* schlicht ein „großangelegter, phantastischer Massenbetrug" (Meinhof 1980, S. 161) und letztlich eine Testsendung um festzustellen, „inwieweit Kriminelle sich als Hassobjekte in Deutschland und Österreich eignen" (ebd., S. 164).

---

[18] Einen guten Einblick in die damalige Stimmung bei Gegnern und Befürwortern liefert die am 2. Oktober 1970 ausgestrahlte Reportage von Wilhelm Bittorf mit dem Titel „Zimmermanns Jagd" (http://www.youtube.com/watch?v=H2lvLaA0DZs zuletzt aufgerufen am 2. Okt. 2011). Das Video wurde bereits gelöscht.

[19] Später machte auch die Niederlande einen Versuch, sich an *Aktenzeichen XY… ungelöst* zu beteiligen. Verkauft wurde das Konzept seit 1982 an Großbritannien, Irland, Italien, Israel, Niederlande, Polen, Schweden, Ungarn und die USA.

[20] In der Langfassung lautete das Zitat so: „Die nach Indizien zurechtdramatisierten Spielfilmrekonstruktionen, die Herr Zimmermann als Illustration zeigt, sind doch nichts weiter als miese Grusicals für den Spießer, der in Pantoffeln dasitzt, Bier trinkt und glaubt, er würde zum Augenzeugen, wo er doch nur einer undurchsichtigen Mischung von fact und fiction zuschaut, gelegentlich solchen, in denen Leichenteile die Hauptrolle spielen. Wie wär's, wenn Herr XY Zimmermann einen, der immer noch gesuchten Naziverbrecher in der heiligen Krimistunde suchen ließe?" (Böll 1972).

Aktenzeichen XY… ungelöst war also bei näherer Betrachtung nicht eine Einzelsendung, die Freitagabends um 20:15 Uhr ausgestrahlt wurde, sondern *Aktenzeichen XY… ungelöst* war die erste Crossmedia-Sendung. Erst einmal gehörten zum Gesamtpaket die Hauptsendung, dann die späte Ergebnissendung, dann die Erfolgsmeldungen in den Nachrichten und schlussendlich auch die Berichterstattung in den Printmedien. Hinzu kamen Bücher und Zeitschriftenartikel, die Zimmermann regelmäßig schrieb, und im Jahr 1970 auch das Brettspiel *Aktenzeichen XY… ungelöst*, das zuhause im Kreis der Familie gespielt werden konnte.

Auch die Wissenschaft und vor allem das Feuilleton nahmen sich dieser Sendung an (siehe hier die Literatur in Pinseler 2006). Vieles, sehr vieles wurde bereits geschrieben: Im Schnitt überwog die Kritik, Lob gab es von der Wissenschaft selten. Zu den wenigen Lobreden gehörte das Gutachten des Pioniers der Medienpädagogik, des Hildesheimer Medienforscher Heribert Heinrichs – zu der damaligen Zeit ein Mann, der vehement für einen Gewaltverzicht im Fernsehen plädierte und die These vertrat, dass die TV-Gewalttätigkeit „mit schuld ist an der zunehmenden Verrohung unserer Gesellschaft" (zitiert nach Spiegel 49/1971, S. 154).[21] Der Hildesheimer Pädagoge stellte im Juni 1969 in seinem Untersuchungsbericht mit Bezug auf *Aktenzeichen XY… ungelöst* fest: „Diese Sendung übt auf die Zuschauer einen äußerst positiven Einfluss aus. (…) Durch Befragungen und Reaktionsanalysen von Zuschauergruppen ließ sich beweisen, dass der Abscheu vor Verbrechen besonders bei jungen Menschen mit jeder Sendung wächst" (Teile des Gutachten abgedruckt in Zimmermann 1969, S. 349; teilweise auch ähnlich zitiert in Ummenhofer und Thaidigsmann 2009, S. 29). Wegen seiner deutlichen, die Zeit der späten 1960er Jahre kennzeichnenden Aussagen, verdient es das Gutachten, weiter zitiert zu werden, so heißt es weiter: „Die bei unseren üblichen Fernsehkrimis beobachtbare Entstehung von Verbrechensbereitschaft im Inneren junger Zuschauer, das so genannte Mördersyndrom, lässt sich bei der Sendereihe von Eduard Zimmermann nicht verifizieren. Im Gegenteil! Hier drängt eine Dramaturgie der Gerechtigkeit zu permanenten Gewissenserforschung und gezielten Abwehr aufkommender krimineller seelische Dispositionen" (Zimmermann 1969, S. 349).

Angesichts der Fülle der Literatur ist es heute gar nicht so einfach, überhaupt etwas Neues über *Aktenzeichen XY… ungelöst* zu erkennen und zu schreiben. Alles scheint (und ist möglicherweise) schon gesagt. Es stellt sich also die Frage, weshalb man heute dennoch über das alte und neue *Aktenzeichen XY… ungelöst* forschen und schreiben sollte? Eine Antwort auf diese Frage ist, dass die Vergangenheit unter

---

[21] Aus historischer Perspektive ist interessant (auch um den „Zeitgeist" zu erfassen), dass der Direktor des Süddeutschen Rundfunks, Horst Jaedicke, damals dem Spiegel zu Protokoll gab, in Zukunft „keine Krimis mehr in sein Programm aufzunehmen" (Spiegel 49/1971, S. 155). Zum Glück war das nicht sein letztes Wort.

dem Licht der Gegenwart immer wieder anders aussieht und anderes preisgibt, dass aber auch von der Gegenwart im Vergleich zur Vergangenheit anderes sichtbar wird. *Aktenzeichen XY... ungelöst* ist die Blaupause aller Fahndungssendung. Von ihr haben sich alle Nachfolgesendungen (auch die aktuellen Folgen von *Aktenzeichen XY... ungelöst*) anregen lassen und dann ihr eigenes, zur jeweiligen Zeit passendes Konzept entwickelt. Vor diesem Hintergrund zeichnen sich deshalb die Besonderheiten der aktuellen Fahndungssendungen besonders deutlich ab – vor allem, wenn man den Fokus der Untersuchung auf die wichtige Frage nach der Aktivierung der Zuschauer legt.

Weil also die Analyse des alten und neuen Formats der Sendung *Aktenzeichen XY... ungelöst* vor der Frage nach der Art und Funktion der Aktivierung der Zuschauer Sinn macht, habe ich für diesen Aufsatz 10 Sendungen von *Aktenzeichen XY... ungelöst* mit Eduard Zimmermann aus den Jahren 1967 bis 1999, die auf *Youtube* verfügbar waren,[22] und 10 Sendungen mit Rudi Cerne aus den Jahren 2010 und 2011 angesehen und hermeneutisch interpretiert. Auf die Durchführung von detaillierten Sequenzanalysen (Reichertz und Englert 2011, allgemein zu Videoanalyse: Corsten et al. 2010) wurde wegen der Fülle des Materials verzichtet. Statt dessen wurde vor dem Hintergrund einiger exemplarischer Feinanalysen vor allem summarisch interpretiert – was bedeutet, dass nicht nach der Bedeutungsstruktur einzelner Sequenzen gesucht wurde, sondern nach dem Muster, das die Sendung als Ganze verbindet und zugleich kennzeichnet. Fokus der Analysen war in diesem Falle jedoch nicht die Darstellung der einzelnen Kriminalfälle, sondern die *persona* (Horton und Wohl 2001[23]), also der dargestellte personale Typus der jeweiligen Moderatoren. Es geht also im Weiteren nie um die ‚wirkliche' Persönlichkeit des Moderators, da diese in Fernsehdarstellungen grundsätzlich maskiert ist, sondern allein um die öffentlich präsentierte Persönlichkeit.

Die Konzentration auf die persona der Moderatoren schien besonders sinnvoll, da der Moderator immer als Akteur auftritt, jedoch seine Akteursrolle systematisch variieren kann. Um typische Variationen der persona-Darstellung aufzeigen zu können, wird am Ende kontrastiv auch noch die Darstellung der Moderatorin von *Zeugen gesucht – mit Julia Leischik* in die Analyse miteinbezogen. So kann das Variationsspektrum der typischen Moderatorrollen besonders deutlich gezeigt werden.

---

[22] Leider sind einige der hier verwendeten Videos auf *Youtube* aufgrund von Beanstandungen der Urheber (*ZDF*) aus dem Netz entfernt worden.

[23] Das persona-Konzept von Horton/Wohl bezieht sich auf nicht-fiktionale Radio- und Fernsehsendungen und besagt, dass dort auftauchende reale Charaktere, also Showmaster, Moderatoren, etc. nie selbst sind, sondern eine bestimmte, fest umrissene und stabile „Maske" (= persona) darstellen und mit dieser dargestellten Identität eine gute Projektionsfläche für parasoziale Beziehungen abgeben. Letztere sind ein wichtiges Mittel der Medien zur Erlangung von Zuschauerbindung (vgl. auch Vorderer 1996).

6.3.2 Kleine Geschichte von *Aktenzeichen XY... ungelöst*

Die Sendung *Aktenzeichen XY... ungelöst* wurde 30 Jahre, also bis zum 24. Oktober 1997, in einem fast unverändertem Format produziert und ausgestrahlt. Es war eine Sendung mit „maximaler Stetigkeit" (Ummenhofer und Thaidigsmann 2009, S. 82). Dann übernahm nach der 300. Folge Dr. Butz Peters, ein promovierter Jurist auf ausdrücklichen Wunsch von Eduard Zimmermann die Moderation – zusammen mit der Tochter von Eduard Zimmermann – Sabine Zimmermann. Auch das zeigt, wie persönlich Zimmermann seine Sendung nahm. Butz Peters verantwortete mit seiner gebremsten Emotionalität nur 41 Folgen von *Aktenzeichen XY... ungelöst*. Seit dem 18. Januar 2002 moderiert der ehemalige Eiskunstlaufeuropameister und spätere Sportjournalist Rudi Cerne die Sendung. Er wurde von den ZDF-Verantwortlichen ins Spiel gebracht, nachdem der „Kühle aus dem Norden" bei den Zuschauern nicht so recht ankam.

In den ersten Jahren wurde *Aktenzeichen XY... ungelöst* 10 Mal im Jahr gesendet, jeweils freitags abends. Die Sendung dauerte 60 Minuten und sie wurde – das ist ein wesentlicher Punkt: live gesendet. Mittlerweile dauert die Sendung 90 Minuten, wird seit 2008 mittwochabends um 20:15 ausgestrahlt und wird immer noch live gesendet. Letzteres unterscheidet sie von allen anderen Fahndungssendungen im deutschsprachigen Bereich, die durchweg „aus der Konserve" kommen (siehe auch Englert 2012). Fest zum Format von *Aktenzeichen XY... ungelöst* gehörte eine etwa 10-minütige Spätsendung mit Zuschauerreaktionen. In diesem zweiten Teil von *Aktenzeichen XY... ungelöst* verlas Eduard Zimmermann, in welchen der vorab gezeigten Fällen Zuschauer der Polizei Hinweise gegeben hatten und welche aussichtsreich erschienen, oder er ließ sich per Live-Schaltung von den Studios in Österreich und der Schweiz berichten, ob es dort Fortschritte bei der Ermittlung gab.

Die Hochzeit von *Aktenzeichen XY... ungelöst* war mit dem Weggang von Eduard Zimmermann vorbei. Die Einschaltquoten sanken deutlich.[24] Im Dezember 2002 stieg das österreichische Fernsehen mangels Nachfrage aus der Produktion der Sendung aus, ein Jahr später folgte (auch) das schweizerische Fernsehen. Ebenfalls 2003 wurde die Spätsendung mit den ersten Reaktionen der Zuschauer und

---

[24] „So kam es, dass neben dem allgemeinen Quoten-Abwärtstrend für *Aktenzeichen XY... ungelöst* seit Beginn der Neunzigerjahre, vor allem seit Ende 1999, nun auch die starke Konkurrenz voll durchschlug. Es häuften sich Sendungen, in denen *Aktenzeichen XY... ungelöst* in Deutschland gerade einmal viereinhalb Millionen Zuschauer vor dem Fernseher lockte – der Marktanteil sank um 16–18 %. Im Jahresdurchschnitt 1999 waren es 5,3 Mio. Zuschauer, im Im Jahr 2000 gab es durchschnittlich gerade noch 4,7 Mio. *Aktenzeichen XY... ungelöst* -Seher. Zu wenig sei das, beschieden die Verantwortlichen – und suchten das Konzept zu modernisieren. ‚Anpassung an heutige Sehgewohnheiten' lautete das Zauberwort" (Ummenhofer und Thaidigsmnn 2009, S. 81).

ersten „Erfolgsmeldungen" eingestellt. Von 2005 bis 2007 wurde die Sendung nur 10 mal ausgestrahlt, seit 2009 wegen gestiegener Einschaltquoten wieder 12 mal.[25] Aktuell, also 2012, erreicht die Sendung immer noch zwischen 14 % und 16 % der Zuschauer.

Die Sendung ist nicht nur für Jugendliche interessant, sondern soll auch „das beliebteste Format im Knast" sein (Ina-Maria Reize auf einer öffentlichen Veranstaltung im Jahr 2006). Für die Polizei ist *Aktenzeichen XY... ungelöst* eine feste Größe geworden, die immer dann in Anspruch genommen wird, wenn alle normalen polizeilichen Mittel ohne Ergebnis ausschöpft wurden. Wie sehr sich *Aktenzeichen XY... ungelöst* bei der Polizei etabliert hat, zeigt sich auch daran, dass das Bundeskriminalamt ein eigenes Merkblatt zur Nutzung der Sendung erstellt hat (BKA Beilage zum Bundeskriminalblatt Nr. 9 vom 12. Januar 1996).

Mittlerweile (Stand: Februar 2012), wird *Aktenzeichen XY... ungelöst* seit 45 Jahren ausgestrahlt und ist damit neben Sendungen wie der *Tagesschau*, der Ziehung der *Lottozahlen*, des *Worts zum Sonntag* und von *Vorsicht Falle* eine der langlebigsten und erfolgreichsten Sendungen im deutschen Fernsehen. In 450 Sendungen wurden bis September 2011 insgesamt über 1.700 Kriminalfälle berichtet.

Eine Besonderheit von *Aktenzeichen XY... ungelöst* sind von Beginn an (und an der seitdem eisern festgehalten wurde) die regelmäßigen Erfolgsmeldungen, die über die gesamte Sendung verteilt werden. Diese Meldungen werden entweder nur von dem jeweiligen Moderator vorgetragen oder aber sie werden durch die Einblendung von Zeitungsausschnitten bebildert und belegt. So wird systematisch der Eindruck nahe gelegt, zwischen Festnahme eines Täters und dem in der Sendung getätigten Aufruf zur Mithilfe bestünde ein ursächlicher Zusammenhang. Tatsächlich werden aber die ursächlichen Zusammenhänge (auch das ist eine Besonderheit von *Aktenzeichen XY... ungelöst*) meist im Dunkeln gelassen.

Die Erfolgsstatistiken (die veröffentlichten Aufklärungsquoten schwanken zwischen 35 bis 45 % der Fälle) werden gerne und oft vorgetragen. Was genau nun zur Ergreifung des Täters führte, das wird in den Sendungen (und auch andernorts) weder erläutert noch ausführlich berichtet, sondern es wird lediglich konstatiert, dass es zu Festnahmen kam, dass ein Fall „aufgrund von Zuschauerhinweisen" geklärt wurde. Zu diesem Komplex der gezielten Eindruckserweckung, dass *Aktenzeichen XY... ungelöst* ursächlich an der Verbrechensaufklärung beteiligt gewesen sei, gehört auch der Sachverhalt, dass die Kriterien für die Erfolgsstatistik entweder nicht genannt werden oder doch recht unklar sind: Wann genau führt die Redaktion der Sendung *Aktenzeichen XY... ungelöst* die Ergreifung eines Täters auf die Fernsehhilfe zurück? Wann erklärt sich die Ergreifung des Täters durch die parallel laufen-

---

[25] Siehe de.wikipedia.org/wiki/Aktenzeichen_XY_..._ungelöst – letzter Zugriff 4. Okt. 2011.

den Polizeiaktivitäten? Wann hat die Sendung bei dem Täter zu Verhaltensweisen geführt, die zu dessen Ergreifung führten, bzw. wann hat er sich selbst gestellt?[26]

Zu diesem Komplex der Verunklarung gehören auch die fehlenden Auskünfte über die tatsächliche Anzahl der Zuschauerreaktionen. Bei einer Sendung, die so vieles zählt und dokumentiert, fällt auf, dass genaue Zahlen fehlen. Es wäre sehr interessant zu wissen, wie viele der Millionen Zuschauer sich jeweils aktivieren ließen, der Polizei Augen und Ohren zu leihen. Dass die tatsächliche Aktivierung sehr maßvoll ausfällt, legt zumindest die im Jahr 1969 erstellte Infratest-Studie nahe, die konstatiert: „Die Bereitschaft zu aktiver Mitarbeit (...) kommt dabei in den Zitaten nicht sehr häufig zum Ausdruck" (vgl. Zimmermann 1969, S. 343). Interessant wäre es zudem, einmal zu ermitteln, ob die Gruppe der Anrufer etwas verbindet (Sozialschicht, Geschlecht, Betroffenheit etc.). Eine solche Aufklärung wäre von soziologischem Interesse, würde sie doch Auskünfte über die Anzeigekultur der Deutschen im Laufe der letzten vier Jahrzehnte liefern.

Aktenzeichen XY... ungelöst ist Anfang 2012 immer noch eine der erfolgreichsten Fernsehsendungen im deutschsprachigen Europa und gewiss die erfolgreichste unter den aktuellen Fahndungssendungen im deutschen Fernsehen, wenn man die Einschaltquote als Maßstab benutzt. Allerdings haben sich, im Vergleich zu den Anfangstagen, Gesicht und Aufmachung der Sendung geändert. Der Weggang von Eduard Zimmermann stellte eine tiefe Zäsur dar, so dass man mit Recht von einem Fernsehformat mit und ohne Zimmermann sprechen kann. Welches Gesicht und welche Aufmachung *Aktenzeichen XY... ungelöst* im Jahr 2012 hat, soll im Vergleich mit dem alten Zimmermann-Format (und dem ganz aktuellen Format *Zeugen gesucht – mit Julia Leischik*) im Weiteren herausgearbeitet werden.

6.3.3 Die Botschaft von *Aktenzeichens XY... ungelöst* unter Eduard Zimmermann

Die Sendung *Aktenzeichen XY... ungelöst* hatte (und hier ist erst einmal nur *Aktenzeichen XY... ungelöst* in der Verantwortung von Eduard Zimmermann gemeint) zweifelsfrei über die Unterhaltung der Zuschauer hinaus auch nachhaltige gesellschaftliche Folgen. So überbrachte sie damals der westdeutschen Gesellschaft die schlechte Botschaft, dass es in Deutschland immer noch Verbrecher gibt, dass es sogar sehr viele Verbrecher in Deutschland gibt und dass deren Anzahl unverhält-

---

[26] Dass diese Problem nicht unbekannt ist, erkennt man auch daran, dass z. B. die Erfolgsstatistik von 2004 mit dem Hinweis versehen wurde: „Hinweis: Nicht alle dieser Fälle wurden unmittelbar von *Aktenzeichen XY...ungelöst* -Zuschauern, sondern einige davon auch durch anderweitige Fahndungsfortschritte gelöst" (Ummenhofer und Thaidigsmann 2009, S. 241). Aber selbst hier bleibt man im Vagen.

nismäßig steigt. Verbrechen, so die heimliche Botschaft weiter, gibt es nicht nur in Romanen und Filmen zum Zwecke der Unterhaltung der Leser und Zuschauer, sondern es gibt sie auch tatsächlich – und zwar in Jedermanns Alltag.

Damit brachte *Aktenzeichen XY... ungelöst* das Verbrechen in die Lebenswelt der Zuschauer, denn *Aktenzeichen XY... ungelöst* zeigte mit seiner durchgängigen Inszenierungsstrategie, dass das Verbrechen jeden treffen kann und nicht nur die, die es verdienen. Verbrecher, so die Botschaft von *Aktenzeichen XY... ungelöst*, berauben nicht nur ihresgleichen und die Reichen in den Villenvierteln, sondern und vor allem die kleinen Leute, die Wehrlosen, die Alten und die Gutwilligen. „Mitten im Alltag brach das Unheil über die Opfer herein. Kein Detail unscheinbar genug, um nicht von uns als Vorbote abscheulichster Bluttaten gedeutet zu werden" (Jaspers 2007, S. 106), so fasste eine Zeitzeugin zusammen, die *Aktenzeichen XY... ungelöst* als Kind sehen durfte und deren Erinnerung an den Schrecken vor dem Fernsehen lange währte.

Kurz: Das Verbrechen hatte mit *Aktenzeichen XY... ungelöst* Einzug in die ‚eigene' Straße gehalten. Es konnte jetzt jeden treffen – auch den Nachbarn und vielleicht sogar einen selbst. Das erste löste eine gewisse „Angstlust" aus (vom sicheren Ufer das Unglück anderer zu beobachten – Blumenberg 1979), das zweite steigerte gemäß dem weisen Wort Kurt Tucholskis „Mut ist Mangel an Vorstellungskraft" dagegen massiv die Vorstellungskraft und schürte somit bei bestimmten Bevölkerungsgruppen (vor allem bei Kindern und alten Menschen) das subjektiv empfudene Unsicherheitsgefühl, das Karl-Heinz Reuband und andere dann später immer wieder neu mit vergleichbaren Ergebnissen vermessen konnten (Reuband 1989, 1992, 1998, 1999; Feltes und Ostermann 1985; Walter 1993, allgemein dazu Kania 2000). „Aktenzeichen XY war anders als alles, was ich bis dahin gesehen hatte. Wie sollte ich auf eine Sendung reagieren, die auf so grausige Art und Weise den Anspruch erhob, ‚wahr' zu sein?" (Jaspers 2007, S. 105). Mit diesen Worten brachte die schon zitierte Zeitzeugin ihre und die Angst vieler auf den Punkt. Wie sehr *Aktenzeichen XY... ungelöst* bei seinen Zuschauern/innen Alpträume auslöste, kann man auch den vielen Interviews mit jugendlichen Zuschauern entnehmen, die in der Sendung Fernsehzauber gezeigt werden.[27]

---

[27] In Wikipedia findet sich (neben den links zu den Ausschnitte auf *Youtube*) folgende Beschreibung dieser Sendung: „Im Auftrag von *ZDF/3sat* entwickelte Reproducts das Konzept für eine Dokumentationsreihe über Klassiker des deutschen Fernsehens. Den Auftakt bildet *Aktenzeichen XY ... ungelöst*. Basis des Berichts sind Erlebnisse und Anekdoten der Fernsehzuschauer im Zusammenhang mit dieser Sendung. Kein Krimi hatte sich jemals tiefer in die Erinnerung eingebrannt als *Aktenzeichen XY ... ungelöst* – seit 1967 der Bilderfundus eines namenlosen Grauens. Niemand, der nach einer Sendung nicht einmal unters Bett geschaut hätte oder plötzlich eine luftabschnürende Angst bekam, wenn das Treppenhauslicht

Aktenzeichen XY… ungelöst löste wegen des Realitätsanspruchs Angst aus – nicht nur bei Kindern, sondern auch bei Erwachsenen, war doch das narrative Grundmuster der Sendung, dass das Böse immer und überall bereit ist, die Guten zu berauben oder zu meucheln. „In den Filmen in *Aktenzeichen XY… ungelöst* geht es zu einem großen Teil gar nicht um die Darstellung des Verbrechens selbst, vielmehr wird zumeist das Leben der Opfer vor der Tat ausführlich dargestellt. Vor dem Hintergrund einer alltäglichen ‚heilen Welt' der Opfer erscheint das Verbrechen, das von außen in den Alltag eindringt, dann umso böser. So entsteht das Bild einer Dichotomie von Gut und Böse, in der diese unterschiedlichen Welten angehören und sich gegenseitig ausschließen" (Pinseler 2010, S. 86).

Nun ist es nicht so, dass die Zuschauer in den späten 1960ern mit Realitätsfernsehen keine Erfahrung gemacht hatten – so wurde 1953 zum ersten Mal der Karnevalumzug aus Düsseldorf gezeigt, ebenso der erste Gottesdienst, 1963 konnten die Zuschauer live am Grubenunglück in Lengede teilnehmen und ab 1965 konnte man jeden Samstagabend bei der Ziehung der Lottozahlen miterleben, dass andere gewonnen hatten und man selbst mal wieder leer ausgegangen war. Zudem gab es eine Reihe von Theateraufführungen, die live gesendet wurden. Dass das Fernsehen also nicht nur Fiktionales zeigt, das war für die Zuschauer selbstverständlich. Nur dass das Fernsehen so nah an ihrer Lebenswelt war, das war wirklich neu. Zudem brachte *Aktenzeichen XY… ungelöst* nicht nur das Verbrechen in die eigene Straße, sondern auch den Verbrecher. Glaubte man als Zuschauer nämlich den Täterfotos, die im Fernsehen ausgestrahlt wurden, dann sahen die Verbrecher so aus wie jedermann. Und viele von ihnen, gerade das zeigte die Sendung mit ihrer Berichterstattung immer wieder, wohnten auch in der eigenen Straße, waren Nachbarn (Heinemann 1976) – was bedeutete, dass auch die nähere Umgebung zum Gegenstand genauer Beobachtung gemacht werden musste. Der prüfende und misstrauische Blick aus dem eignen Fenster wurde so zur Bürgerpflicht: jeder Zuschauer wurde (so er denn mitmachte) zum Hilfspolizist und Hobbykommissar. Ohne Eduard Zimmermann hätte – so der einhellige Befund der vorliegenden Literatur zu *Aktenzeichen XY… ungelöst* – die Sendung nicht so ein großer Erfolg werden können. Zimmermann stand für seine Sendung. Zimmermann folgte keinem akademischen oder sozialpädagogischen Impuls. Es geht ihm nicht wirklich um die soziale Ordnung und deren Sicherung, sondern er handelt stets in eigener Sache. Er ist immer auch selbst betroffen, selbst dann, wenn es andere betrifft – möglicher-

---

erlosch. Ausgehend von den persönlichen Erzählungen zeichnet *Fernsehzauber* das Bild eines Formats, das erfolgreicher und länger als jede andere Sendung die deutschen Bildschirme geprägt hat" – letzter Aufruf 20.10.2011.

weise weil er selbst einmal betroffen war.[28] Zimmermann nimmt das Verbrechen persönlich. Es betrifft immer ihn als Menschen und als soziale Person. „Wenn Sie sehen, dass die Täter immer dreister und selbstbewusster werden, die Opfer sich jedoch mehr und mehr genieren, weil sie Opfer geworden sind, dann ärgert Sie das. Und Ärger kann ein guter Antrieb sein." (zitiert nach Ummenhofer und Thaidigsmann 2009, S. 42). Zimmermann empörte sich über das Unrecht, das die Verbrecher den Menschen antaten.

Deshalb will er die Menschen, die so sind wie er, vor den Verbrechern schützen, sie aufklären und damit vor Verletzung und Raub bewahren. Er will die Opfer schützen und helfen, deren Verwundung zu heilen, und er will die Verbrecher bestraft sehen (also nicht selbst strafen). Er will sie gerecht bestraft sehen und nicht (mit den Verweis auf eine schwierige Kindheit) Sympathie für sie wecken. Niemand soll entkommen. Deshalb ist jeder gefordert (also auch er selbst), der Polizei zu helfen. Zimmermanns eindringlich vorgetragene Bitte an den Zuschauer lautetet denn auch: „Leihen Sie Ihrer Polizei Ihre Augen und Ohren, damit sie Sie besser beschützen kann" (Ummenhofer und Thaidigsmann 2009, S. 19). Zimmermann hatte zweifellos eine persönliche Mission. Er folgte ihr, er musste ihr folgen – so scheint es oft. Er war (so zumindest die Inszenierung) ein Getriebener, der nicht anders konnte. Nur begrenzt war er auch der Moderator einer Sendung – im heutigen Verstande. Er stellte in seiner Sendung (in der Begrifflichkeit von Horton und Wohl 2001) keine *persona* dar, sondern seine Person. Deshalb wirkte er echt, glaubwürdig oder auch: authentisch (siehe auch Abb. 6.15).

Um diese Bereitschaft zur Mitarbeit auch bei den Zuschauern zu wecken, musste das Gezeigte so ‚wirklich', so real wie möglich sein. Fernsehen, ansonsten immer gerahmt als der Ort des Fiktionalen, sollte Wirklichkeit zeigen und Wirklichkeit beeinflussen. Deshalb mussten es echte Fälle, echte Opfer, echte Kriminalbeamte und fast immer Originalschauplätze sein. Sie verbürgten, dass alles so war wie es gezeigt wird, dass alles wirklich war. Und immer wieder versicherte es auch Eduard Zimmermann persönlich. Das schlimme Verbrechen passierte nie Namen- und Gesichtslosen, sondern bei Zimmermann hatten alle Menschen auch einen richtigen Namen und ein bestimmtes, meist alltägliches Gesicht. Sie wohnten in einer bestimmten Stadt, gingen einem bestimmten Beruf nach und waren verheiratet oder nicht, hatten Kinder, waren arbeitslos oder nicht – und sie bewegten sich

---

[28] Im Jahr 1962 bestellte der noch junge Journalist Zimmermann ein Fertighaus, das zwar schnell, doch bedauerlicherweise ohne Dach geliefert wurde. Zimmermann sah sich geneppt, klagte vor Gericht und entwickelte dann die Sendung *Vorsicht Falle*, mit der er allen Neppern, Schleppern und Bauernfängern an den Kragen wollte und die zum Vorgänger und Wegbereiter von *Aktenzeichen XY ... ungelöst* wurde (vgl. Ummenhofer und Thaidigsmann 2009, S. 17).

6.3 „Leihen Sie Ihrer Polizei Ihre Augen und Ohren..." oder: ...

Abb. 6.15 © ZDF *Aktenzeichen XY... ungelöst* vom 16.02.1973, ZDF

vor der Kamera so ungelenk wie normale Menschen und sprachen auch so. Die Darstellung des normalen ungestörten Alltagslebens nahm in *Aktenzeichen XY... ungelöst* einen hervorgehobenen Platz ein: „So werden bei den filmischen Rekonstruktionen der Tagvorgeschichten regelmäßig die häuslichen Verhältnisse der Opfer in Einzelheiten ausgebreitet, die in keinerlei erkennbaren Zusammenhang zu einer möglichen Lösung der Fälle mithilfe der Fernsehzuschauer stehen. Familiärer Beziehungen, häuslicher Alltag und Routine am Arbeitsplatz werden bisweilen minutiöser geschildert als der vermeintlich zentrale Tathergang. Mit anderen Worten: In *Aktenzeichen XY... ungelöst* wird weitaus mehr gekocht, gegessen und ferngesehen als geraubt und gemordet" (Schneider 2009, S. 142).

Das war der Stil von *Aktenzeichen XY... ungelöst*, seine Bildsprache. Es war eine besondere Art, die Welt zu zeigen – also eine besondere Präsentation von Welt: *Aktenzeichen XY... ungelöst* war keine wirkliche Dokumentation eines Verbrechens und es war kein echter Krimi, sondern *Aktenzeichen XY... ungelöst* war von Beginn an etwas Hybrides, für das Zimmermann die Formulierung fand: „Krimi mit Nutzwert" (Ummenhofer und Thaidigsmann 2009, S. 18),[29] die zugleich zeigt, dass in der Anfangszeit der Sendung der Akzent auf ‚Krimi' lag.

Die andere Seite von *Aktenzeichen XY... ungelöst* waren die mit Schauspielern nachinszenierten Kurzkrimis (ca. 10 min). Hier wurde dramatisiert und theatralisiert – ganz eindeutig mit dem Ziel, Empathie, Einfühlung, Mitleid, Sorge und Betroffenheit beim Zuschauer zu erwecken. „Der Zuschauer muß also an den Fällen Anteil nehmen können, in denen er um Mithilfe gebeten wird. Wieder bietet es sich an, die Elemente des Krimis für die nützliche Sache einzusetzen. ‚Krimi mit Nutzanwendung' also erneut" (Zimmermann 1969, S. 50).

Zentraler Ausgangspunkt war immer die Opferperspektive – nie die Sicht der Täter. Dem Opfer galt die Aufmerksamkeit. Es lebte in einer mehr oder weniger geordneten Welt, die durch den Täter gestört und oft zerstört wurde. Das Opfer lebte in der Regel im Hellen, der Täter kam in der Regel von außen und aus dem Dunkeln.

Aber selbst bei diesen Kurzkrimis sorgte der ‚handgeschnitzte' Stil (Schlechte Schauspielleistung, keine professionellen Darstellungskünste) für eine Realitätsanmutung. Die Geste des Zeigens selbst verzichtet auf die Inszenierung von filmischer Professionalität, vor allem mit dem Ziel, nicht mit einem Film verwechselt zu werden. Kurz: Der Film dementiert, ein Film zu sein.

Beide Funktionen zusammen: Relevantmachung mittels Wirklichkeitsnähe und Dokumentation (eigene Alltagswelt, die mich angeht, weil ich in ihr lebe), und Schaffung von Empathie mit Hilfe von theatralen Darstellungen, um Mitsorge und Aktivierung zu erreichen, bilden zusammen die konstitutiven Pfeiler des Reality-TV (siehe auch Reichertz 2011a), die sich, wenn auch in unterschiedlichen Gewichtungen, auch noch in den heutigen Fahndungsformaten finden.

Das Konzept der Kurzkrimis, das für *Aktenzeichen XY... ungelöst* immer konstitutiv war und im Wesentlichen zur Empathiebildung eingesetzt wurde, hielt sich genau 36 Jahre. Erst nachdem Rudi Cerne im Jahr 2002 die Sendung übernommen hatte, rüttelte er ein Jahr später (angesichts massiv sinkender Zuschauerquoten) an diesem Pfeiler der Sendung. So wurde (nach ersten Versuchen im November 2001, Zeugenaussagen in den Kurzkrimi hineinzuschneiden) im Januar 2003 der spannende Kurzkrimi unterbrochen durch Einspielungen, in denen Zeugen, Verwandte und manchmal auch die Opfer in kurzen Interviewpassagen zu den Ereignissen Stellung nahmen oder ihre damaligen Betroffenheit schildern und wieder aufrufen (Pinseler 2006, S. 47; ebenso Fußnote 62, S. 141). Ebenfalls hineingeschnitten in die Kurzkrimis wurden die Aussagen von ermittelnden Polizisten, die verschiedene Er-

---

[29] Zu dem Krimicharakter passte auch, dass der Vorspann zu *Aktenzeichen XY ... ungelöst* sich in den ersten Jahren im Schnitt, im Ton und in den Bildelementen deutlich an die Durbridge-Krimis anlehnte. Ein Zuschauer erwartete nach so einem Vorspann erst einmal einen Kriminalfilm.

eignisse oder Gegenstände erläutern und bewerten. Gleich geblieben ist die Voice-over-Stimme, die aus der Sicht eines allwissenden, alles überblickenden Erzählers berichtet, der die Handlung des Krimis erläutert und bewertet. Nachgestellte und nachgespielte Szenen wurden also mit Einblendungen der echten Zeugen, Ermittler und Opfer und der allwissenden Redaktion gemischt.

6.3.4 ‚Die Moral von der Geschicht'

Es geht dem Reality-TV in der Regel nicht um die Abbildung der Realität oder um die Erzählung des Außergewöhnlichen – auch nicht um einen ästhetischen Genuss während und durch die Rezeption. Es geht ihm letztlich immer um Moral und öffentliche Belehrung. Dies stellt das Reality-TV in eine lange Reihe – also in die gleiche Reihe wie die kirchlichen Fensterbilder, die Moritate und die Lehrstücke. Reality-TV sind Lehrstücke in laufenden Bildern. Ein Lehrstück in laufenden Bildern will ansprechen, will unterhalten, aber auch zeigen, was richtig ist, was zu tun ist. Ein Lehrstück will immer auch erziehen, zu einem bestimmten Handeln bewegen (z. B. sich raushalten oder sich engagieren). Ob ihm das tatsächlich auch gelingt, ist allerdings eine andere Frage.

Was ist nun die Moral von *Aktenzeichen XY... ungelöst*, was sein heimlicher Lehrplan? Eine zusammenfassende Deutung des *Aktenzeichen XY... ungelöst*-Formats hat Jan Pinseler vorgelegt. Pinselers Untersuchung ist zwar grundlegend für die Analyse und Geschichte von Fahndungssendungen im deutschsprachigen Fernsehen, da seiner Arbeit jedoch nur die Sendungen aus dem Jahre 2000 und einige aus dem Jahre 1998 zugrunde lagen (vgl. Pinseler 2006, S. 76), bezieht sich seine Deutung vor allem auf die Zimmermann-Ära und die Fortführung des Formats durch den kühlen Dr. Butz Peters (Comoderation: Sabine Zimmermann).

Jan Pinseler kommt in summa zu dem Ergebnis, dass *Aktenzeichen XY... ungelöst* eine Affirmation der bestehenden Machtverhältnisse in einer kapitalistischen Gesellschaft darstellt: „Neben der ökonomischen Macht benötigen sie aber auch die kulturelle Hegemonie. Fahndungssendungen sind an der Aufrechterhaltung dieser Hegemonie beteiligt, indem sie mit Hilfe der Darstellung von Verbrechen vorführen, dass das herrschende Rechtssystem auch im Interesse der Beherrschten ist, weil es sich auch um ihren Schutz vor Verbrechen kümmert. Sie generieren dabei auf ihrem Gebiet, der Darstellung von Verbrechen und Strafe, Zustimmung zur Herrschaft, weil sie ihre Darstellung von Verbrechen und damit auch ihre Darstellung der Welt mit Authentizität versehen und dadurch in äußerst wirksamer Weise als natürlich und nicht hinterfragbar erscheinen lassen" (Pinseler 2006, S. 152).

Diese ‚Moral von der Geschicht' passt zwar sehr gut zur mediensoziologischen Überlegungen von Gramsci (Gramsci 1983) und zur Frankfurter Interpretation der Funktion von Kulturindustrie (Horkheimer und Adorno 1971) und deren Weiterentwicklung durch die Theoretiker der Cultural Studies (z. B. Göttlich und Winter 2000; Winter und Mikos 2001), in deren Tradition sich Pinseler auch sieht, doch ob solche Sendungen tatsächlich in ‚äußerst wirksamer Weise' eine kulturelle Hegemonie herzustellen in der Lage sind, muss gerade mit einem zentralen Theoretiker der Cultural Studies, Stuart Hall, bezweifelt werden (Hall 1999). Gerade zu der Sendung *Aktenzeichen XY… ungelöst* gab es nämlich nie nur eine dominante Lesart, sondern auch eine Vielzahl anderer, auch subversiver Lesarten. Zudem kann mit guten Gründen bezweifelt werden, ob es wirklich das Wesentliche der Botschaft von *Aktenzeichen XY… ungelöst* war, dass herrschendes Recht auch im Interesse der Beherrschten sei, da es (auch) sie schütze. Ohne Zweifel ist das Ideologie, aber die Botschaft von *Aktenzeichen XY… ungelöst* zielt nur begrenzt auf die Köpfe oder das Bewusstsein der Zuschauer ab, sondern auf deren Körper und deren Praxis. Um genauer zu sein: *Aktenzeichen XY… ungelöst* zielt auf Führung der Zuschauer ab, nicht auf deren Besänftigung.

Der zentrale Ansatzpunkt von *Aktenzeichen XY… ungelöst* war und ist dagegen, dass die Polizei angesichts ‚sprunghaft' gestiegener und steigender Kriminalität nicht mehr in der Lage ist, ihr alleine Herr zu werden. Die zentrale Botschaft von *Aktenzeichen XY… ungelöst* ist, dass die Polizei die Hilfe der Zuschauer benötigt, dass sie deren ‚Augen und Ohren' benötigt, um mit der Flut der Verbrechen zurechtzukommen. *Aktenzeichen XY… ungelöst* beunruhigte bewusst die Zuschauer und wollte sie aktivieren. Sie lieferte keine reine Unterhaltung, sondern ‚Krimis mit Nutzwert'. *Aktenzeichen XY… ungelöst* war nicht Teil einer besänftigenden Kulturindustrie, sondern im Gegenteil: *Aktenzeichen XY… ungelöst* war von Beginn an der Versuch, die Arbeit der Polizei durch die Arbeit der Zuschauer zu ergänzen. Eduard Zimmermann hat das auch mit aller Deutlichkeit selbst formuliert: Laut seinem Buch „Das unsichtbare Netz" (Zimmermann 1969), tragen die Medien erheblich zur „Ausbreitung der Anonymität" bei. Diese wachsende Anonymität sei neben Armut und falscher Erziehung verantwortlich „für den Aufstieg des Verbrechens". Diese Anonymität senke auch „die Wirksamkeit der Polizeikräfte", da „der direkte Kontakt mit den Bürgern, von dem der Ortspolizist einmal lebte, immer mehr verloren" (alle Zitate Zimmermann 1969, S. 44) gehe.

Das Fernsehen sollte hier eine ‚Brücke' zwischen Polizei und Zuschauer bauen. „Die Sendung *Aktenzeichen XY… ungelöst* ist der Versuch eines solchen Brückenschlags" (ebd.). Der Zuschauer sollte wieder näher an den Polizisten heran kommen, sollte mitarbeiten. Er sollte Augen und Ohren öffnen, Fahndungsfotos vom Bildschirm fotografieren, aus dem Fenster schauen, seine Straße beobachten und sollte immer dann, wenn er meinte, Verdächtiges zu sehen, dies an die Sendung *Aktenzeichen XY... ungelöst* oder aber auch an die zuständigen Polizeidienststelle melden. Damit hatte Zimmermann, lange vor dem Aufkommen der Policing-Konzepte im angelsächsischen Raum, die Grundidee der gemeindenahen Polizeiarbeit formuliert. Denn aus seiner Sicht hört angesichts der „aufsteigenden Kriminalität" die Verbrechensbekämpfung auf, „nur Sache der Polizei zu sein. Jeder Bürger ist im Rahmen seiner Möglichkeiten dazu aufgerufen, einen Beitrag zur erfolgreichen Bewältigung des gesamtgesellschaftlichen Phänomens zu leisten" (Zimmermann 1969, S. 50).

Weil *Aktenzeichen XY... ungelöst* zur Aktivierung aufruft und nicht zum Wegdämmern, passt die Sendung gerade nicht zu der allgemeinen These zur Kulturindustrie, wonach Fernsehkonsum Eskapismus und politische Enthaltsamkeit fördert. *Aktenzeichen XY... ungelöst* setzt gerade nicht auf Besänftigung und Beruhigung. Die Botschaft lautete nicht, dass alles im Staat schon mit rechten Dingen vor sich geht und dass die Polizei ihrer Aufgabe hinreichend gut nachkommt. Die zentrale Botschaft von *Aktenzeichen XY... ungelöst* war stattdessen die Aufforderung an alle, der Polizei ihre Augen und Ohren zu leihen.

Was bedeutet es nun, jemandem seine Augen und Ohren zu leihen? Neben dem Offensichtlichen, nämlich dass jeder Zuschauer seine Sinne nutzt, um Verdächtiges aufzuspüren, suggeriert es zugleich ein gutes Verhältnis zur Polizei. Denn wir leihen nur denen etwas, denen wir vertrauen und denen wir uns auch verbunden fühlen. Indem die Bürger der Polizei ihre Sinnesorgane für einen bestimmten Zeitraum ausleihen, wird die Wahrnehmung der Polizei und des Polizeiapparats ausgeweitet, werden die Zuschauer (für die Polizei) buchstäblich Medien der Fernanwesenheit. Der Sinnesapparat Polizei wird durch diese Medien ausgeweitet oder Zuschauer an die Polizei angeschlossen und dies lange vor der Einführung der Sicherheitswacht in Bayern (Lustig 1996) und lange vor den kriminalpräventiven Räten. Jeder Bürger wird somit (wenn er sich beteiligt) zu einem ‚kleinen' Hilfspolizist, der seine Umgebung im Hinblick auf Kriminalität scannt und im Entdeckungsfall ebenfalls noch meldet.

Aktenzeichen XY... ungelöst war deshalb ohne Zweifel von Beginn an ein Akteur der Inneren Sicherheit – und zwar on air und off air. Diese aktive Rolle von *Aktenzeichen XY... ungelöst* hat manchmal dazu geführt, dass man der Redaktion vorwarf, selbst aktiv zu ermitteln und somit echte Polizeiarbeit zu leisten. Das hat *Aktenzeichen XY... ungelöst* jedoch nie getan – wie auch Zimmermann immer wieder im Fernsehen betonte: „In diesem Zusammenhang lassen Sie es mich einmal ganz deutlich sagen, meine Damen und Herren: wir, die Mitarbeiter dieser Sendung, wir fangen keine Verbrecher. Das ZDF und der Österreichische Rundfunk bieten der Kriminalpolizei mit dieser Sendung eine Möglichkeit, gleichzeitig mit mehreren Millionen Menschen zu sprechen. Über diese Möglichkeit verfügt die

Kripo sonst nicht. Die Redaktion dieser Sendereihe ist also keine Ersatzpolizei" (Eduard Zimmermann in *Aktenzeichen XY... ungelöst* 1968 – zitiert nach Pinseler 2006, S. 44). Die Sendung *Aktenzeichen XY... ungelöst* war – soweit das bekannt ist – nie selbst bei der Ermittlung von Tätern oder der Aufdeckung von Verbrechen tätig. Das unterscheidet *Aktenzeichen XY... ungelöst* von mancher aktuellen Fahndungssendung, die sich investigativ gibt. *Aktenzeichen XY... ungelöst* hat immer nur im Auftrag und auf Veranlassung von Polizei und Staatsanwaltschaft einen Fall an die Öffentlichkeit gebracht. *Aktenzeichen XY... ungelöst* war nie selbst ermittelnder Akteur, sondern war nur insoweit Akteur, als die Sendung und hier muss man genauer sagen: der Moderator Zimmermann die Zuschauer aktiviert hat.

Aktenzeichen XY... ungelöst ist ohne Zweifel eine gesellschaftliche Institution. Sie versucht die Zuschauer (und im Kern auch jeden Bürger) zu aktivieren, die Augen und Ohren nicht zu verschließen, sondern sich einzumischen, potentielle Opfer zu unterstützen und mit der Polizei zu kooperieren. Damit übernimmt *Aktenzeichen XY... ungelöst* eine Ausfallbürgschaft. Sie leistet das, was früher andere Institutionen vermochten: „In einer Zeit," so der ähnliche Befund von Schneider über die Anfänge von *Aktenzeichen XY... ungelöst*, „in der es an tragfähigen, Gemeinsinn stiftenden Einrichtungen zunehmend mangelt, kann es vor diesem Hintergrund nicht überraschen, dass neue ‚Institutionen' freudig begrüßt werden. (...) Die Sendung, die zeitweise drei Viertel der gesamten Bevölkerung vor den Bildschirm vereinigte – und zwar vorgeblich nicht zur Unterhaltung, sondern zur Teilnahme an einer staatsbürgerlichen Funktion –, verfügte somit über eine soziale und kulturelle Bildungswirkung, von der ältere ‚Institutionen' zu diesem Zeitpunkt längst nur noch träumen konnten" (Schneider 2009, S. 147).

6.3.5 *Aktenzeichen XY... ungelöst* unter Rudi Cerne

„Liebe Zuschauer, das Schönste wäre, wenn Ihnen heute etwas auffallen würde und sei es auch nur eine Kleinigkeit". So eindeutig zweideutig beginnt Rudi Cerne am 18. Januar 2002 seine allererste Moderation der Sendung *Aktenzeichen XY... ungelöst*. Während er diese Worte spricht, bewegt er sich dynamisch zwischen Schreibtischen, an denen Telefonistinnen sitzen, im Fernsehstudio von hinten nach vorne, springt locker einen Treppenabsatz hinab. Sein graues Jackett springt auf, darunter ein ebenfalls grauer Rollkragenpullover. Mit diesen Worten – so scheint es – spielt er auf den großen Wechsel bei *Aktenzeichen XY... ungelöst* an, nämlich die Übernahme der Moderation durch ihn selbst. Nun ist es kokett, den Moderationswechsel, der mit seiner Moderation ja gerade ins Auge fällt, als Kleinigkeit auszuflaggen – zudem eine Kleinigkeit, die dem Zuschauer nicht so leicht auffällt, so dass er sich über das Bemerken der Kleinigkeit freuen kann. Sinn macht das nur, wenn er (selbstironisch) zum Ausdruck bringen will, dass er, im Vergleich zu seinem Vorgänger, keinen Unterschied macht, dass es also so weiter geht wie bisher. Diese Deutung bricht jedoch, wenn man die Moderation von Rudi Cerne weiter und im Zusammenhang noch einmal von Anfang an hört.

„Liebe Zuschauer, das Schönste wäre, wenn Ihnen heute etwas auffallen würde und sei es auch nur eine Kleinigkeit. Das könnte nämlich schon von entscheidender Bedeutung sein für die Kriminalpolizei bei ihrer Fahndungsarbeit. Also von heute an werde ich Sie immer zu *Aktenzeichen XY... ungelöst* begrüßen, um ungeklärte Kriminalfälle vorzustellen – wie z. B. diesen hier". Lässt der erste Teil des zweiten Satzes („Das könnte nämlich schon von entscheidender Bedeutung sein") noch die eben vorgestellte Lesart zu, kippt diese jedoch endgültig mit dem grammatikalisch ungewöhnlichen, weil nachgestellten „für die Kriminalpolizei bei der Fahndungsarbeit". Jetzt bezieht sich die „Kleinigkeit" nicht mehr auf ihn, sondern auf eine Kleinigkeit eines Verbrechens, die möglicherweise einem der Zuschauer aufgefallen ist. Das findet Cerne irgendwie positiv, ohne dass er dies mit seinen Gefühlen und seiner Person verbindet: nicht er fände das „gut", „wichtig" oder gar „ganz wichtig", sondern er sagt zu seinen Zuschauern: „das Schönste wäre...". Er selbst hat damit nichts mehr zu tun. Er hält sich die Bewertung auf Abstand, sieht sie von einer allgemeinen, von ihm losgelösten Warte.

Die ersten Worte von Rudi Cerne, die vorgeblich die Botschaft in sich tragen, dass es bei diesem Format nicht um die Person des Moderators ginge, sondern dass allein das Konzept wichtig sei und dass die dahinter stehende Person, die verantwortliche Person zurückzutreten habe, diese Aussage weist deutlich auf das Problem der Sendung hin: Denn mit dem Versuch, die Bedeutung des Moderators herunterzuspielen, macht der Moderator Cerne klar, was das Problem dieser Sendung ist: der Moderator. Indem er die Moderatorfrage anspricht, und zwar um sie deutlich herunterzuspielen, argumentiert er völlig ungefragt und offensichtlich gegen die im Raum stehende (und jetzt hörbare) Frage, es gehe bei dieser Sendung vor allem um den Moderator und dessen Glaubwürdigkeit. Mit seinen Worten lenkt Cerne gerade nicht von sich ab, sondern zeigt deutlich auf sich selbst und seine Bedeutung. Diese kokette Selbstthematisierung war dem Moderator Zimmermann völlig fremd. Der verrichtete seinen Dienst an der Sache und wollte bei der Verbrechensbekämpfung weiterhelfen. Das war seine Pflicht, seine persönliche Pflicht. Der Moderator Cerne nimmt dagegen die Sendung und seine Verantwortung gegenüber dem *ZDF*-Verantwortlichen und damit auch über den Zuschauern ernst. Damit ist er im strengen Sinne des Wortes ein Fernsehmann und kein Kriminalist. Zimmermann wollte gerne ein Kriminalist sein, der sich des Fernsehens bedient. Cerne bedient sich dagegen der Kriminalfälle, um Fernsehen zu machen. Das sind zwei verschiedene Ansätze.

Das oben interpretierte, durchaus kokette Understatement („Liebe Zuschauer, das Schönste wäre, wenn Ihnen heute etwas auffallen würde und sei es auch nur eine Kleinigkeit.") findet sich dann im nächsten Satz wieder, als er erneut auf den Wechsel der Moderation, aber dieses Mal explizit zu sprechen kommt. Betont lässig eröffnet er mit: „Also von heute an werde ich Sie immer zu *Aktenzeichen XY… ungelöst* begrüßen, um ungeklärte Kriminalfälle vorzustellen – wie z. B. diesen hier". Dabei ist die Diktion eindeutig: Ich bin hier Ihr Gastgeber und ich stelle hier ungeklärte Fälle vor – er könnte auch Stars oder Kandidaten vorstellen. Die Vorstellung ist seine Aufgabe oder genauer: die Vorstellung anderer ist seine Vorstellung, die er zu geben beabsichtigt. Auch hier trennt er sich und seine Aufgabe. Er ist nicht eins mit der Aufgabe und die Aufgabe ist anders als er. Mit dieser Anmoderation macht Rudi Cerne klar, was sein Konzept der Sendung *Aktenzeichen XY… ungelöst* ist und er bringt es zudem auf den Punkt: Es ist ein neues Konzept.

Noch sichtbarer wird das neue Konzept, wenn man die ‚normale' Anmoderation der Sendung durch Rudi Cerne näher untersucht, also die Begrüßung, die sich in jeder Sendung wiederholt. Die Sendung beginnt mit einem Vorspann, der in rascher Schnittfolge in blau gehaltene Bilder von polizeilichem Blaulicht, Tatwerkzeugen, Spuren einem Polizisten, einer Pistole im einem durchsichtigen Plastikbeutel und Graphiken zeigt. Dazwischen mehrfach Bilder eines Mannes in Anzug (teils in Nahaufnahme), der digitale Aufnahmen kritisch prüft, skeptisch schaut, telefoniert, Röntgenaufnahmen bewertet. Es folgen Bilder einer jungen Frau, die trampt und dann offensichtlich in ein ihr unbekanntes Auto einsteigt. Erneut der Kopf des Mannes, der nachdenklich blickt, dann Bilder eines ängstlich wirkenden Kindes, das mit einem Schulranzen auf dem Rücken in einem Wald vor etwas flieht. Dann erneut der Mann, der digitale Aufnahme und Modelle prüft. Logo und der Schriftzug *Aktenzeichen XY … ungelöst* fliegen digital animiert in die Bildmitte. Das Logo füllt das gesamte Bild auf, die Kamera wird aufgezogen und man sieht das Fernsehstudio von *Aktenzeichen XY… ungelöst*.[30]

---

[30] Den neuen Vorspann hat Jan Pinseler so beschrieben: „Sind im Vorspann der Sendung im Jahr 2000 noch Polizist/innen bei verschiedenen Ermittlungstätigkeiten zu sehen, so steht im Vorspann ab 2002 der neue Moderator Rudi Cerne im Mittelpunkt und wird unter anderem beim Untersuchen von Beweisstücken gezeigt. Auch auf verbaler Ebene wird die Trennung zwischen der Redaktion, die eine Fernsehsendung gestaltet und der Polizei, die Verbrechen aufklärt, immer wieder verwischt. Diese Vermischung setzt sich auch in der Gestaltung des Studios fort. Seit der ersten Sendung wird mit der Einrichtung des Studios auf das Bild einer Fahndungszentrale angespielt, die in der Sendung teilweise als Polizistinnen identifiziert werden, gemeinsam an der Lösung von Kriminalfällen zu arbeiten scheinen" (Pinseler 2010, S. 77, siehe auch wortgleich Pinseler 2006, S. 45).

War anfangs die schnelle Bildfolge unterlegt mit rhythmischer und sphärischer Musik, so tönt mit dem Aufziehen der Kamera eine verzerrte Voice-over-Stimme: „Jetzt bittet die Kriminalpolizei wieder um Ihre Mithilfe. *Aktenzeichen XY... ungelöst* live aus München mit Rudi Cerne". Die Voice-over-Stimme ist mit ein wenig Hall so verfremdet als stamme sie von einer künstlichen Stimme. Die Kamera zieht auf und zeigt Teile des Studios, in dem Menschen an Schreibtischen sitzen. Der Blick der Kamera richtet sich auf eine Kamera im Studio. Diese wird aus der Perspektive des Kameramannes gezeigt, sodass das schwarz-weiße, von der Kamera aufgezeichnete, kleine Bild des Moderators zu sehen ist. Die Kamera wendet ihren Blick ab vom Bild des Moderators in der Kamera, zieht wieder auf, nimmt jetzt den Moderator vor der Kamera in den Blick und zoomt dann auf diesen. Rudi Cerne spricht nach zwei Sekunden Pause: „Guten Abend, liebe Zuschauer und Willkommen zu einer neuen Ausgabe von *Aktenzeichen XY... ungelöst*".

Alle wichtigen „Buzzerwörter" (Schlagwörter, bei denen es im Inneren des Rezipienten aufleuchtet) der Sendung sind von der anonymen Stimme gesagt: Bitte/ Kriminalpolizei/Mithilfe/Aktenzeichen XY... ungelöst/live/München/Rudi Cerne. Der Mann im Anzug, also Rudi Cerne, setzt ebenfalls seine Zeichen: Es ist Abend, er begrüßt Zuschauer, die er zu schätzen vorgibt (liebe Zuschauer), er ist der Gastgeber (willkommen) und die Veranstaltung heißt *Aktenzeichen XY... ungelöst*. Das Bild dazu zeigt, dass Rudi Cerne nicht allein ist. In dem Raum um ihn herum sitzen an Tischen verteilt mehrere erwachsene Personen (ca. 20), die an Laptops sitzen und teils Rudi Cerne ansehen oder sich teils geschäftig geben. Ganz offensichtlich hatte das Ganze in dem gezeigten Raum aber eine Vorgeschichte: Männer und Frauen haben sich dort versammelt und sich gruppiert, man hat sich vorbereitet, miteinander gesprochen und sich positioniert. Aber jetzt kann es beginnen.

Der in der Sendung *Aktenzeichen XY... ungelöst* während der Moderationen sichtbare Raum ist stets ein Fernsehstudio, das entsprechend der bestimmten Vorstellung einer Büroatmosphäre von einem Bühnenbildner gestaltet wurde. Entgegen einer manchmal geäußerten Ansicht, hier solle auf das Bild einer Fahndungszentrale angespielt werden (siehe oben), entspricht die Raumgestaltung gerade nicht einer Fahndungszentrale, sondern eher der eines Callcenters. Sichtbar sind viele Telefonisten und Telefonistinnen, die unentwegt Telefonhörer abheben oder wieder auflegen oder aber in das Telefon sprechen. Daneben ist noch eine andere Gruppe von Personen auszumachen, die keine Telefone benutzen, sondern an Schreibtischen eher abwartend sitzt. Hier handelt es sich um die leitenden Ermittler der Polizei, welche die später in der Sendung aufgerufenen Fälle betreuen und die später auch vor der Kamera diese Fälle kommentieren und die Hilfe der Zuschauer erbitten.

6.3.6 Rudi Cerne – der Fernsehmoderator

Seit dem 18. Januar 2002 moderiert Rudi Cerne die Sendung. Nicht nur deshalb, sondern auch weil sich die Zeiten und das Sendeumfeld geändert haben, polarisiert *Aktenzeichen XY... ungelöst* nicht mehr wirklich. Die (große) Aufregung ist vorbei. „Die Fasziniertheit früherer Jahre", so räumen selbst Fans der Sendung ein, „die Gebanntheit und Ängste der Zuschauer, sie sind ebenso Geschichte wie die Rekordeinschaltquoten sowie das kompromisslose Einstehen des Moderators Zimmermann für seine Sache. Kultstatus hat nicht das aktuelle, sondern das vergangene Format" (Ummenhofer und Thaidigsmann 2009, S. 92). Nicht nur Kenner konstatieren einen Gestaltwandel der Sendung – auch für die Zuschauer fehlt der Sendung etwas Wesentliches – seit Eduard Zimmermann fehlt.

Das hat sicherlich maßgeblich damit zu tun, dass (wie oben beschrieben) *Aktenzeichen XY... ungelöst* eine Sendung von und mit Eduard Zimmermann war und nicht eine Sendung, die Zimmermann moderierte. So wie Zimmermann die Verbrechen persönlich nahm, so nahm er auch seine Sendung persönlich: Es war seine Sendung und er sprach bei allem mit. Er gab den Ton an. Er stand für eine politische (konservative) Haltung, die Unterhaltung als *honeytrap* benutzte, um mit Hilfe der Zuschauer Verbrecher zu jagen. Der Hauptakzent lag immer auf der Verbrecherjagd, nicht auf der Unterhaltung eines verstreuten Publikums.

Mit Rudi Cerne hielt eine andere Haltung Einzug in *Aktenzeichen XY... ungelöst* – was gewiss auch daran liegt, dass die Kriminalitätsbekämpfung nicht seine Passion war, sondern der Sport und die Fernsehmoderation. Erst war er Leistungssportler und gewann die Silbermedaille bei den Europameisterschaften im Jahr 1984. Dann wechselte er ins Unterhaltungsfach und lief erst einige Zeit im Programm der Eisshow *Holiday on Ice* und moderierte sie später auch. Dann wechselte er zum Rundfunk und zum Fernsehen, berichtete sachkundig über Eiskunstlauf- und Tanzturniere und moderierte später auch den *ZDF*-Fernsehgarten, eine betuliche Sendung für eher ältere Mitbürger(innen). Im Jahr 1999 wurde er einer der Moderatoren des Aktuellen Sportstudios und rückte damit in die Riege der etablierten Sportjournalisten auf. Weil er sich dort bewährte, übertrugen ihm die Verantwortlichen des *ZDF* im Jahr 2003 auch die Moderation von *Aktenzeichen XY... ungelöst*. Rudi Cerne war also vor allem ein Sportler, allerdings kein Kampfsportler, sondern eher ein Tanzsportler, der schon in seiner Zeit als Sportler gelernt hatte, immer zu lächeln und für das Publikum eine gute Figur zu machen. *Aktenzeichen XY... ungelöst* ist nicht ‚sein Ding', sondern eine von mehreren Sendungen, die er moderiert. Cerne ist ein Moderator, der gewohnt ist, eine persona zu präsentieren. Ließ sich Eduard Zimmermann gerne als Deutschlands bekanntester Hilfspolizist bezeichnen, so erklärt Cerne deutlich: „Ich bin nicht der Sheriff der Nation. Niemand darf und soll sich selbst in Gefahr bringen. Aber man

6.3 „Leihen Sie Ihrer Polizei Ihre Augen und Ohren..." oder: ...

Abb. 6.16 © ZDF *Aktenzeichen XY... ungelöst* vom 1.11.2011, ZDF

kann zum Handy greifen oder in die nächste Kneipe rennen und Hilfe holen..."
(http://www.video-homevision.de/ratgeber/rudi-cerne-nicht-der-sheriff-der-nation-1227390.html – letzter Zugriff am 23.01.2012).

Rudi Cerne, schlank und smart, gut gekleidet und gut frisiert, verkörpert nicht mehr den law-and-order-man, der den Bürger an seine Pflichten, der Polizei zu helfen, nachdrücklich erinnert (s. Abb. 6.16). Cerne hat die Akzente der Sendung verschoben. Erst kommt die Unterhaltung, dann die Mithilfe. Er setzt noch mehr auf Emotion und die Inszenierung des Fernsehens als eigenständiger Akteur und weniger darauf, dass die Zuschauer der Polizei „Augen und Ohren" leihen. Bei Rudi Cerne ist mehr die Sendung der (eigentliche) Akteur: *Aktenzeichen XY... ungelöst* klärt auf und fasst die Täter. Mit Rudi Cerne ging (auch auf Betreiben des ZDF) eine deutliche Veränderung des Konzepts einher: „*Aktenzeichen XY... ungelöst* ist moderner, aber auch steriler geworden. Selbst die Fernsehkommissare im Studio stottern heute nicht mehr, sondern werden vorbereitet, ‚gecoacht', bevor man sie auf Sendung lässt" (Ummenhofer und Thaidigsmann 2009, S. 92). Alles Eckige der Sendung wurde abgerundet – alles leichter konsumierbar gemacht. Die Sendung wurde zu einem Markenprodukt.

Das macht denn auch aus Sicht von Rudi Cerne die Besonderheit der Marke *Aktenzeichen XY... ungelöst* aus – denn die Sendung ist jetzt in der Tat eine Marke, die verkauft werden will. Und an dieser Vermarktung der Sendung sieht sich Cerne selbst maßgeblich beteiligt – wie er im Januar 2012 vor der Ausstrahlung der 454. Ausgabe der Sendung *Aktenzeichen XY... ungelöst* der WAZ zu Protokoll gibt: „Ich bin rückblickend glücklich, dass die *ZDF*-Redaktion, die Münchner Securitel, die vom *Aktenzeichen XY... ungelöst* -Erfinder Eduard Zimmermann gegründet wurde, und ich gemeinsam die Marke ‚Aktenzeichen' im vergangenen Jahrzehnt gut positionieren konnten" (siehe WAZ vom 11. Januar 2012).

Die Besonderheit der Moderation und des Typus, den Cerne inszeniert, wird besonders gut sichtbar, wenn man sich seine Kommentare und Bewertungen ansieht und anhört. Beispielhaft hierfür erneut die erste Sendung Cernes vom 18. Januar 2002. Nach seinem (oben kurz beschriebenen) Intro gibt er kurz einen Überblick über die in der Sendung anstehenden Fälle. Die Kamera nimmt dann Cerne in den Blick. Er spricht in die Kamera: „Ein Thema wird uns heute Abend besonders beschäftigen: Verbrechen, bei denen Kinder die Opfer sind – Verbrechen, die ich besonders widerwärtig finde". Hier findet sich etwas, das in späteren Sendungen immer wieder zu finden ist und das so etwas wie das Markenzeichen von Rudi Cerne werden wird – nämlich die Qualifizierung von Verbrechern als „widerwärtig", „abscheulich", „verabscheuungswürdig" und dergleichen mehr. Das Besondere an dieser Bewertung ist, und das enthüllt die Aussprache der Worte durch den Moderator, dass er die abwertenden Worte so ausspricht, als ob nicht der Sachverhalt „abscheulich", „widerwärtig" etc. sei, sondern das Wort selbst. Es fasst buchstäblich die ‚schlechten' Worte ‚mit spitzen Fingern' an. Er zitiert sie mehr als er sie sagt – so als würde die Berührung mit den Worten ihm unangenehm sein. Wenn Cerne solche Worte benutzt, sind sie nicht ein Ausdruck seiner Empörung und seiner Verabscheuung, sondern der Versuch, Entführung und Verabschiedung sprachlich darzustellen.

Hier spricht der Moderator, der etwas ankündigt und mit der Ankündigung für die Zuschauer bereits wertet. Es ist der Tonfall der Moderatoren. Wenn Moderatoren ihre besonderen oder prominenten Gäste vorstellen, insbesondere wenn es Künstler sind, dann sind diese „großartig", „erfolgreich" oder schlicht: „super". Cerne ist Moderator in einem anderen Fach: das, was er dem Publikum vorstellt, das ist anders, aber ebenfalls hervorgehoben, außergewöhnlich – halt „abscheulich" und „widerwärtig". Diese verbale Überdramatisierung (ohne Anteilnahme) ist ein Markenzeichen des Moderators Rudi Cerne: Wenn er, um ein anderes Beispiel (unter vielen) zu nennen, in der Sendung vom 16.03.2011 ein Verbrechen so qualifiziert: „absolutes Drama, das sich da abgespielt hat" und: „irrsinnig", dann zeigt dies seine Moderatorentätigkeit besonders deutlich. Er kündigt an, er preist an wie einst die Schausteller auf der Kirmes. Es geht vor allem um verlockende Ankündigung – nicht um seine Betroffenheit.

Rudi Cerne nutzt auch gelegentlich die Möglichkeiten, die sich Moderatoren im deutschen Fernsehen leicht und gerne stellen – nämlich gegen Entgelt auch andere Veranstaltungen zu moderieren[31] oder auch bei Kollegen in deren Sendungen zu

---

[31] Vermarktet wird er dabei von der Firma *Celebration Promotion*, die Cerne auf ihrer Homepage u.a. mit folgenden Worten anpreist: „Seit 2002 moderiert er äußerst erfolgreich diese für das ZDF und für die Polizei überaus wichtige Fahndungssendung, bei der für ihn stets die Aufklärungsquote wichtiger ist als die Einschaltquote. Dabei schärfte er vor allem sein

Wort zu melden: So wiederholte er am 24.6.2009 in der abendlichen Talkshow *Markus Lanz* eine bereits vorher in *Aktenzeichen XY... ungelöst* ausgeschriebene Fahndung. Bei dieser Direktschaltung in die laufende Talkshow zeigte sich, dass beide, Markus Lanz und Rudi Cerne sich offenbar gut kennen. Sie duzen sich und sprechen von ‚Moderator zu Moderator', wenn auch nicht so flapsig wie einst Günther Jauch und Thomas Gottschalk. Man ist unter sich, man kennt sich, man unterstützt sich. Auch Rudi Cerne ist ein Fernsehmoderator, wenn auch einer von vielen – und damit (anders als Thomas Gottschalk) austauschbar: Er moderiert Fernsehsendungen, aber er engagiert sich nicht persönlich in der Verbrechensbekämpfung und er ist nicht persönlich daran interessiert, den Opfern zu helfen – zumindest (und das ist sehr wesentlich) inszeniert er sich im Fernsehen nicht als ein solcher.

6.3.7 Julia Leischik in *Zeugen gesucht* als eine an den Opfern interessierte Fernsehmacherin

Die besondere Inszenierung von Rudi Cerne als nur am Fernsehen interessierter Moderator erkennt man besonders gut im Kontrast zu einer Moderatorin einer vergleichbaren Sendung, die sich (*als persona*) nun genau als persönlich Interessierte inszeniert – und damit in Format und Selbstdarstellung an das alte Konzept von Eduard Zimmermann anknüpft, wenn sie auch alle law-and-order-Gebaren strikt vermeidet, sondern statt dessen vor allem mit den Opfern auf Tuchfühlung geht. Die Rede ist von der ‚Fernsehmacherin' Julia Leischik, die nach einem Studium der Rechtswissenschaften ab 2003 als Produzentin und ab 2007 auch Moderatorin bei der Endemol Deutschland GmbH beschäftigt war. Zuvor hatte sie als TV-Journalistin bei der Firma *Filmpool* unter anderem die Redaktion für das Fernsehformat *Richterin Barbara Salesch* inne. Bei Endemol produzierte und belebte Julia Leischik für *RTL* die Klassiker des performativen Fernsehens *Vermisst* und *Verzeih mir* neu (zu der Firma Endemol und den genannten Formaten siehe Reichertz 2000) – übrigens mit mäßigem Erfolg.

---

eigenes Profil und bewies, dass es neben der Arbeit in der Sportredaktion des ZDF durchaus möglich ist, eine Sendung wie *Aktenzeichen XY ... ungelöst* erfolgreich wiederzubeleben. Wie keinem anderen ist es Rudi Cerne gelungen, trotz seiner umfangreichen Einsätze im Bereich Sport die Seriosität und Ernsthaftigkeit für eine Sendung wie „Aktenzeichen XY... ungelöst" an den Tag zu legen, die ihm inzwischen auch abseits der Kamera zu einem der beliebtesten Moderatoren und gefragtesten Testimonials gemacht hat. Celebration Promotion betreut den sympathischen Moderator des ZDF in allen Belangen seiner Moderatorentätigkeit" (http://www.rudicerne.de/ – zuletzt aufgerufen am 20.01.2012).

Im Jahr 2011/2012 gründete Julia Leischik die Produktionsfirma *StellaLuisa GmbH* (die eng mit Endemol verbandelt ist) und wechselte zu *Sat.1*. Dort gibt sie u. a. dem neuen und hier interessierenden Format *Zeugen gesucht – mit Julia Leischik* das Gesicht, das bei *Sat.1* gezeigt wird. Der Titel der Sendung zeigt schon, wie sehr die ‚Fernsehmacherin' (wie sie sich gern nennt) sich mit der Sendung verbunden fühlt oder zumindest vorgibt, es zu sein.

Das Konzept der Sendung ist schnell beschrieben und findet sich in dieser Form auch auf der Homepage der Sendung, die erstmals am 12.01.2012 mit sehr mäßigem Erfolg[32] ausgestrahlt wurde. Auf der Homepage heißt es: „In *Zeugen gesucht – mit Julia Leischik* begibt sich die Fernsehmacherin auf Spurensuche bei ungeklärten Straftaten, steht den Opfern bei und versucht, weitere Verbrechen zu verhindern – mit persönlichem Einsatz und der Hilfe der Zuschauer. Julia Leischik besucht die Betroffenen und lässt sie ausführlich zu Wort kommen. Diese persönliche Perspektive der Opfer ist der Ausgangspunkt für die weiteren Recherchen. Julia Leischik macht sich selbst ein Bild des Tatorts, geht Hinweisen von Zeugen nach und spricht mit den ermittelnden Polizeibeamten. Die Sendung behandelt nicht nur die großen und bekannten Kriminalfälle, sondern auch die weniger spektakulären Verbrechen, die aber für die Betroffenen trotzdem verheerende Folgen haben können" (http://www.sat1.de/tv/zeugen-gesucht/die-sendung – abgerufen am 20.01.2012).

Unschwer ist zu erkennen, dass dieses Format viel, wenn auch nicht alles, von dem alten *Aktenzeichen XY… ungelöst* gelernt und übernommen hat: Einerseits geht es um die „persönliche Perspektive der Opfer", weshalb sie die Opfer ausführlich zu Wort kommen lässt, andererseits versucht die Moderatorin mit ihrer Sendung und ihrem „persönlichen Einsatz" weitere Straftaten zu verhindern. Der persönliche Einsatz für die Opfer besteht auch darin, dass Frau Leischik die Opfer in deren aktueller Wohnung aufsucht, dort interviewt und oft auch duzt („Eberhard, Du bist am 11. Oktober 2009 Opfer eines Raubüberfalls geworden. Wie geht es Dir heute?" – zitiert nach der Sendung vom 19. Januar 2012). Ganz offensichtlich geht es um die Inszenierung von Engagement und Nähe. Julia Leischik interessiert sich – so gibt sie zumindest vor – persönlich für die Opfer: sie ist ihnen nahe, will ihnen helfen, oft geht es ihr auch darum, dass Opfer von Raubüberfällen ihr Eigentum zurück erhalten. Konsequenterweise heißt es dann auch immer „Wir suchen Zeugen…" und nicht: „Die Polizei sucht Zeugen…". Allerdings nimmt immer noch sachdienliche Hinweise entweder die Redaktion der Sendung oder die ermittelnde Polizeidienststelle entgegen.

---

[32] Bei der ersten Sendung am 12. Januar 2012 wollten nur 7,5 % aller Zuschauer Julia Leischik begleiten, bei der zweiten Sendung am 19.02.2012 waren es sogar nur 5,9 % (vgl. http://de.wikipedia.org/wiki/Zeugen_gesucht_-_mit_Julia_Leischik – zuletzt abgerufen am 20.01.2012).

6.3 „Leihen Sie Ihrer Polizei Ihre Augen und Ohren..." oder: ...

In *Zeugen gesucht – mit Julia Leischik* wird (wie in *Aktenzeichen XY... ungelöst*) das Verbrechen „emotional und mitfühlend" aufbereitet. Denn – so die offizielle Darstellung: „Wir wollen nicht nur den Täter fassen, sondern noch viel wichtiger: Dem Opfer helfen. Die Geschichten werden aus der Perspektive des Betroffenen erzählt" (http://www.sat1.de/tv/zeugen-gesucht/interview – abgerufen am 20.01.2012). Und weiter heißt es, ganz im Duktus vom „alten" Konzept von *Aktenzeichen XY... ungelöst*: „Wir wollen den Opfern eine Stimme geben. Um das schlimme Erlebnis verarbeiten zu können, ist es für sie sehr wichtig, Antworten zu bekommen: ,Wer hat mir oder meinem Angehörigen das angetan?' " (ebd.).

Beispielhaft für diesen Ansatz ist die Geschichte von Eberhard, die in der Sendung vom 19. Januar 2012 erzählt und bebildert wird. Eberhard ist Tankstellenpächter und wurde vor drei Jahren des Nachts überfallen. Zum Zeitpunkt des Raubüberfalls war er 65 Jahre alt. Als er mit den Einnahmen die Tankstelle verlassen will, bedroht ihn ein Täter mit einer Pistole, schlägt ihn und tritt noch weiter, als er bereits auf dem Boden liegt und fügt ihm so schwere Verletzungen zu. Nur dem beherzten Eingreifen eines jungen Pärchens, das zufällig auf die Tankstelle fährt, war es zu verdanken, dass es bei den Verletzungen blieb. Eberhard erzählt Julia Leischik unter Tränen (wenn auch drei Jahre später), dass der Täter, obwohl er nach der Tat verhaftet werden konnte, sein Leben zerstört habe. Er sei nur noch ein halber Mensch, könne nicht mehr arbeiten, sei nie mehr allein, weil der Täter immer nahe sei, obwohl er im Gefängnis säße. Allerdings habe er den Herzenswunsch, seinen Rettern einmal persönlich zu danken. Das arrangiert jetzt Julia Leischik. Sie sucht das Retterpaar in deren Wohnung auf und sorgt dafür, dass Opfer und Retter sich unterhalb des Limburger Doms mit Tränen in den Augen in die Arme nehmen können. Letzteres, nämlich die bewegende Zusammenführung von Menschen und die Veröffentlichung einer ansonsten intimen Begegnung, ist eine Besonderheit fast aller Endemol-Formate (siehe Reichertz 2000).

Julia Leischik handelt zwar ohne Auftrag der Opfer, doch (so ihr Anspruch) in deren Interesse. Sie übernimmt eine Ausfallbürgschaft – im Übrigen nicht nur für die Polizei, sondern auch (wie das oben kurz geschilderte Geschehen zeigt) auch für Pfarrer oder Sozialarbeiter. Da die Polizei nichts mehr macht oder machen kann, setzt sie sich persönlich ein und aktiviert die Zuschauer oder wie sie es formuliert „Für die Ergreifung der Täter brauche ich natürlich die Hilfe der Zuschauer" (ebd.). Auch hier beachte man, dass sie ausdrücklich davon spricht, dass sie die Hilfe der Zuschauer benötige – also nicht die Polizei. Mit der (also der Polizei) werde allerdings – so Leischik weiter „sehr eng und vertrauensvoll" (ebd.) zusammen gearbeitet.

Der wohl wesentlichste Unterschied zum alten *Aktenzeichen XY... ungelöst* ist, wie aus der bisherigen Beschreibung sichtbar wird, die Bedeutung der Polizei und deren Rolle. Sind beim *Aktenzeichen XY... ungelöst* unter Eduard

Zimmermann immer und ausnahmslos die Polizei oder die Staatsanwaltschaft die Auftraggeber des Fernsehens,[33] die dann auch ins Fernsehstudio kommen, um ihren Fall dem Publikum zu erläutern, sucht Julia Leischik die ermittelnden Beamten und Beamtinnen in deren Behörde auf und lässt sie ins Mikrophon sprechen. In der Postproduktion wird dann das Interview publikumstauglich aufbereitet.

Deutlich erkennbar sind im Vergleich zum alten Konzept von *Aktenzeichen XY... ungelöst* die tragenden Rollen des Formats getauscht worden: Aus dem *Auftraggeber* (der Polizei) ist der zu interviewende *Experte*, aus dem *Helfer* (dem Fernsehen) ist der verantwortliche und interessierte *Akteur*, aus dem *Opfer* ist der *Mitbürger*, dem man helfen will, und aus den Zuschauern, die der *Polizei* Auge und Ohr leihen sollen, sind Zuschauer geworden, die dem *Fernsehen* Auge und Ohr leihen und somit dazu beitragen, dem betroffenen Mitbürger zu helfen.

Der Moderator oder in diesem Falle besser: die Moderatorin mischt sich ein, sie initiiert die Suche nach den Übeltätern. Allerdings (so gibt sie Fokusonline zu Protokoll) sehe sie sich bei ihrer Spurensuche aber nicht als Detektivin, sondern als Journalistin: „Ich will mir nicht anmaßen, die Arbeit der Polizei zu übernehmen. Ich kann nur zuhören und versuchen, eine Geschichte ordentlich zu erzählen." (http://www.focus.de/kultur/kino_tv/medien-julia-leischik-auf-spurensuche-fuer-sat-1_aid_701682.html – aufgerufen am 19.01.2011). Und manchmal weint Julia Leischik auch mit (s. Abb. 6.17).

Aktiviert werden auf diese Weise drei Parteien: die *Fernsehsendung* als korporierter Akteur, die *Moderatorin* Julia Leischik und die *Zuschauer*. Die Hauptlast der Aktivierung tragen dabei zweifellos das Fernsehen und die Moderatorin: sie greifen dort ein, wo die Polizei nicht mehr weiter kommt oder aber dort, wo die Polizei nicht mehr selbst aktiv ermittelt, sondern nur noch auf Zufallsfortschritte (z. B. Verrat durch Mittäter oder Mitwisser, Geständnisse, neue Indizien etc.) setzt.

Julia Leischik ist in ihrer Selbstinszenierung (also als *persona*) nicht die smarte Fernsehmoderatorin, die (wie z. B. Rudi Cerne) in ihrem Fernsehstudio die Polizei empfängt und zu Wort kommen lässt und die Beiträge für die Zuschauer schmackhaft aufbereitet, sondern Julia Leischik betreibt *aufsuchende Fernseharbeit*. Sie sucht Opfer, Tatorte und die Polizei auf und wenn dabei einmal ihre Frisur außer Form gerät, dann ist das Bestandteil des Fernsehformats und kein Unglück. Denn: „wenn der Zuschauer sieht, dass meine Haare zerzaust sind oder ich 30 Stunden

---

[33] Denn für die alte Sendung Ak*tenzeichen XY ... ungelöst* gilt: „Kein einziger Fall geht über den Bildschirm, der nicht den offiziellen Auftragsstempel von Polizei und Staatsanwaltschaft trägt". Von der Recherche bis zur Realisation des Beitrags sind die Ermittlungsbehörden eng in die Arbeit der *Aktenzeichen XY ... ungelöst* -Redaktion eingebunden (http://aktenzeichen-xy.zdf.de/ZDFde/inhalt/31/0,1872,2000927,00.html – 20.11.2011). Das neue *Aktenzeichen XY ... ungelöst*, das sich zunehmend als Akteur versteht, hat sich von dieser Bindung etwas gelöst.

Abb. 6.17 © *Zeugen gesucht – mit Julia Leischik* vom 19.01.2012, RTL

nicht geschlafen habe, ist mir das letztendlich egal. Ich lasse mich nicht verbiegen. Ich bin mit Leib und Seele Fernsehmacherin – vor und hinter der Kamera. So hoffe ich, in meiner Arbeit glaubhaft zu sein." (http://www.sat1.de/tv/zeugen-gesucht/interview – abgerufen am 20.01.2012). Julia Leischik – so ihr Bekenntnis – steht für ihre Sendung persönlich ein: „Ich stehe für etwas ein, was ich von Anfang an mitentwickelt habe." (http://www.sat1.de/tv/zeugen-gesucht/interview – abgerufen am 20.01.2012) – auch darin deutlich an das Konzept von Eduard Zimmermann anknüpfend. Die Botschaft, die sie gerne den Zuschauer mit auf den Weg gibt, lautet denn auch: „Es ist immer der richtige Weg, nicht weg zu schauen und seinen Mitmenschen beizustehen" (zitiert nach der Sendung vom 19. Januar 2012).

Nicht diskutiert werden soll hier, welches Konzept aus Sicht der Fernsehmacher ‚erfolgreicher' ist, also eine höhere Einschaltquote besitzt, da dies eindeutig ist: Ohne Zweifel ist Rudi Cerne (sehr viel) erfolgreicher, während Julia Leischik die wirklichen Fernsehmacher mit ihrer Einschaltquote enttäuscht. Letzteres würde den Wissenschaftlern Recht geben, die glauben, dass die Mehrzahl der Fernsehzuschauer nicht aktiviert, sondern lediglich unterhalten werden wollen, und den Wissenschaftlern, welche die These vertreten, dass die Aktivierung nur dann erfolgreich ist, wenn das Fernsehen (und dessen Moderatoren/innen) an Stelle und in Vertretung der Zuschauer selbst aktiv wird und damit den Zuschauern das Gefühl vermitteln, selbst aktiv geworden zu sein. Der Unterschied zwischen der Inszenierung von Rudi Cerne und Julia Leischik ist, dass ersterer als Person nur moderiert und das Fernsehen aktiv wird, während bei Julia Leischik sie selbst es ist, die das Problem aufnimmt und es zu lösen versucht.

6.3.8 Aktenzeichen XY... ungelöst als Akteur

Doch zurück zu dem hier zur Diskussion stehenden Format von *Aktenzeichen XY... ungelöst*. Es ist heute (trotz und wohl auch wegen der Veränderungen, die Rudi Cerne verantwortet) sehr viel mehr als nur eine Fernsehsendung, sondern *Aktenzeichen XY... ungelöst* ist ein eigenständiger Akteur (seit Rudi Cerne: auch eine Marke), der auf unterschiedlichen Ebenen gegen Verbrechen und für die Opfer kämpft und die Bürger aktiviert. *Aktenzeichen XY... ungelöst* war und ist auch eine Institution der Fernsehfahndung, die sich – das war das Konzept von Eduard Zimmermann – jedoch nicht mehr nur auf aktivierende Vermittlerrolle zwischen Polizei und Zuschauer beschränkt. So war Eduard Zimmermann maßgeblich auch an der 1979 off air vollzogenen Gründung des Weißen Rings, der einzigen deutschen Opferhilfsorganisation, beteiligt. Er wollte immer auch den Opfern *off air* konkret helfen – nicht nur dadurch, dass er sie *on air* zu Wort kommen ließ. Eduard Zimmermann war einer der ersten Fernsehmacher, der aus Überzeugung on air- und off air- Handeln miteinander verband.

Im Rahmen dieser off-air-Aktivitäten wird seit Mai 2002 unter der Schirmherrschaft des Bundesinnenministeriums einmal im Jahr der von Eduard Zimmermann und dem *ZDF* ins Leben gerufene *Aktenzeichen XY... ungelöst* -Preis *Gemeinsam gegen das Verbrechen* denen verliehen,[34] die sich in besonderer Weise im Kampf gegen die Kriminalität und für Opfer in besonderer Weise ausgezeichnet haben. Der Preis wird vom *ZDF* und der *Aktenzeichen XY... ungelöst* -Produktionsfirma Securitel vergeben und ist mit 10.000 € dotiert.[35] Eine Jury, bestehend aus Experten

---

[34] Über die Entstehung des *Aktenzeichen XY ... ungelöst* -Preises berichtet Ina-Maria Reize, seit 1994 Redakteurin von *Aktenzeichen XY ... ungelöst*: „Der *Aktenzeichen XY ... ungelöst* -Preis ist eine logische Konsequenz aus unserer intensiven Zusammenarbeit mit der Polizei. Nachdem in den Medien immer wieder mangelnde Zivilcourage bei der Bevölkerung beklagt worden ist, berichteten uns gleichzeitig die Kriminalbeamten immer wieder von mutigen Bürgern, die bei schweren Verbrechen Schlimmeres verhindert hatten. Die Beamten bedauerten ihre mangelnden Möglichkeiten, diesen Menschen Anerkennung zukommen zu lassen. Was lag da näher, als die Popularität von *Aktenzeichen XY ... ungelöst* zu nutzen, um das zu übernehmen und positive Beispiele für couragiertes Verhalten zu zeigen" (http://www.presse-partner.de/start.cfm?pageid=515&articleid=2747&type=detail – letzter Ausruf am 4.10.2011).

[35] Vgl. http://aktenzeichenxy.zdf.de/ZDFde/inhalt/14/0,1872,7553966,00.html – letzter Aufruf am 5. Oktober 2011. Im Jahr 2011 wurde Marcel Gleffe mit dem Preis ausgezeichnet: „Mit seinem beherzten Eingreifen rettete er alleine etwa 30 Menschen das Leben und wird zum Helden von Utøya. ‚Die Bilder aus Utøya haben sich in unser aller Köpfe und Herzen gebrannt.' Dass es in diesem Unvorstellbaren, Unfassbaren auch Helden gab, die noch Schlimmeres verhindert haben, macht Mut. Gerade dies will der *Aktenzeichen XY ... ungelöst* -Preis: die Menschen auszeichnen, die Vorbild sind, die aufstehen und sich dem Verbrechen in den

6.3 „Leihen Sie Ihrer Polizei Ihre Augen und Ohren..." oder: ...

von Polizei, Weißer Ring, ZDF, dem Sponsor „Kaspersky Lab"[36] und der *Aktenzeichen XY... ungelöst* -Redaktion ermitteln auf Vorschlag den jeweiligen Gewinner/ die jeweilige Gewinnerin bzw. die GewinnerInnen.

Die von der Produktionsfirma Securitel produzierte Sendung *Aktenzeichen XY... ungelöst* betreibt – auch das ist eine off air-Aktivität – zudem eine rege besuchte Website und ist auch als Teletext präsent. Unter dem Label e110 – das Sicherheitsportal betreibt *Aktenzeichen XY... ungelöst* zusätzlich eine Homepage mit Sicherheitstipps und neusten Nachrichten aus dem Bereich „Kriminalität". Kurz: *Aktenzeichen XY... ungelöst* ist on air und off air ein wichtiger und beachteter Akteur im Sicherheitsdiskurs.

Neu ist das proaktive Engagement von *Aktenzeichen XY... ungelöst* für vermisste Kinder. Hier handelt *Aktenzeichen XY... ungelöst* nicht mehr alleine im Auftrag von Polizei und Staatsanwaltschaft, sondern hier sieht *Aktenzeichen XY... ungelöst* Unterstützungsbedarf und eigenes Tun gefordert. *Aktenzeichen XY... ungelöst* agiert selbstständig. So gab es am 30. März 2011 eine Spezialsendung mit dem Titel „Wo ist mein Kind?" Laut Rudi Cerne wollte man die Popularität der Sendung nutzen, um die Suche nach vier vermissten Kindern zu intensivieren. In dieser Spezialsendung wurde auch die Mutter von Natascha Kampusch, Brigitta Sirny-Kampusch, im Studio interviewt. Zusammen mit der „Initiative vermisste Kinder" macht sich *Aktenzeichen XY... ungelöst* zudem stark in der Aktion: „Deutschland findet euch". Auch hier zeigt sich die neue Tendenz von *Aktenzeichen XY... ungelöst*, auf eigene Initiative aktiv zu werden – dort zu handeln, wo andere noch nicht oder nicht mehr handeln können oder wollen.

Kurz: Die Sendung *Aktenzeichen XY... ungelöst* ist mittlerweile on air und off air ein eigenständiger Akteur, der versucht, a) die Zuschauer gegen das Verbrechen und für Zivilcourage und Opferschutz zu aktivieren und der b) sich selbst aktiv in die Verhinderung und Aufklärung von Verbrechen einmischt.

Dafür gab es im Laufe der 44-jährigen Geschichte von Politik, Polizei und auch von den Medien viel Lob – wobei das Lob der Politiker und der Polizei vor allem

---

Weg stellen", so Reinhold Elschot, ZDF-Fernsehfilmchef und Stellvertretender Programmdirektor (siehe http://aktenzeichenxy.zdf.de/ZDFde/inhalt/14/0,1872,7553966,00.html – letzter Aufruf am 4.10.2011).

[36] Seit 2010 sponsort das Privatunternehmen „Kaspersky Lab", eine auf Computerviren spezialisierte Firma, die Marke *Aktenzeichen XY ... ungelöst*. Auf ihrer Homepage findet sich folgender Hinweis: „Kaspersky Lab geht einen weiteren Schritt im Kampf gegen Cybercrime. Seit einigen Wochen unterstützt der IT-Sicherheitsexperte die Webseite e110, das Internetportal der bekannten TV-Sendung *Aktenzeichen XY ... ungelöst*. Kaspersky Lab betreibt dabei in einem eigenen Ratgeberbereich Aufklärungsarbeit und gibt Hinweise, wie man sich im Internet verhalten sollte, um sich und seine Daten zu schützen." (http://www.kaspersky.com/de/news?id=207566406 – zuletzt aufgerufen 15. Januar 2012).

Eduard Zimmermann galt, während die Medien (z. B. *Der Spiegel* und die *Süddeutsche*) mehr Rudi Cerne loben. Im Jahr 1970 wurde Zimmermann vom damaligen Innenminister Genscher in die Kommission zur Reform der Arbeit des Bundeskriminalamtes berufen – was sehr beachtlich ist, wurde doch so ein Journalist an der Reorganisation der wichtigsten deutschen Institution der Verbrechensbekämpfung beteiligt. Im Jahr 1977 erhielt Eduard Zimmermann das Bundesverdienstkreuz und auch später wurde die Sendung immer wieder von Politikern unterschiedlicher Couleur unterstützt und gelobt – so auch im Oktober 2002 von Bundeskanzler Gerhard Schröder.

Rudi Cerne wurde bislang nur von der Gewerkschaft der Polizei ausgezeichnet – und zwar erhielt er nach 10 Jahren Moderation der Sendung *Aktenzeichen XY... ungelöst* für seine „herausragende Unterstützung polizeilicher Arbeit" am 17. Februar 2012 den „GdP-Stern", also den Ehrenpreis der Gewerkschaft der Polizei. Begründet wurde die Auszeichnung mit der „großen Glaubwürdigkeit, der notwendigen Ruhe und der einfühlsamen Moderation", mit der er der Sendung eine neue Qualität gegeben habe.[37] Zu den früheren Preisträgern zählen unter anderem Iris Berben, Evelyn Hamann, Ulrike Folkerts und Jan Fedder – was auch ein Licht auf den aktuellen Preisträger wirft.

6.3.9 Die Zuschauer als zu aktivierende Kunden

Je mehr *Aktenzeichen XY... ungelöst* ein eigenständiger Medien-Akteur wurde, desto mehr wurde die Aktivierung der Bürger zurückgestellt. Zwar wird immer noch von ‚Mithilfe' der Zuschauer gesprochen, doch erwartet wird nicht mehr bürgerschaftliches Engagement gegen das Verbrechen, sondern ein Telefonanruf mit der Flatrate. Wie sehr die Aktivierung zurückgegangen ist, erkennt man auch auf einem grundsätzlichen Verzicht auf die Spätsendung. Stattdessen findet sich auf der eigenen Homepage die jeweils aktuellen ‚Updates'.

Die Zuschauer von Rudi Cernes *Aktenzeichen XY... ungelöst* sind nicht mehr die freiwilligen Dienstleister der Polizei, die ihrer Bürgerpflicht nachkommen, indem sie ihre Umwelt beobachten und auf verdächtiges Handeln überprüfen, sondern die Zuschauer von Rudi Cernes *Aktenzeichen XY... ungelöst* sind Kunden, die mit dieser Sendung unterhalten werden wollen und die man möglichst lange am Gerät festhält. Cernes Variante von *Aktenzeichen XY... ungelöst* ist nicht mehr das Original, sondern eine von vielen Fahndungssendungen: es ist ein klassisches *me-too-Produkt*. Wie in anderen Formaten des Fahndungsfernsehens wird der Zu-

---

[37] Vgl. http://www.wunschliste.de/tvnews/14286 – zuletzt abgerufen am 25.01.2012.

schauer nicht mehr als Hilfspolizist begriffen, der im Interesse und im Auftrag der Polizei mit seinen Augen und Ohren die Welt betrachtet und gegebenenfalls etwas der Polizei meldet oder gar einschreitet, sondern hier betrachtet der Zuschauer vor allem sich selbst und sein eigenes Handeln – er wird Polizist seiner selbst. Er ruft sich selbst zur Ordnung und schafft so Disziplin.

Aktiv wird auch bei dem aktuellen *Aktenzeichen XY... ungelöst* vor allem das Medium, in diesem Fall der korporierte Akteur *Aktenzeichen XY... ungelöst*. Er handelt im vermeintlichen Auftrag von tatsächlichen und potentiellen Opfern und trägt dazu bei, Verbrechen zu verhindern oder aufzuklären. Der Moderator serviert das Ganze mit gesetzt dramatischen Worten einem ergriffenen Publikum. Die Zuschauer schauen vor allem aus der heimischen Stube auf den Bildschirm – ihnen schaudert es zwar ein wenig, (aber man achtet auch auf sich) und vor allem: sie wissen, dass ‚ihr' Medium für sie die Welt zumindest ein klein wenig in Ordnung bringt. Dafür bleiben sie dabei und fühlen sich wohl.

Eine kurze Geschichte der Medien als Vierte Gewalt

Oliver Bidlo

Für die Rolle der Medien in der Gesellschaft und im Staat wurde seit dem Beginn des 19. Jahrhunderts oft der Begriff des Vierten Standes oder der vierten *Gewalt* (oder Macht) verwendet (siehe auch Fußnote 11). Medien bilden neben der Exekutive (ausführende Gewalt), Judikative (Rechtsprechung) und der Legislative (Gesetzgebung) ein Korrektiv, das durch Öffentlichkeit über die Korrektheit und Angemessenheit der anderen Gewalten wacht (vgl. auch Reichertz 2011a; Reichertz et al. 2011).

Die Gewaltenteilung wurde wesentlich vom französischen Staatsphilosophen Charles-Louis Montesquieu geprägt, der im Jahre 1748 in seinem Hauptwerk „Vom Geist der Gesetze" einen zentralen Gedanken zur Gewaltenteilungslehre festhält:

> Sobald in ein und derselben Person oder derselben Beamtenschaft die legislative Befugnis mit der exekutiven verbunden ist, gibt es keine Freiheit. [...] Freiheit gibt es auch nicht, wenn die richterliche Befugnis nicht von der legislativen und von der exekutiven Befugnis geschieden wird. Die Macht über Leben und Freiheit der Bürger würde unumschränkt sein, wenn jene mit der legislativen Befugnis gekoppelt wäre; denn der Richter wäre Gesetzgeber. Der Richter hätte die Zwangsgewalt eines Unterdrückers, wenn jene mit der exekutiven Gewalt gekoppelt wäre. [...] Alles wäre verloren, wenn ein und derselbe Mann beziehungsweise die gleiche Körperschaft entweder der Mächtigsten oder der Adligen oder des Volkes folgende drei Machtvollkommenheiten ausübte: Gesetze erlassen, öffentliche Beschlüsse in die Tat umsetzen, Verbrechen und private Streitfälle aburteilen. (Montesquieu 1994, S. 216 f.)

Zu dieser Dreiteilung der Gewalten sah dann Jean-Jaques Rousseau – als Wegbereiter der Französischen Revolution – die Medien bzw. die Öffentlichkeit in der Pflicht für eine Sicherung der Freiheit. Genau genommen kannte Rousseau selbst eine Gewaltenteilung nicht. In seinem *Gesellschaftsvertrag* („contract sociale") lehnte er eine Gewaltenteilung ab, da er die Exekutive und Legislative in die Hand des Volkes legte. Das einzelne, freie Individuum schließt sich mit anderen Individuen in einem Gesellschaftsvertrag zu einer politischen Einheit zusammen. Der sich konstituierende ‚*volonté générale*' bildet das Meinungsdach und den gemeinschaftlichen Willen; und dieser Wille ist für Rousseau unteilbar (vgl. Rousseau 2004). Alle Macht geht demnach vom Volke bzw. vom Willen des Volkes aus, staatliche Organe, Institutionen oder, wenn man so will, Parteien als spezifische Interessenvertreter kann es in Rousseaus Augen nicht geben. In dieser Perspektive kann man nicht unmittelbar von den Medien bzw. der von ihnen aufgespannten Öffentlichkeit als Vierte Gewalt im Staate sprechen, da Rousseau, wie erwähnt, keine Gewaltenteilung kannte. Aber in Anlehnung an moderne, freiheitliche Staatsauffassungen lässt sich konstatieren, dass er einer der Ersten war, der der Öffentlichkeit eine ‚Wächterfunktion' und mithin den Medien einen eigenen Rang innerhalb des Staates zuwies. Denn die Medien – zu Rousseaus Zeiten vor allem Zeitungen – waren und sind in der Lage, die Gewalten im Staate kritisch zu beleuchten, Nachrichten zu verbreiten und verschiedenen Meinungen Raum zur Darstellung zu bieten. Und natürlich waren und sind es die Medien immer auch selbst, die eigene Meinungen und Deutungen zu politischen, wirtschaftlichen oder gesellschaftlichen Fragen anboten, z. B. in Kommentaren oder auch durch die zielgerichtete Vergabe von Berichterstattungsraum und der dadurch bewussten Bevorzugung von Meinungen.

Freie Meinungsbildung und Öffentlichkeit sind für freiheitliche Systeme konstitutiv (vgl. Sarcinelli 1998b, S. 13). Und daher ist die Herstellung von Öffentlichkeit ein besonders wichtiges Gut innerhalb einer Demokratie. Sie lebt „von der Offenheit ihrer Meinungsbildungsprozesse und der Kontrolle der Bürger über die zu treffenden Entscheidungen" (Kaase 1998, S. 51). Öffentlichkeit und Demokratie hängen grundsätzlich zusammen. Die Politik in einem demokratischen System muss ihre Ideen, Modelle und ihre politische Agenda zur Diskussion stellen und um Zustimmung werben. Die Politik bzw. ihre Akteure müssen ihre Standpunkte vermitteln. Im antiken Griechenland hatte man dafür das Modell der griechischen *Agora* – als wichtiges Kennzeichen der *Polis* und Zentrum der Polisgemeinschaft – oder des römischen Forums, d. h. offene und zugängliche Räume als Vorstellungs- und Diskussionsraum für die Ideen der politischen Akteure. In der Moderne haben dies zweifellos die Massenmedien übernommen und tragen dergestalt eine wichtige und verantwortungsvolle Aufgabe in der Gesellschaft (vgl. Reichertz 2007b, 2009). Die Politikvermittlung über Massenmedien war und ist nicht umsonst häufig Gegenstand von Untersuchungen (vgl. hierzu Bohrmann et al. 2000). Tendenziöse, manipulative oder die Einschränkung der Rechte einer freien Berichterstattung werden von Demokratien verurteilt. Letztes Beispiel hierfür waren die umstrittenen Mediengesetze der ungarischen Regierung Ende 2010, die eine Zensurmöglichkeit durch den Staat vorsahen, und die von der EU scharf kritisiert und die im Anschluss daran angepasst wurden. Aber auch die immer wieder kritisierte Berichterstattung Chinas zu unterschiedlichen Themen (z. B. mediale und damit öffentliche Ausblendung des chinesischen Friedensnobelpreisträgers oder der Unruhen in Nordafrika) sind aktuelle Beispiele hierfür. Daher lässt sich konstatieren: „Die *redaktionelle Unabhängigkeit* gilt als wesentliches Merkmal journalistischer Professionalität. Journalisten können ihre öffentliche Aufgabe nur erfüllen, wenn sie unabhängig von privaten oder geschäftlichen Interessen Dritter und von persönlichen wirtschaftlichen Interessen arbeiten" (Meier 2007, S. 15; Hervorhebungen im Original). Die Schwierigkeiten, die sich aus einem solchen normativen Vorsatz ergeben und Möglichkeiten seiner Einlösung in heutiger Zeit werden weiter unten beschrieben. Aber schon jetzt lässt sich konstatieren: Die Fragen nach der Legitimation und der Funktionsweise des Mediensystems und ihre Beziehung von Politik untereinander müssen immer wieder neu gestellt, verhandelt und beantwortet werden. Die Diskussion um das Verhältnis von Ex-Bundespräsident Wulff und den Medien veranschaulicht diesen Aspekt und deuten an, welche Schwierigkeiten eine zu große Mediennähe oder Medienferne haben kann.

In Deutschland bestimmt nun das Grundgesetz nicht nur die (dreiteilige) Gewaltenteilung, die in Art. 20 des Grundgesetzes festgeschrieben steht,[1] sondern auch in einer gewissen Rahmung die Rolle der Medien. Artikel 5 Abs. 1 des Grundgesetzes sichert allgemein allen Menschen in Deutschland und besonders der Presse das Recht auf freie Meinungsäußerung zu und den Schutz vor Zensur. Eine weitergehende, z. B. explizit überwachende, berichtigende oder staatskontrollierende Funktionsweise der Medien findet sich dergestalt nicht. Eine solche Funktion ist vielmehr Ergebnis historischer und gesellschaftlicher Entwicklungen, in denen die (Massen)Medien in immer schnellerer und räumlich umfänglicherer Art und Weise Informationen verbreiteten und so ein Feld von Öffentlichkeit aufspannten, in welchem sie daran anschließend durch Berichte und Kommentare *Daten* nicht nur vermittelten, sondern *Informationen* verteilten. Sie selbst brachten und bringen das, was es zu berichten gibt, *in Formation* und verteilen dann *Informationen*. Die Informationen werden zu *Nachrichten* und haben dann die im Namen stehende Funktion: Man soll sich nach ihnen richten.

Die Mediengeschichte der Bundesrepublik Deutschland (vgl. Wilke 1999a) beginnt mit der Verkündung des Grundgesetzes am 23. Mai 1949 und der o. g. Festschreibung einer freiheitlichen Presse. Denn die Jahre nach 1945 können besonders auch für die Medien – als gesellschaftliche Kommunikationsträger und Informationsdistributoren – als ein Bruch und Neuanfang verstanden werden. „Denn das

---

[1] Der Art. 20 darf in seinem ursprünglichen Bestand von den Abs. 1 bis 3 und in seinem Sinngehalt nicht verändert werden. Er ist durch die sog. Ewigkeitsklausel (Art. 79 Abs. 3 des Grundgesetzes) geschützt, die gewisse Verfassungsänderungen verhindert: „Eine Änderung dieses Grundgesetzes, durch welche die Gliederung des Bundes in Länder, die grundsätzliche Mitwirkung der Länder bei der Gesetzgebung oder die in den Art. 1 und 20 niedergelegten Grundsätze berührt werden, ist unzulässig."

totalitäre NS-Regime hatte seine Macht vor allem auf eine durchgreifende Instrumentalisierung der Massenmedien gegründet" (Wilke 1999b, S. 15). Vor allem die Alliierten sahen in „der propagandistischen Medienlenkung der Nationalsozialisten eine wesentliche Ursache für die Katastrophe [...], die von Deutschland ausgegangen war" (Wilke 1999b, S. 16–17). Vor diesem Hintergrund legten die Alliierten gewisse Strukturen, die die Funktionsweise der Medien pointieren sollten. Es durften keine alten und gebräuchlichen Zeitungstitel aus der Zeit vor dem Krieg genutzt werden, die Wiederaufnahme älterer Titel wurde so zunächst unterbunden, auch durften sogenannte Altverleger noch nicht tätig werden. Die Alliierten fanden bei der Übernahme der Staatsgewalt 1945 eine deutsche Presse vor, die zu 80 % in den Händen der NSDAP gelegen hatte. Dieser strukturelle Aspekt und die damit verbundene Furcht vor einem wieder auflodernden nationalsozialistischen Gedankengut, das man immer noch in der Bevölkerung vermuten durfte, führte die westlichen Besatzungsmächte zu einem Lizenzierungsverfahren, das „die Herausgabe von Presseerzeugnissen aller Art nur Personen mit einer besonderen Genehmigung der Besatzungsmacht erlaubt[e]" (Papier und Möller 1999, S. 449). Dies änderte sich erst mit der Verkündung des Grundgesetztes 1949 und der im selben Jahr aufgehobenen Lizenzierung von neuen Zeitungen durch die Alliierten. Fortan galt als Maß für den Bestand einer Zeitung oder Zeitschrift der Markt, d. h. ökonomische Gesichtspunkte.

Weitere Aspekte, die kurz nach dem Krieg durch die Alliierten das Mediensystem strukturierten und beeinflussten, waren beispielsweise das Arbeitsverbot von Journalisten, die vor 1945 als solche tätig waren, wenngleich sich dies praktisch nicht immer einhalten ließ. Gewisse angloamerikanische Grundsätze, wie das Prinzip der objektiven Berichterstattung oder das Prinzip der Trennung von Nachricht und Meinung, wurden versucht, innerhalb der Presse und des Journalismus zu verankern (vgl. Wilke 1999b, S. 18). Auch wenn die Umsetzung solcher Grundsätze sich nicht von allein vollzog – noch 1950 waren auch in Qualitätszeitungen Meinungsbeiträge „oft nicht eindeutig von anderen Beitragsformen abgehoben" (Kepplinger 1999, S. 195) –, wirkten sie zunehmend und waren damit Impulse für eine kritische Medienöffentlichkeit. Besonders das Radio, das bis Ende der 1958er Jahre noch als Leitmedium in der Bundesrepublik Deutschland galt, nutze die Freiheiten, die ihm das Rundfunkgesetz und der Art. 5 des Grundgesetzes gab, in ihrer Breite aus. Der Hörfunk „spielte damit eine ähnlich große Rolle wie in der NS-Zeit – nur unter völlig anderen Vorzeichen" (Halefeldt 1999, S. 213). Denn nun arbeiteten das Radio und seine Mitarbeiter in eigener Verantwortung, vielstimmig und partnerschaftlich im Umgang mit seinen Hörern. Um sich die Besonderheit dieser Entwicklung, d. h. einer freiheitlichen Presse, zu verdeutlichen, sei mit einem kurzen Seitenblick auf die Prägung des deutschen Journalismus geschaut. Gegen Ende des

18. Jahrhunderts herrschten eine Form und ein Verständnis von Journalismus, die sehr stark von den Gedanken der Aufklärung und der Französischen Revolution geprägt war und als schriftstellerischer Journalismus bezeichnet wird. Viele Poeten und Schriftsteller gaben „ihre Stellung an den Höfen auf und taten sich mit Druckern zusammen, um in Zeitungen und Zeitschriften für ihre Ideen zu kämpfen. Es ging ihnen weniger um aktuelle Berichterstattung als darum, mit kritisch-räsonierenden Abhandlungen über literarische, philosophische oder politische Themen zur öffentlichen Meinungsbildung beizutragen" (Donsbach 1999, S. 491). Der Journalist wurde aus Überzeugung zu einem Sittenrichter und Anwalt der Menschen.[2] Diese Form des Journalismus war prägend für ein kontinentaleuropäisches Verständnis von Journalismus. Im angelsächsischen und amerikanischen Raum wurden diese Meinungspresse zunehmend durch eine neutrale und faktenorientierte Presse ersetzt. Der Glaube an die Demokratie und der rationalen Entscheidungsfähigkeit der Bürger führte zu einer neutraleren Stellung der journalistischen Inhalte; Nachrichten und Kommentare wurden getrennt, es gab eine neue „Arbeitsteilung zwischen dem ‚Reporter', dem ‚Editor' und dem ‚Commentator'. Dieses Strukturmerkmal ist bis heute im deutschen Journalismus eher die Ausnahme als die Regel" (Donsbach 1999, S. 491).

Im Nachkriegsdeutschland lassen sich zwei für die Medien zentrale Entwicklungen markieren: die Einführung und flächendeckende Verbreitung des Fernsehens in den 1960er Jahren und die Dualisierung in öffentlich-rechtliches und privates Fernsehen in den 1980er Jahren (vgl. Kaase 1998, S. 39).

Die 1970er Jahre waren geprägt von einem emanzipatorischen Anspruch, der sich in der Politik jener Zeit in Willy Brandts Ausspruch „Mehr Demokratie wagen" ausdrückt und sich z. B. auch in dem emanzipatorischen Erkenntnisinteresse von Jürgen Habermas (vgl. Habermas 1968) wiederfindet. Ein Mehr an Demokratie wagen zu wollen, impliziert zugleich eine gegenwärtige Abwesenheit derselben. Der Versuch, die Demokratisierung weiter voranzubringen, spiegelt sich dergestalt auch in den Medien wider. Man kann hier von einer ‚Tele-Demokratie' sprechen. „Das Konzept der ‚Tele-Demokratie organisiert' (…) in den 70er Jahren ein diskursives Feld" (Schabacher 2004, S. 141), in dem Fragen nach der Steuerung von Informationen im Anschluss an die technischen Möglichkeiten und Fragen nach der Rolle der Zuschauer aufkommen. Der Zuschauer wird in den 1970er Jahren zuerst

---

[2] Interessant ist in diesem Zusammenhang, dass das deutsche Wort ‚Nachrichten', das heute eine Faktendarstellung meint, seine ursprüngliche Bedeutung immer noch in sich trägt: *nach richten*, was ja soviel meint wie danach richten, sich daran ausrichten, sich daran halten. Man schaue ins Wörterbuch der Gebrüder Grimm unter ‚Nachricht': „nachricht, f. erst seit dem (17. jahrh. 1) mittheilung zum darnachrichten und die darnachachtung". Deutsches Wörterbuch von Jacob und Wilhelm Grimm. 16 Bde. in 32 Teilbänden. Leipzig 1854–1961. Zu finden unter: http://woerterbuchnetz.de.

als Bürger (und Wähler) begriffen; daran anschließend folgt der Gedanke der Partizipation an den Medien und dem Programm, dem basisdemokratischen Gedanken an der Mitgestaltung der Gesellschaft. Journalistisch äußert sich dies in einer Hinwendung zur Lebenswelt der Bürger, die sich thematisch und räumlich ausdrückt (Schabacher 2004, S. 157). Die Medien kommen zu den Bürgern, berichten aus ihrem Alltag. Ein Beispiel für diese Form des Journalismus ist die Radiosendung *Hallo Ü-Wagen*, eine Sendung des Westdeutschen Rundfunks (*WDR*), die erstmals am 5. Dezember 1974 ausgestrahlt wurde. Konzeptionell war die Sendung ganz auf den Bürger und der offenen Diskussion ausgerichtet. Ein Übertragungswagen fuhr auf einen öffentlichen Platz, von dem aus die Sendung live gesendet wurde. Das Thema wurde von der Redaktion nach den Vorschlägen der Hörer ausgewählt. Zum einen lud man Experten zum Thema ein, Hörer konnten sich aber auch freiwillig im Vorhinein zum Thema melden und wurden dann eingeladen. Weiterhin konnten sich die Passanten, die sich um oder auf dem öffentlichen Sendeplatz befanden oder dort vorbeikamen ebenfalls zum Thema äußern und wurden live um Meinungen und Stellungnahmen gebeten.

Partizipation und die Möglichkeiten zur aktiven oder passiven Teilnahme an Sendungen, Diskussionsbereitschaft der Sender mit den Mediennutzern und die Installation von Feedbackmöglichkeiten (z. B. Hörer- oder Sendertelefon) waren zentrale Momente in der Medienkultur der 1970er Jahre. Die „ ‚Einschaltung' des einzelnen Bürgers ins bestehende Programm – sei es als kritischer Kommentar und damit Korrektiv für Programmgestaltung, sei es als dekoratives oder konstitutives Element in Form telefonischer Beteiligung oder als Studiogast" (Schabacher 2004, S. 161; Hervorhebungen im Original) sind Ausdruck dieser an Emanzipation durch Partizipation ausgerichteten Mediengestaltung. Weitere Schritte in diese Richtung waren der Bürgerfunk und -fernsehen oder offene Kanäle, in denen Bürger Sendungen selbst gestalten und herstellen konnten. Ein Hintergrund dieser Entwicklung ist auch das aufkommende Misstrauen gegenüber dem Fernsehen, dem eine manipulierende Wirkung auf die Bürger (und Wähler) vonseiten der Medienwirkforschung[3] nachgesagt wird (vgl. Bourry 2004, S. 186). Man sorgt sich um den demokratischen Souverän, so dass der Ruf nach Ausgewogenheit in den Medien aufkommt. „Die Forderung nach einer inhaltlichen Ausgewogenheit des Fernsehprogramms ist eine dominante Diskurslinie im Zusammenhang von Politik und Medien" (Bourry 2004, S. 186). Der Bürger wird als ein unmündiger Zuschauer diagnostiziert, der durch Partizipation auf der einen Seite, aber auch durch einen *fürsorglichen* Journalismus auf der anderen Seite vor Manipulationen durch das Medium selbst geschützt werden soll. Die Diskussion der (unbestimmten) Wirksam-

---

[3] Die zu jener Zeit noch von dem monokausalen Stimulus-Response-Modell ausgingen und es als valide ansahen.

keit des Mediums auf den Bürger und Wähler ließ gleichzeitig die Politikvermittlung über die Medien an Bedeutung gewinnen. Es zeigt sich die Janusköpfigkeit: Sie besitzen das Potential zur Emanzipation, aber auch zur Manipulation. Genau diesen Aspekt – die Möglichkeit zur Unterdrückung, zum Faschismus, aber auch das Potential zur Freiheit und Verwirklichung des Menschen – nimmt übrigens der Medienphilosoph Vilém Flusser als Folie für den Entwurf (s)einer telematischen Gesellschaft (vgl. z. B. Flusser 2002).

Die bereits angesprochene flächendeckende Verbreitung des Fernsehens in den 1960er Jahren und die Dualisierung in öffentlich-rechtliches und privates Fernsehen in den 1980er Jahren hatten und haben die Ausbildung von *symbolischer Politik* zur Folge, einer Politik, die der Bildhaftigkeit des Mediums Fernsehen Rechnung zollte und die öffentliche Darstellung von Politik durch politische Akteure auf das Medium abstimmte (vgl. hierzu auch Kaase 1998). Die Schlüsselrolle der Medien bei der Herstellung von Öffentlichkeit und die Logik des Mediensystems, die sich in den Kurzformen *Selektionslogik* und *Präsentationslogik* fassen lassen (vgl. Meyer 2002, S. 7), zwingen die Politik zur Professionalisierung beim Umgang mit Medien. Die Selektionslogik meint die Auswahl von berichtenswerten Ereignissen nach ihrem Nachrichtenwert, unter der Präsentationslogik versteht man die unterschiedlichen Mittel und Formen der Inszenierung, um dem ausgewählten Nachrichtenmaterial eine Form zu verleihen, die – der Einschätzung nach – bei den Rezipienten ein maximales Interesse hervorruft. Das Zusammenspiel dieser beiden Logiken führt aufseiten der Politik, die die Herstellung von Öffentlichkeit benötigt, um ihre Politik den Bürgern zu vermitteln, welche die Politik durch Wahlen legitimiert, zu einer „*Prä-Inszenierung*, die den Zugang zu den Medienbühnen regelt. Es herrscht das Gesetz der spannungsreichen theatralischen Inszenierung" (Meyer 2002, S. 8). Die Politik muss, wenn sie das Feld der Medien betritt, nach der Logik der Medien verfahren. Pointiert lässt sich hier vom Politainment (vgl-Dörner 2001) sprechen, das die symbiotische Verbindung und Durchdringung von Politik und medialer Unterhaltungskultur meint. Nicht von ungefähr haben sich für moderne Gesellschaften Begriffe wie Mediengesellschaft ‚oder' Mediokratie gebildet, die in diesen Gesellschaften neue Charakteristika für ihre Beschreibung entdecken und bezeichnen.

7.1 Mediengesellschaft

Mit dem wachsenden Einfluss der Berichterstattung und der medialen Aufbereitung von Informationen wuchs zugleich auch der Einfluss der Medien auf das politische Geschehen. Terminologisch kann man nach Saxer in einem ersten Zugriff jene Gesellschaften als Mediengesellschaften fassen, „in denen Medienkommunikation, also über technische Hilfsmittel realisierte Bedeutungsvermittlung, eine allgegenwärtige und alle Sphären des gesellschaftlichen Seins durchwirkende Prägekraft entfaltet, ein sogenanntes soziales Totalphänomen […] geworden sind" (Saxer 1998, S. 53). Als charakteristische Kennzeichen für eine Mediengesellschaft werden genannt (vgl. Jarren 2001): Die Ausbreitung – qualitativer und quantitativer Art – der publizistischen Medien, neue Medienformen, die Vermittlungsleistung und die -geschwindigkeit von Informationen durch Medien, die Durchdringung alle gesellschaftlichen Bereiche und die damit einhergehende hohe Aufmerksamkeit und Anerkennung der Medien in einer Gesellschaft. Letztlich ist in der Mediengesellschaft eine „stabile Kommunikation zwischen den Akteuren wie auch zwischen Akteuren und den Bürgern" (Jarren 2001, S. 12) ohne Medien nicht mehr möglich. Und damit sind die Medien unverzichtbares Gut für politische Akteure, um Öffentlichkeit herzustellen. Zugleich beeinflussen sie die Art und Form, den Spielraum und die Spielform der Kommunikationsmöglichkeiten der politisch Handelnden.

Meyer (2002, S. 8 ff.) verdeutlicht anhand der unterschiedlichen *Zeiten*, die der Politik auf der einen und dem Mediensystem auf der anderen Seite innewohnen, und den daraus resultierenden Logiken, die Schwierigkeiten, die sich zwischen diesen beiden Polen auftun, die zu einer Transformation der Parteien- in eine Mediendemokratie münden. Und die Logik der Medien – das wird im Nachfolgenden deutlich gemacht – zwingt diese selbst, zunehmend aktiv zu werden, und als neuer, selbstständiger Akteur, eigene Deutungen zu produzieren und anzubieten. Der politischen Prozesslogik stehen die mediale Darstellungs- und Selektionslogik gegenüber. Während politische Ereignisse und Prozesse komplex sind

> und aus einem offenen Wechselverhältnis vieler Faktoren bestehen (wie Interessen, Akteure, Programme, Legitimation, Konflikt, Konsens, soziale und kommunikative Macht, Institutionen, Rechte, Machtressourcen etc.), resultiert ihre mediale Repräsentation aus einem Prozess der Auswahl nach medialen Aufmerksamkeitskriterien (Prominenz, Personenbezug, Überraschungswert, kurze Geschehensdauer, personalisierter Konflikt, Schaden, Leistung etc.) sowie aus der Inszenierung dieses Materials unter dem Gesichtspunkt der Aufmerksamkeitsmaximierung (Dramatisierung, Erzählung, Unterhaltungsartistik, Personifikation, Mythologisierung, Ritualisierung etc.). (Meyer 2002, S. 8)

Damit wird das Bild der Medien als Vierte Gewalt von einer anderen Metapher durchdrungen: Die Medien als Akteure (Reichertz 2007b, 2011a, auch Reichertz et al. 2011). Und das die Medien aktiv werden müssen liegt u. a. in dem Auseinanderdriften der Logiken begründet. Während die Themen der Politik sich über einen langen Prozess hin ausbilden und durch das wechselseitige Aufnehmen der unterschiedlichen politischen Akteure eine spiralförmige Entwicklung entsteht,

7.1 Mediengesellschaft

an deren Ausgang eine politische Entscheidung steht, stehen die Medien hier in einem doppelten *Übersetzungsprozess*. Zum einen müssen sie aufgrund ihrer Darstellungs- und Selektionslogik Themen auswählen und entsprechend dem Medium darstellerisch aufbereiten. Aber ihre eigene Zeit, die man als Jetzt- oder Präsenzzeit bezeichnen kann und der daraus resultierende (ökonomische) Druck, fortlaufend Neues zu berichten, zwingt sie, die einmal gesendete Nachricht, die durch das Senden eigentlich zu modernem Abfall geworden ist, zu modifizieren, anzupassen, mit Deutung zu versehen oder anderweitig aufzubereiten. Themen und Nachrichten werden dadurch in einer Art recycelt, um sie als neues *Produkt* verkaufen bzw. versenden zu können. Und da es auf dem Spielfeld der Medien eine Reihe von Spielern gibt, verstärkt sich diese Logik noch. Hat ein Mitbewerber eine Nachricht gesandt, bleibt nur eine Anpassung, Veränderung, eine eigene Deutung oder ein Kommentar, um sich so ein eigenes Profil zu verleihen und sich von seinen Mitbewerbern abzusetzen. Diese Logik der Veränderung von Themen, Inhalten und Nachrichten, deren Basis evidenter Weise ökonomische Interessen sind, führt in einem nächsten Schritt nicht mehr nur zur Vor- oder Umdeutung gegebener Inhalte, sondern zur Produktion völlig eigner (und damit exklusiver) Inhalte oder Themenfelder. Und damit werden die Medien nicht nur zum Produzenten von Öffentlichkeit, die man anderen (z. B. der Politik) zur Verfügung stellen kann, und die zugleich von den Medien beobachtet und bewertet wird (Medien als Vierte Gewalt), sondern die Öffentlichkeit die die Medien herstellen, wird immer öfter von ihnen selbst genutzt, um eigene Vorstellungen aktiv zu vermitteln und an den Rezipienten zu bringen (Medien als Akteure). Diese Logik folgt keiner ideologisch manipulativen Intention, sondern allein dem ökonomischen Aufmerksamkeitskalkül, das sich für die Medien in Einschaltquoten, Auflagen oder Abonnentenzahlen ausdrückt und in Werbegelder umrechnen lässt. Journalismus lässt sich solcherart beschreiben als ein „System zwischen Selbstreferenz und Fremdsteuerung" (Weber 2000), das sich inhaltlich diversifiziert und Unterhaltung, PR, Politik, Marketing und eigene Deutungsangebote einbezieht, aber zugleich abhängig ist von entsprechenden Beziehungen zu den Mächtigen und Wichtigen des Landes und von ‚Spin-Doctors' und PR-Beratern mit tendenziösen Informationen beliefert werden, deren Ziel es ist „sich selbst und die eigene Position mit Hilfe der Journalisten der Öffentlichkeit möglichst günstig zu zeigen" (Reichertz 2009, S. 27).

Die Politik – und letztlich jeder gesellschaftliche Akteur, der durch die Medien Aufmerksamkeit erfahren will und sendungsbewusst ist – muss Formen finden, die sich der Darstellungslogik des Mediums anpasst. Eine Form ist hier das Politainment. „Politainment bezeichnet eine bestimmte Form der öffentlichen, massenmedial vermittelten Kommunikation, in der politische Themen, Akteure, Prozesse, Deutungsmuster, Identitäten und Sinnentwürfe im Modus der Unterhaltung zu einer neuen Realität des Politischen montiert werden" (Dörner 2001, S. 31). Aber die Politik muss, um für die Medien *interessant* zu sein, nicht nur auf die Präsentations- und Darstellungslogik der Medien eingehen, sondern muss zugleich deren Deutungsangebote kennen und zu diesen Stellung *beziehen* und Stellung *nehmen*. Die Journalisten, die an dieser Stelle nicht deckungsgleich mit den Medien sind und nur ein Teil der Darstellungslogik der Medien sind,

> haben in dieser Situation (in dem Bestreben Einschaltquoten und Auflagen zu erhöhen) Gegenstrategien entwickelt. Sie beobachten ihrerseits die politischen Beobachter des journalistischen Beobachterprozesses genauer. Neue Formate der Berichterstattung entstanden in den politisch informierten Medien: viele geprägt von dem journalistischen Wunsch, entweder das Darstellungsbegehren der Politiker zu unterlaufen bzw. zu entlarven oder ihm freien Lauf zu lassen bzw. ihm eine möglichst gute Bühne bereitzustellen. (Reichertz 2009, S. 27)

Und da dieser Umstand sich nicht nur auf die Politik, sondern weitgehend auf alle Gesellschaftsbereiche bzw. gesellschaftlichen Akteure bezieht, kann man zurecht im Allgemeinen von der heutigen Gesellschaft als einer Mediengesellschaft und im Besonderen von einer ‚Mediendemokratie' sprechen. Im Rahmen dieses (Meta-) Prozesses wird heute von Mediatisierung gesprochen. Mediatisierung meint u. a., dass die technologischen, wirtschaftlichen und semiotischen Merkmale von Massenmedien im Allgemeinen und massenmedialer Kommunikation im Besonderen Veränderungen, Anpassungserfordernisse und Zwänge für die Gesellschaft und die Kultur zur Folge haben. Sie wird damit zu einem Metaprozess sozialen Wandels (vgl. Krotz 2001). Darüber hinaus *wirken* die Medien – im Rahmen des Mediatisierungsprozesses – nicht nur passiv, sondern sie handeln auch aktiv und aktivieren Rezipienten bewusst für ihre eigenen Ziele. Dieses Aktivieren, das über Mediatisierung hinausgeht, kann man als *Media-Con-Act(ivat)ing* bezeichnen (vgl. Einleitung in diesem Band). Dieser Neologismus hebt auf Aspekte ab, die vom Mediatisierungsbegriff so nicht abgedeckt werden. Damit ist eine auf Aktivierung der Rezipienten ausgerichtete ‚Medienbeeinflussung' gemeint, die 1) nicht mehr nur vermittelt und sich 2) auch nicht nur in einer aktiven Rolle der Medien bei der Auswahl, dem Anstoßen und der Selbstkreation von Themen auflöst, sondern schlussendlich die Zuschauer selbst für gewisse Handlungspraktiken versucht zu aktivieren. Diese angeregten Handlungspraktiken wiederum sind Teil des jeweiligen Medienprofils (z. B. das Profil und Selbstverständnis eines Fernsehsenders, einer Zeitung etc.). Die Bürgerbeteiligung dient dort nicht mehr in erster Linie der Partizipation und Aufklärung, sondern den ökonomischen Interessen der Medien, dem Generieren von Content und der Rezipientenbindung. Ein Beispiel hierfür ist der Leser- oder Bürgerreporter (vgl. Bidlo 2011a).

Eine Reihe von meist populären Tageszeitungen laden ihre Leser dazu ein, sich aktiv um die Inhalte der Zeitung zu bemühen. Schon immer gab es Umfragen unter den Lesern und Abonnenten einer Zeitung, um deren Interessenlagen klarer zu sehen und die eigenen Inhalte daran auszurichten. Eine besondere Praxis, um Leser zu aktivieren, ist deren Einbindung und Aktivierung als *Leserreporter*. Die Medien profitieren dabei einmal von einer gewissen Allgegenwart der Bilder- und Beitragsmacher. Hinzu kommt eine unmittelbare Belieferung mit Bildern und Eindrücken. Denn Menschen – mit einem Fotohandel ausgestattet – sind meist immer vor Ort, noch bevor ein Pressefotograf den Ort des Geschehens erreicht. Und aufgrund der Vielzahl von Kontaktmöglichkeiten (allgemein über die WWW-Adresse, E-Mail, Telefon/Mobiltelefon, SMS, Fax, Foreneintrag, Brief) und ihrer Durchlässigkeit (z. B. schnelle Weiterleitungsmöglichkeit bei E-Mails und SMS) wird nahezu jeder zu einem potentiellen Leserreporter. Denn jeder kann schnell und unverbindlich die Medien kontaktieren und über Wahrgenommenes berichten bzw. ein Bild und Texte dazu liefern. Leserreporter werden demnach als solche aktiv, wenn sie journalistische Artefakte wie Bilder oder Texte produzieren und den Redaktionen zur Verfügung stellen und handeln, als ob sie Journalisten wären, auch wenn ihnen die nötige Qualifikation und Ausbildung dazu fehlt. Durch ihr Handeln werden Leserreporter unweigerlich auch Teil der sozialen Überwachung, werden sie ein Akteur im Feld der Inneren Sicherheit und werden Kamerahandys zu latenten und konkreten Überwachungskameras; und das vor dem Werte- und Anspruchshintergrund eines Mediums, für das dann ein Bild, Video oder Text produziert wird. Denn nur das, was durch das Medium als Veröffentlichungswert bewertet wird, findet Eingang ins Medium und wird distribuiert. Auch neu entstandene Fernsehformate, wie das Scripted Reality fallen darunter, denn sie binden den jeweiligen Bürger völlig neu ein und weisen ihm eine aktive Rolle in der jeweiligen Sendung zu. Fernsehsendungen schaffen durch die Einbindung von Laiendarstellern in die jeweilige Darstellung eine Bindung zwischen Bürger und dem Medium Fernsehen mit einer neuen Qualität der Teilhabe des Bürgers an der Aushandlung des jeweiligen Sachverhaltes (vgl. allgemein Englert und Roslon 2011).

7.2 Journalistisches Selbstverständnis

Der Art. 5 des Grundgesetzes, in dem dezidiert festgehalten wurde, dass jede Person Meinung in Wort, Schrift und Bild äußern und verbreiten darf, führte dazu und begründete, warum die Berufsbezeichnung Journalist nicht geschützt ist und sich jeder, als ein solcher bezeichnen darf (vgl. auch Donsbach 1999, S. 489). Auch wenn das Mediensystem mehr ist, als die in ihm arbeitenden Journalisten, sind sie wichtige Akteure in diesem Feld. Ein allgemeines Verständnis von Journalismus bzw. der Tätigkeit von Journalisten leitet sich von der Definition des *Deutschen Journalisten-Verbandes DJV* ab: „Journalistin/Journalist ist, wer nach folgenden Kriterien hauptberuflich an der Erarbeitung bzw. Verbreitung von Informationen, Meinungen und Unterhaltung durch Medien mittels Wort, Bild, Ton oder Kombinationen dieser Darstellungsmittel beteiligt ist:

1. Journalistinnen und Journalisten sind fest angestellt oder freiberuflich tätig für Printmedien (Zeitungen, Zeitschriften, Anzeigenblätter oder aktuelle Verlagsproduktionen), Rundfunksender (Hörfunk und Fernsehen), digitale Medien, soweit sie an publizistischen Ansprüchen orientierte Angebote und Dienstleistungen schaffen, Nachrichtenagenturen, Pressedienste, Presse- und Öffentlichkeitsarbeit in Wirtschaft, Verwaltung und Organisationen sowie in der medienbezogenen Bildungsarbeit und Beratung.
2. Zu journalistischen Leistungen gehören vornehmlich die Erarbeitung von Wort- und Bildinformationen durch Recherchieren (Sammeln und Prüfen) sowie Auswählen und Bearbeiten der Informationsinhalte, deren eigenschöpferische medienspezifische Aufbereitung (Berichterstattung und Kommentierung), Gestaltung und Vermittlung, ferner disponierende Tätigkeiten im Bereich von Organisation, Technik und Personal.
3. Journalistinnen und Journalisten üben ihren Beruf aus als freiberuflich Tätige oder als Angestellte eines Medienunternehmens bzw. im Bereich der Presse- und Öffentlichkeitsarbeit eines Wirtschaftsunternehmens, einer Verwaltung oder einer Organisation."[4] Die Beschreibung macht deutlich, dass in der Praxis die Profis von den Hobby- oder Leserreportern unterschieden werden. Der DJV grenzt sich selbst von journalistischen Laien ab: „Der Deutsche Journalisten-Verband (DJV) ist die Gewerkschaft und Berufsvereinigung der Profi-Journalistinnen und -Journalisten – derjenigen also, die hauptberuflich im Journalismus arbeiten. Hobbyschreiber oder Leserreporter müssen anderswo anklopfen, denn in den DJV kommen nur die Profis rein."[5] Auch eine Umfrage unter freien Journalisten zu ihrem Selbstverständnis zeigt als Ergebnis den Zusammenhang mit der Hauptberuflichkeit (mehr als 50 % des Einkommens durch die Tätigkeit) und der Arbeit für ein journalistisches Medium bei gleich*zeitiger journalisti*scher Tätigkeit. „Personen, die für Public Relations/Werbung, nicht-aktuelle

---

[4] Zu finden unter http://www.djv.de/DJV-Flyer-und-Broschueren.1257.0.html [02.04.11], hier die Broschüre „Berufsbild", Stand Januar 2009.

[5] Der Flyer „DJV – Die Profis, unter http://www.djv.de/DJV-Flyer-und-Broschueren.1257.0.html [02.04.11].

7.2 Journalistisches Selbstverständnis

Abb. 7.1 (Meyen und Riesmeyer 2009, S. 209)

Publizistik oder für ehrenamtlich produzierte Medien und Mitgliederzeitungen tätig sind, werden gemäß dieser Definition ausgeschlossen" (Buckow 2011, S. 74). Im Rahmen einer normativen Vorstellung, was die Funktion der Medien bzw. der Journalisten sei, erhielt das Arbeitsziel „Kritik an Missständen üben und auf Fehlentwicklungen aufmerksam machen" eine 3/4-Zustimmung (vgl. Buckow 2011, S. 78).

Die Kritik- und Kontrollfunktion – die ja wesentliche Inhalte der Vorstellung von den Medien als Vierte Gewalt im Staate ausmachen – bildet dergestalt einen tragenden Aspekt der Selbstbeschreibung. Dennoch ist sie nicht die einzige Beschreibung, sie wird mitunter durch gegensätzliche Perspektiven unterwandert. Meyen und Riesmeyer (Meyen und Riesmeyer 2009, S. 207 ff.) haben Realtypen der Selbstbeschreibung von Journalisten gebildet. „Wie bei jeder Typologie geht es zunächst darum, Ordnung in eine unüberschaubare Vielfalt zu bringen und schlaglichtartig Unterschiede zwischen den einzelnen Journalisten zu erhellen" (Meyen und Riesmeyer 2009, S. 208). Abbildung 7.1 zeigt die verschiedenen Typen im Zusammenspiel von Publikumsorientierung und Medienwirkungsvorstellung:

Ohne an dieser Stelle en detail auf diese verschiedenen Typen einzugehen, macht die Abbildung deutlich, dass es unterschiedliche *Haltungen* der Journalisten zu ihrem Beruf gibt, die auch durch die unterschiedlichen Bereiche – z. B. Sportredaktion oder Wirtschaftsredaktion – mitgeprägt sind. Die einen verstehen sich als Dienstleister: Sie „glauben zu wissen, was ihre Leser, Hörer oder Zuschauer erwarten, und arbeiten daran, diese Wünsche optimal zu bedienen. Zu ihrem Selbstverständnis gehören ein positives Publikumsbild, Distanz zum Gegenstand, der Verzicht auf jede Mission sowie Bescheidenheit" (Meyen und Riesmeyer 2009, S. 210). Die Künstler hingegen interessieren sich weniger für die Wünsche des Publikums, „sondern produzieren das, was sie selbst nutzen würden, wenn sie auf der anderen Seite wären" (Meyen und Riesmeyer 2009, S. 235).

Die Typologisierung macht vor allem deutlich, wovon das Selbstverständnis eines Journalisten abhängt. Und das ist – bis auf wenige Ausnahmen (Künstler und Detektiv) und das auch nicht in Gänze – vor allem das Publikum. Das wiederum macht deutlich, dass auch die Journalisten – wie könnte es anders sein – vom Zuspruch des Publikums abhängig sind. Sei es, um symbolisches Kapital zu erwerben oder um die eigene materielle Basis zu sichern (ökonomisches Kapital). In dieser Sicht erhalten die Einschaltquoten oder Verkaufszahlen einen unmittelbaren Einfluss auf die Arbeit der Journalisten, und das nicht nur durch den Druck eines Arbeitgebers. Nahe am Zuschauer zu sein, zu wissen, was das Publikum will, wird innerhalb der Medien zu einem Kompass für das eigene Handeln. Neben diesen arbeits- und sichtweisenspezifischen Aspekten hat eine strukturelle Veränderung die Arbeit der Journalisten grundlegend modifiziert. Es ist die Verlagerung hin zum Internet und weg von den herkömmlichen, printspezifischen Darstellungsformen, die aber zugleich das tragende Geschäftsmodell waren. „Die Werbeerlöse, durch die sich der Journalismus bisher vor allem finanziert hat, bröckelt seit Jahren. Hinzu kommt, dass den Medien Zuschauer, Zuhörer und Leser davonlaufen. Allein die Tageszeitungen haben innerhalb von zehn Jahren 5 Mio. Käufer verloren. [...] Neue Formen der Kommunikation sind entstanden. Jeder kann heute über einen Blog oder *Twitter* publizieren" (Rohrbeck und Kunze 2010, S. 9–10). Daran schließt sich für manche Journalisten (und nicht nur für diese) die Frage an: „Wozu noch Journalismus?" (Weichert et al. 2010).

7.3 Die Fünfte und die Sechste Gewalt

In den letzten Jahren wird vermehrt von einer Fünften oder sogar Sechsten Gewalt im Staate gesprochen. Mit der Fünften Gewalt werden mittlerweile die Lobbyverbände und der Lobbyismus allgemein bezeichnet (vgl. Leif und Speth 2006a). Kennzeichnend ist hier, dass Personen die Politik bzw. politische Entscheidungen nach der Interessenlage ihrer Auftraggeber beeinflussen; und das, obwohl sie selbst weder *direkt* am politischen Entscheidungsprozess beteiligt sind noch über ein demokratisches Mandat verfügen (vgl. Leif und Speth 2006b, S. 2). Sie folgen weder einem grundgesetzlichen Auftrag – wie z. B. die Medien durch Art. 5 Abs. 1 des Grundgesetzes – noch haben sie zwingend ein gesellschaftspolitisches Interesse, sondern folgen dezidiert Einzelinteressen. Darüber hinaus ist das moderne Lobby-

7.3 Die fünfte und die Sechste Gewalt

ing – anders als die in Verbänden organisierten Interessenvertretungen – „punktueller und situationsbezogener" (Leif und Speth 2006b, S. 2), Lobbyisten sind neue Akteure ohne Legitimation und Öffentlichkeitswunsch. Ihr Spielfeld ist *fluide* und ihr Kennzeichen ist der informelle Charakter abseits der Öffentlichkeit. Beeinflussung oder Veränderung erfolgt hier dergestalt durch intransparente „Einflüsterungen" an neuralgischen Punkten des politischen und gesellschaftlichen Systems. Im Gegensatz dazu hat sich seit einigen Jahren ein weiterer Akteur konstituiert, der mitunter als Fünfte bzw. Sechste Gewalt im Staate bezeichnet wird (Seeber 2008). Die Rede ist hier von den durch das Internet für alle offenen und auch selbst produzierbaren Blogs, Foren oder Kurznachrichtendistributoren (z. B. *Twitter*), die dadurch gekennzeichnet sind, dass sie nahezu kostenfrei und mit geringem Aufwand von *Jedermann* ins Leben gerufen werden können, und deren Zugriff über das WWW weltweit möglich ist. Genau diese Aspekte – kostengünstig, geringer (technischer, materialer) Aufwand und die weltweite Erreichbarkeit – sind wichtige Gründe für den Erfolg und die Verbreitung dieser Form der Nachrichten- und Informationsvermittlung. Denn während vor dem Internetzeitalter alle Distributionskanäle (Radio, Fernsehen, Zeitungen) allein aufgrund ihres hohen finanziellen Aufwandes nur durch Unternehmen oder den Staat (öffentlich-rechtliches Fernsehen und Radio) betrieben werden konnten und damit die entsprechenden Redaktionen in einem hohen Maße eine Gatekeeperfunktion innehatte, hat sich dies durch das Internet gewandelt. Der Mitteleinsatz für die Verbreitung von Informationen ist überschaubar[6] bei gleichzeitiger hoher potentieller Reichweite. Aber auch eine Enthüllungsplattform *Wikileaks*, deren technischer und juristischer Anspruch ungleich größer ist, um vor dem juristischen Griff eines Staates geschützt zu sein, ist ohne Weiteres nicht mehr mit den klassischen Medien zu vergleichen (vgl. Riemann 2011) und hat das Feld der Informationen und der Informationsdistribution weiter verändert. Das Internet bietet mittlerweile ein hohes Maß an Einflussnahme. Sogenannte *Internetstars*, die immer wieder *emporgespült* werden, verdeutlichen dies u. a. Ein Beispiel aus dem Unterhaltungsbereich ist Justin Biber, der durch ein Internetvideo bei *Youtube* auf sich aufmerksam machte und letztlich dadurch entdeckt wurde. Politisch denke man an die politischen Umwälzungen in Nordafrika, die durch Blogeinträge und *Facebook*-Nachrichten koordiniert

---

[6] Das soll nicht darüber hinwegtäuschen, dass im Zuge der nahezu unüberschaubaren Menge an Informationsangeboten im Internet nicht nur die Validität der Informationen ein mögliches Problem ist. Allein um gefunden und dann gelesen zu werden, bedarf es mittlerweile eines hohen finanziellen Mitteleinsatzes, so dass auch im Internet wirtschaftliche Gesichtspunkte und ökonomisches Potenzial eine Rolle spielt. Dennoch bleibt der Umstand, dass die Grundinfrastruktur mittels eines Computers, Internetanschlusses und einer Webseite gelegt werden kann und damit überschaubar bleibt.

und auch *informiert* wurden. Aber auch der sogenannte *GuttenPlag Wiki*, das sich im Zuge der Plagiatsaffäre des ehemaligen Verteidigungsministers zu Guttenberg bildete und durch gemeinschaftliche Arbeit einer Internetgruppe, die sich zu diesem Thema formierte, kann als Beispiel für die Schnelligkeit und Einflussnahme solcher *Formate* dienen. Das mag auch der Grund dafür sein, dass man von einer zusätzlichen Gewalt spricht, obgleich doch das Internet zum Mediensystem dazugehört. Aber es ist in seiner Struktur – aufgrund der beschriebenen Offenheit für den Alltagsmenschen in Produktion *und* Distribution von Informationen – anders als die herkömmlichen Medien. Aus diesem Grund zählt man die Formate des Internets nicht zu der vierten Gewalt der Medien hinzu, sondern sieht in ihnen eine weitere und neue Form der Kontrolle der Politik und der Meinungsbildung. Aber auch die herkömmlichen Medien greifen zunehmend auf die Bürger, also den Privatmenschen, zurück, um ihr Informationsangebot zu erweitern, Kosten zu reduzieren und zugleich Bürgernähe zu evozieren (vgl. Bidlo 2011a). Und dieser Prozess ist bemerkenswerter als es den Anschein hat, liegt doch in ihm ein wichtiger Grund für die These, dass *Medien zu Akteuren der Inneren Sicherheit* werden (Reichertz 2007b, 2011a, auch Reichertz et al. 2011) und die Metapher der vierten Gewalt zunehmend von einem weiteren Bild durchsetzt wird: Die Medien sind Aktivierer von Menschen und Akteure zugleich, die nicht mehr nur *über* etwas berichten, sondern immer häufiger dasjenige *selbst entwerfen*, über das dann später berichtet wird. Die Medien motivieren ihre Leser oder allgemeiner: Rezipienten zur Mitarbeit, diese werden zu Leser-, Bürger-, Lokal- oder Festivalreporter, die Bilder, Videos und Texte produzieren, die dann – zwar meist redaktionell abgenommen – über die Internetausgabe des jeweiligen Mediums und mitunter auch der Printausgabe distribuiert werden. Die Medien stellen sich als fester Ansprechpartner für Probleme und Nöte der Bürger dar und verweisen selbst gerne auf ihren aktiven Einsatz für den Rezipienten.[7] Geleitet ist dieses Tun mehr von ökonomischen Erfordernissen der Kundenbindung als der journalistischen Überzeugung zur Kontrolle der Staatsgewalten. Das soll nicht heißen, dass solches Tun ebenfalls von den Medien geleistet wird, z. B. bei investigativem Journalismus. Aber auch dieser ist nunmehr eingebettet in eine ökonomische Großwetterlage, die dazu anhält, mediale Inhalte für den Markt zu produzieren: und das eben nicht mehr nur für den Unterhaltungsbereich, sondern auch für die Felder Nachrichten und Information (zum investigativen Journalismus in Gegenüberstellung zur Vierten Gewalt s. Kap. 2 und 8). Damit einher geht die marktgerechte *Formatierung* der Inhalte, die nicht mehr nur in einfacher Form aufbereitet und verteilt wird, sondern die in geeignete, unterhaltende Formen gegossen werden muss. So wird aus Ge-

---

[7] Man denke hier z. B. an Fernsehformate wie *SAT.1-Akte 2012-Reporter kämpfen für Sie!*

sprächsrunden ein Polit-Talk, in denen Zuschauerreaktionen angeregt, gemessen und noch in der Sendung dargeboten werden (vgl. z. B. *Hart aber fair* in der *ARD*), auf die dann die Anwesenden reagieren müssen. Aus Dokumentationen werden dann investigative Krimis, die explizit (z. B. durch die Wahl des Themas) oder implizit (z. B. Wackelkamera, Schriftart während des Beitrags, Verfremdungstechnik, musikalische und soundgestalterische Untermalung usw.) eine Wertung geben bzw. ein Deutungsangebot machen.

Für die Journalisten selbst firmiert dies gleichwohl alles noch unter dem Bild der Vierten Gewalt, ihr Selbstverständnis ist hierdurch geprägt (vgl. auch Englert „Medienexperten" in diesem Band). Zwar erfahren die Journalisten in ihrem Arbeitsalltag vermehrt den ökonomischen Druck ihres jeweiligen (Medien)Arbeitgebers, der sich durch Klickraten der Onlinebeiträge oder den klassischen Verkaufs- oder Abonnentenzahlen errechnen und darstellen lässt. Sie sehen sich dennoch mehr in ihrer Selbstbeschreibung als Wächter und Kontrolleur der Öffentlichkeit, von Polizei, Politik oder der Stadtverwaltung und weniger als reiner Dienstleister für einen Leser oder Zuschauer, den es zu unterhalten und zu aktivieren gilt.

7.4 Abschluss

Die Metapher der Medien als Vierte Gewalt, die durch die Herstellung von Öffentlichkeit erst den Weg ebnet für eine gesellschaftliche Diskussion, und die dadurch Kontrollmacht auf die drei grundgesetzlichen Gewalten ausübt, ist ein veraltetes Bild. In der Bundesrepublik Deutschland hat es sich besonders nach dem Zweiten Weltkrieg aufgrund der Erfahrungen der propagandistischen und manipulativen Macht einer gleichgeschalteten Presse etabliert. Die Medien sollten besonders den Raum der Öffentlichkeit aufspannen, in dem politische Entscheidungen und Themen diskutiert und ins Licht gerückt werden sollten, um sie zu bewerten und einzuschätzen. In den 1970er stehen sich dann der Glaube an die Manipulationsfähigkeit des Fernsehens und der Wunsch nach Bürgerpartizipation und Emanzipation gegenüber. Diese Entwicklung mündet letztlich in einem Zustand, den man mit dem Begriff der ‚*Mediendemokratie*' bezeichnen kann. In der Gegenwart zeigt sich zugleich, dass auch die Medien – und damit die Informations- und Nachrichtenverteilung – sich nicht ökonomischen Erfordernissen widersetzen können. Gegenwärtig besteht weniger die Gefahr, dass Medien bewusst politische Meinungen manipulieren,[8] sondern dass sie aus ökonomischen, strukturellen und unternehmerischen Gelagen heraus, vermehrt selbst Meinungen ausbilden, Themen produzieren und aktiv verbreiten und Rezipienten dazu anhalten, für sie tätig zu werden. Dies

---

[8] Was an dieser Stelle auch nicht zwingend ausgeschlossen wird.

geschieht zweifellos innerhalb der rechtlichen Rahmung, vor dem Hintergrund eines unruhigen und sich stetig und unvorhersehbar veränderten Feldes von Themenwechsel und Meinungsveränderungen, aber auch „unter scharfer Beobachtung ihrer eigenen Marktseite, das heißt ihrer Konkurrenten im selben Medium und in Nachbarmedien (jede Redaktion fragt sich laufend, mit welchen Angeboten andere Redaktionen welche Erfolge und Misserfolge beim Publikum haben)" (Baecker 2003, S. 5). Die Metapher von den Medien als Vierter Gewalt löst sich dergestalt nicht auf, sondern wird Teil der Beschreibung der Medien als Akteure und der ökonomischen Logik (siehe auch Reichertz 2011a). Wenn es Einschaltquoten sichert oder die Leserschaft erhöht oder wenn es dazu dient, ein Profil zu entwickeln, das sich von den Konkurrenten absetzt, dann arbeiten die Medien auch als Kontrollinstanz der anderen Gewalten. Wenn es sich umgekehrt lohnt, sich mit der Politik zu ‚verbrüdern', wie in jüngster Vergangenheit z. B. der Fall *Gutenberg* und die Bildzeitung verdeutlicht, dann wird auch dies gemacht. In der auf die Jetzt-Zeit und unmittelbaren Gegenwart ausgerichteten Medienwelt, wird die Funktion der Medien als vierter Gewalt eine unter anderen und ist nicht mehr als eine Metaperspektive anzusehen. Die neue Metaperspektive drückt sich nunmehr in dem Bild „Die Medien als Akteure" aus. Und der Prozess dieser Verschiebung lässt sich pointiert ausdrücken: *Vom Vermittler zum Akteur.* Aber auch dabei bleiben die Medien nicht stehen. Denn sie sind mittlerweile nicht mehr nur selbst Akteure in gesellschaftlichen Feldern, sondern aktivieren vor dem Hintergrund ihrer eigenen Erfordernisse (Schnelligkeit, Contengenerierung, Rezipientenbindung) Alltagsmenschen z. B. in Form von Leserreporten. Dieses Media-Con-Act(ivat)ing geht nicht nur über das Vermittler-, sondern auch über das Akteurbild von Medien hinaus.

Self-made Experts?

Medien (und ihr Publikum) als eigenständige Sicherheitsexperten

Carina Jasmin Englert

In einer Gesellschaft, in der sich Wissen zu einem immer wichtigeren Gut entwickelt hat und die sich mittlerweile als ‚Wissensgesellschaft' (vgl. Stehr und Grundmann 2010) bezeichnen lässt, nimmt auch die Expertise einen immer wichtigeren Stellenwert ein. Nicht nur der *Umfang* des Wissens in einer Gesellschaft nimmt stetig zu, sondern auch der *Inhalt* des gesellschaftlichen Wissensvorrates ist einer ständigen Veränderung unterworfen (vgl. Stehr und Grundmann 2010, S. 7 ff.). Mit dieser Zunahme gesellschaftlich relevanten Wissens und der Modifikation seines Inhaltes wird es für das einzelne Individuum in einer Gesellschaft immer schwieriger, Relevanzen im eigenen Wissenserwerb zu setzen. Die immer schnellere und immer tiefer greifende Veränderung des Wissens betrifft jedoch nicht nur den Umfang und Inhalt des Wissens, sondern auch die Personengruppen, die einst erste Ansprechpartner für Laien waren, um mit ihrem Wissen dem Individuum mit Rat zur Seite standen: den *Experten*. Noch vor gut vier Jahrzehnten unterstützte bspw. der Gemeindepfarrer Familien bei der Lösung sozialer Probleme – heute hilft z. B. Vera Int Veen in ihrer Reality-Show *Verzeih mir* auf *RTL* (zur Tradition dieser Sendung siehe Reichertz 2000). In ‚unsicheren Zeiten' (vgl. Soeffner 2010) und ‚dynamischen Gesellschaften' (vgl. Häuser et al. 2001), in denen sich eine Entgrenzung gesellschaftlicher Ordnung vollzieht, sucht das Individuum mehr denn je nach Halt und Orientierung. In dieser Zeit der Entgrenzung gesellschaftlicher Ordnung treten ‚traditionelle' Institutionen immer mehr in den Hintergrund, weil sie aus finanziellen, organisatorischen oder strukturellen Gründen in ihrem Handeln eingeschränkt werden und hinterlassen eine institutionelle Leerstelle in der Gesellschaft (vgl. auch Reichertz 2000). In diese Leerstelle scheinen zunehmend die Medien als Akteure zu treten, die dem Individuum Orientierung bieten und als Referenzpunkte für normgerechtes Handeln fungieren. Die Regeln normgerechten Handelns scheinen in den Medien zunehmend durch *korporierte Akteure*[1] (vgl. Reichertz und Englert 2011, S. 29) vertreten zu werden, die nicht mehr lediglich die Rolle des Journalisten, des Redakteurs oder des Moderators bekleiden, sondern über ihre Rolle im medialen Feld hinausgehen: diese korporierten Akteure scheinen sich zunehmend als ‚Experten' auf bestimmten Themengebieten zu verstehen und als solche schreiben sie sich neue gesellschaftliche Aufgaben zu, die einst Vertretern von ‚traditionellen' Institutionen vorbehalten gewesen sind.

8.1 Neue Experten aus eigenen Reihen?

Es ist nicht neu, dass Medien wie das Fernsehen oder die Zeitung, externe Experten, also Personen, die vorrangig außerhalb des Feldes der Medien tätig sind, zu spezifischen Themen zu Rate ziehen: z. B. aus den Bereichen Erziehung, Beziehungsberatung, Politik oder Innere Sicherheit. In unterschiedlichen Fernsehgenres und -formaten, wie bspw. Magazinen, Diskussionsrunden, Talkshows, (‚gescripteten') Dokumentationen und verschiedenen Sendungen des Reality-TV, kommen diese Experten neben den Moderatoren und Journalisten vor und hinter der Kamera, z. B. in beratender Funktion bei der Produktion, zu Wort: bspw. erklären Pädagogen im Fernsehen, was ‚richtige' Kindererziehung heißt, Forensiker erläutern das Vorgehen bei der Verbrechensaufklärung[2] oder Psychologen unterstützen Hilfesuchende bei der Lösung ihrer Beziehungsprobleme und intervenieren bei den Dreharbeiten zu einer Sendung.[3]

Ebenso wenig neu ist, dass die Mediatisierung kommunikativen Handelns und der Alltagswelt zu einer Durchdringung des Alltags mit Medien(-inhalten) führt und dass sich im Rahmen der Mediatisierung die Vertreter aus anderen Feldern, insbesondere aus dem Feld der Inneren Sicherheit, an den Medien orientieren (vgl.

---

[1] Unter dem Terminus ‚korporierter Akteur' werden ‚Medienmacher', wie z. B. Zuständige für Schnitt und Bühnenausstattung, Regisseure und Kameraleute zu sammen gefasst, und damit die konkreten Personen, denen die Handlungen nicht nur vor, sondern auch hinter der Kamera in einer Fernsehsendung zugerechnet werden können. Der Terminus ‚korporierte Akteure' orientiert sich auch an den Ausführungen von Ortmann, der unter ‚korporativen Akteuren' nicht nur einzelne Individuen, sondern auch Organisationen versteht (vgl. Ortmann 2010, S. 63) (vgl. Englert und Roslon 2011, S. 152).

[2] Ein Beispiel für solch eine Form eines Medienexperten ist der Kriminalbiologe Mark Benecke, der u. a. in Fernsehsendungen, wie *TV-Total* auf *Pro7* oder *Autopsie – Mysteriöse Todesfälle* auf *RTL 2* zu sehen ist.

[3] Zu solch einer Intervention kam es 2011 im Falle der Sendung *Die Super-Nanny* als Katja Saalfrank sich dazu entschloss, nicht mehr an den Dreharbeiten zur Sendung teilzunehmen und das Reality-TV-Format nicht fortgesetzt wurde.

8.1 Neue Experten aus eigenen Reihen?

u. a. Krotz 2007; Hartmann und Hepp 2010; Reichertz 2011a; Bidlo, Englert, Reichertz 2011) und in das Feld der Medien hineingezogen werden: Polizisten äußern sich in Sendungen wie *Aktenzeichen XY... ungelöst* zu ungelösten Kriminalfällen oder Polizeireviere richten eigene Pressestellen ein, in denen aktuelle Meldungen ‚pressegeeignet' aufgearbeitet und an entsprechende Presseportale weitergeleitet werden. Die pressefreundliche Aufarbeitung, bspw. von Verkehrsmeldungen, erfolgt in der Polizeipressestelle unter Orientierung an journalistischen Standards. In speziellen Fort- und Ausbildungen werden Beamte der Polizei journalistisch geschult – auch unter der Leitung von Berufsjournalisten – z. B. für die Presse ‚attraktive' Texte über ein aktuelles Polizeigeschehen zu schreiben oder ‚medienwirksam' vor die Fernsehkamera zu treten.[4] Institutionen der Inneren Sicherheit, wie die einzelnen Polizeistellen, reagieren mit der Schulung ihrer Polizisten auf die Entwicklung, dass Medien nicht mehr alleine Vermittler von Informationen sind, sondern sich zu eigenständigen Akteuren entwickelt haben, die eigene – insbesondere auch ökonomische – Interessen vertreten (müssen) – und dies auch im Feld der Inneren Sicherheit tun (vgl. Bidlo, Englert, Reichertz 2011). Um an diesem Feld der Medien, in denen die Medien über Innere Sicherheit eigene Vorstellungen verbreiten, als Institution der Inneren Sicherheit teilnehmen zu können, müssen diese wiederum die Spielregeln des Feldes der Medien lernen. Nur so gelingt es den korporierten Akteuren aus dem Feld der Inneren Sicherheit im Feld der Medien tätig zu werden. Die Akteure der Inneren Sicherheit bewegen sich also nicht mehr allein in dem ihnen angestammten gesellschaftlichen Feld der Inneren Sicherheit, sondern auch im Feld der Medien, indem sie selbst damit beginnen, Polizisten eine Ausbildung in Kooperation mit korporierten Akteuren des medialen Feldes zu ermöglichen.

Neu ist allerdings, dass Akteure aus dem medialen Feld zunehmend eine Form von *Experten*rolle auf unterschiedlichen Themengebieten einnehmen und in unterschiedlichen Medien, insbesondere dem Fernsehen, Stellung zu Expertenfragen beziehen. Journalisten und Moderatoren kommen bspw. im Fernsehen in Beziehungsfragen zu Wort (z. B. *Bauer sucht Frau* auf *RTL*), unterstützen Menschen bei ihren Versöhnungsversuchen nach einem Streit (z. B. *Verzeih mir* auf *RTL*), nehmen Stellung zur Themen der Inneren Sicherheit, wie der Bedrohung von Kindern durch Internetchats (*Tatort Internet* und *Tatort Ausland* auf *RTL 2*) oder suchen

---

[4] In Nordrhein-Westfalen erfolgt die Fort- und Ausbildung der Polizeipressesprecher am Landesamt für Ausbildung, Fortbildung und Personalangelegenheiten der Polizei Nordrhein-Westfalen (*LAFP NRW*) in Münster statt (vgl. hierzu auch Böhm und Englert in diesem Band.).

nach Zeugen zu Verbrechensfällen (*Zeugen gesucht* auf *Sat.1*).[5] Nun könnte man dieses Vorgehen, dass Akteure aus dem medialen Feld die Initiative ergreifen und auf soziale und sozialpolitische Probleme aufmerksam machen und gegen Kriminalität kämpfen unter investigativen Journalismus oder unter das Stichwort ‚Vierte Gewalt' fassen (vgl. hierzu auch Kap. 7), doch das Expertentum, das von diesen Akteuren des medialen Feldes ausgeht, besitzt eine andere, eine neue Qualität. Im investigativen Journalismus bleiben Medienvertreter, wie Journalisten oder Moderatoren, in ihrer Rolle als Medienvertreter, d. h. sie recherchieren *in* ihrer Rolle als *Vertreter der Medien* verdeckt in einem anderen gesellschaftlichen Feld und weisen bspw. in Zeitungsbeiträgen oder Fernsehsendungen auf gesellschaftliche Missstände hin.[6] Es lässt sich in den letzten zwei Jahren jedoch eine weitere Entwicklung beobachten: Medien treten zunehmend in die Leerstelle, die sich zurückziehende gesellschaftliche Institutionen hinterlassen. Dies äußert sich u. a. darin, dass sich korporierte Akteure aus dem medialen Feld zu Themen äußern, die einst von Vertretern traditioneller gesellschaftlicher Institutionen beantwortet worden sind. Moderatoren und Journalisten suchen Zeugen zur Aufklärung eines Verbrechens – und das tun sie nicht in direkter Kooperation mit Institutionen der Inneren Sicherheit, wie bspw. der Polizei, sondern *eigenständig* und weisen sich selbst damit eine bestimmte Rolle zu (siehe auch die Videoanalysen von Bidlo, Englert und Reichertz in diesem Band.). Eine Rolle, die ähnlich der Rolle eines Experten zu sein scheint.

8.2 Was ist ein Experte?

Der Expertenstatus einer Person stellt im Wesentlichen eine soziale Etikettierung dar, die von jemandem aufgrund spezieller Kompetenzunterstellungen und/oder Kompetenzansprüche vollzogen wird (vgl. Hitzler 1994, S. 6, ausführlich dazu Hitzler et al. 1994). Mit solch einer Form von Rollenzuweisung sind bestimmte Erwartungen an die Person, die eine (Experten-)Rolle bekleidet, verbunden. Zunächst

---

[5] Das Phänomen, dass Akteure aus den Medien zu Experten für unterschiedliche Themen werden, ist nicht neu. Bereits 1992 wird Linda De Mol zur Wedding-Planerin in der Sendung *Traumhochzeit auf RTL* (ausführlich dazu Reichertz 2000). Diese Sendung wird seit 2008 nicht mehr gesendet, aber es folgte die nächste: Frank der Wedding-Planer auf *RTL 2* hat die Aufgabe übernommen, zukünftige Ehepaare in der Planung ihrer persönlichen Traumhochzeit zu unterstützen. Neu ist allerdings die Qualität dieses Expertentums. Die von den Medien ausgewiesenen Experten aus eigenen Reihen greifen aktiv in bestimmte Diskurse, insbesondere auch in den der Inneren Sicherheit, ein.

[6] Eines der bekanntesten Beispiele ist hier u. a. Günther Wallraff, der seit den 1960er Jahren insbesondere investigativ tätig ist.

ist diese Erwartung unabhängig davon, mit welchem Experten man es nun genau zu tun hat. Von einer Person, der eine Expertenrolle zugeschrieben wird, erwartet man besondere (erlernte) Fähigkeiten auf einem bestimmten Gebiet und damit einen gewissen Wissensvorsprung im Vergleich zu den Nicht-Experten, wie bspw. Laien, Amateuren, Dilettanten und Wohlinformierten. Ein Experte zeichnet sich vor allem durch besondere Wissensbestände aus, deren Ansammlung auch als ‚Expertenwissen' bezeichnet wird. Dieser Wissensvorsprung äußert sich häufig in der Anwendung einer speziellen Fachsprache, die meist in einer sachlichen Argumentation zu einem bestimmten Thema eingesetzt wird. Die Legitimation des Experten erfolgt u. a. dadurch, dass Experten den Ratlosen und Ratsuchenden mit ihrem speziellen Wissensvorrat zur Seite stehen. Diese Mittlerrolle können Experten einnehmen, indem sie Komplexität reduzieren und Vertrauen schaffen: Vertrauen zu einem Experten basiert bspw. auf Reputation, die eine Person erhält, wenn sie verlässliche Informationen weitergibt und sich ‚einen Namen macht', indem sie z. B. regelmäßig in den Medien präsent ist (vgl. Stehr und Grundmann 2012, S. 43 ff.).

Interessant ist nun, dass der Experte nicht immer tatsächlich über das Expertenwissen verfügen muss, um als Experte zu gelten, sondern dass auch aufgrund bestimmter Symbole oder Embleme sowie (Anti-) Rituale, die er vollzieht, als Experte wahrgenommen werden kann. In solchen oder ähnlichen Inszenierungsleistungen muss sich nicht zwangsläufig eine tatsächlich vorhandene Kompetenz einer Person widerspiegeln, vielmehr muss die Person es verstehen, *sozial zu plausibilisieren*, dass er über solche Kompetenzen verfügt. Gelingt einer Person als Experte zu überzeugen, dann wird ihm die Rolle eines kompetenten und legitimierten – also eine Form eines anerkannten Akteurs – zugeschrieben. Die Zuschreibung von Kompetenz und Legitimation ist für die Positionierung eines Akteurs im Raum entscheidend, auch wenn Kompetenz einem Experten allerlei aber nicht alle Befugnisse verleiht, stehen die Befugnisse, sprich die Legitimation, und die Kompetenz eines Akteurs in Korrelation miteinander (vgl. Hitzler 1994, S. 27).

8.3 Zwischen der Rolle des TV-Polizisten und der Rolle des Beamten – Das Beispiel *Toto & Harry*

Die nachstehenden Erläuterungen zu konkreten Beispielen von Fernsehsendungen, in denen Vertreter der Inneren Sicherheit in das Feld der Medien eintreten und Akteure der Medien in das Feld der Inneren Sicherheit, basieren auf einer vergleichenden hermeneutisch-wissenssoziologischen Videoanalyse der Sendungen *Plasberg Persönlich* vom 03.02.2012 und *Zeugen gesucht – mit Julia Leischik* vom 19.02.2012.

Die unterhaltende Darstellung von Themen und Fragestellungen aus dem Feld der Inneren Sicherheit im Fernsehen ist in den letzten fünf Jahrzehnten stetig angestiegen. Seit Mitte des 20. Jahrhunderts stellen Fernsehkrimis, Kriminalfilme und – insbesondere seit der Jahrtausendwende auch Fernsehsendungen des Reality-TV und des Scripted Reality – Verbrechen und deren Aufklärung im Deutschen Fernsehen zunehmend *unterhaltend* dar (vgl. hierzu auch *Securitainment* in Bidlo et al. 2011; Bidlo und Englert 2009). Die Zunahme von unterhaltenden Fernsehsendungen, die sich mit Themen der Inneren Sicherheit beschäftigen, lässt sich als ‚Securitainment'-Welle bezeichnen und stellt eine Folge der allgemeinen Mediatisierung der Alltagswelt dar. Den Folgen der Mediatisierung können sich auch Institutionen der Inneren Sicherheit nicht entziehen. Als Konsequenz treten diese Institution und deren korporierte Akteure *on air* und *off air* mit den Akteuren des medialen Feldes in Kontakt. Diese Kontaktaufnahme erfolgt vorrangig zwischen den (korporierten Akteuren der) Polizeipressestellen und den korporierten Akteuren des medialen Feldes. Die Akteure der Polizeipressestellen werden bei dieser Kontaktaufnahme, z. B. bei der von der Polizei vorgefasste Meldungen über Verbrechen an Journalisten weitergeleitet werden, jedoch nicht in das Feld der Medien hineingezogen, sondern stehen lediglich in einem (mehr oder weniger regen) Austausch mit dessen Akteuren. Allerdings existieren auch Vertreter aus den Institutionen der Inneren Sicherheit, deren Kontakt zum medialen Feld eine neue Qualität aufzuweisen scheint und deren Rolle nicht mehr auf die Rolle eines Polizisten reduziert werden kann, der eine zusätzliche Presseausbildung erhalten hat, sondern die eine völlig neue Rolle im Feld der Medien zu bekleiden scheinen.

Ein populäres Beispiel für das gänzliche Eintreten von Vertretern der Inneren Sicherheit in das Feld der Medien sind die beiden Bochumer Polizisten Torsten Heim und Thomas Weinkauf alias Toto und Harry. Diese wurden 2001 erstmals von einem Filmteam der *24-Stunden-Reportage* bei ihrer täglichen Streifenfahrt begleitet. Die daraus entstandene ‚Dokumentation' wurde noch im selben Jahr auf *Sat.1* ausgestrahlt und stieß auf sehr positive Zuschauerresonanz. Diese positiven Rückmeldungen der Zuschauer veranlassten die zuständige Produktionsfirma dazu, den Polizisten Toto und Harry eine eigene Doku-Soap zu widmen, deren Dreharbeiten noch 2001 begannen, ab 2002 ausgestrahlt und in rund 80 Folgen fortgeführt wurden. Ihre eigene Doku-Soap machten Toto und Harry über die Grenzen der Sendung hinaus in Deutschland bekannt. Ab 2003 traten Toto und Harry in unterschiedlichen Fernsehsendungen auf (z. B. 2003 bei *Harald Schmidt*, 2004 bei *Anke Engelke*, 2006 bei *Akte.06*, 2008 *Promi ärgere dich nicht*, 2009 bei *Sportfreunde Pocher*, 2010 bei *Johannes B. Kerner*, 2011 bei *Markus Lanz*, *Volle Kanne* und *Riverboat*) und veröffentlichen seit 2004 drei eigene Bücher, in denen sie über den Polizeialltag berichten. Obwohl die Dreharbeiten und die Ausstrahlung

8.3 Zwischen der Rolle des TV-Polizisten und der Rolle des Beamten ...

der Sendung vor gut zwei Jahren beendet wurden, sind der Polizeihauptkommissar Torsten Heim und der Polizeioberkommissar Thomas Weinkauf bis heute (2012) in den Medien präsent. Im Februar 2012 waren sie zuletzt bei *Plasberg Persönlich* zu Gast und planen weitere Autogrammstunden und Lesungen zu ihren Büchern (vgl. *Toto & Harry* Homepage 2012; vgl. auch Interview M-2-1).

Der Sendungstitel am 03.02.2012 bei *Plasberg Persönlich* (*WDR*) lautete *Gemeinsam stark!* Diese Sendung ist mittels der hermeneutisch-wissenssoziologischen Videoanalyse untersucht worden, um herauszuarbeiten, ob – und wenn ja wie – die Kamera den beiden Polizisten eine bestimmte Rolle zuweist und ob – und wenn ja wie – sich Heim und Weinkauf in einer bestimmten Rolle vor der Kamera inszenieren. Die folgenden Erläuterungen stellen lediglich eine Quintessenz einer ausführlichen hermeneutisch-wissenssoziologischen Videoanalyse dar.

Zu Beginn sei angemerkt, dass die zahlreichen Kameraaktivitäten, wenn Heim und Weinkauf in der Aufnahme zu sehen sind, während der gesamten Sendung auffällig sind. Gleich nach der Anmoderation der Sendung von Plasberg werden Heim und Weinkauf als erste Gäste in der Talkrunde neben vier weiteren Personen vorgestellt. Dabei sind Heim und Weinkauf zuerst beide in einer Aufnahme in einer Halbtotalen zu sehen, dann zoomt die Kamera zu einer Nahaufnahme auf Heim zu, der dann in einer Großaufnahme zu sehen ist. Die Kamera schwenkt rechts auf Weinkauf, der, ebenso wie Heim zuvor, in einer Großaufnahme von der Kamera gezeigt wird. Im Anschluss daran zoomt die Kamera aus der Aufnahme heraus, sodass beide zum Abschluss der Vorstellung durch Plasberg in einer Halbtotalen zu sehen sind. Diese aufwendige Kameraführung schon während der ersten Aufnahme von Heim und Weinkauf weist ihnen eine bestimmte Rolle zu, zunächst einmal wertneutral die Rolle von wichtigen Personen, die aus zahlreichen Kameraeinstellungen gewürdigt werden. Dies bestätigt z. B. auch die Kadrierung, die eine weitere Auffälligkeit in den Kameraaktivitäten bereits während der Vorstellung von Heim und Weinkauf durch Plasberg, darstellt. Die Kadrierung ist nahezu ausschließlich geschlossen, d. h., die Kamera zeigt Heim und Weinkauf entweder nebeneinander sitzend oder in Großaufnahme, ohne die obere Hälfte ihres Kopfes oder eine der Seiten ‚abzuschneiden'. Sie sind nahezu in jeder Aufnahme der ersten drei bis fünf *takes* in der Mitte der Aufnahme platziert und stehen damit sprichwörtlich im Mittelpunkt der Aufnahme und damit auch des Geschehens vor der Kamera. Die Kadrierung bestärkt also die Vermutung, dass Heim und Weinkauf durch die Kamera eine bestimmte Relevanz zugewiesen wird, auch wenn noch unklar bleibt in welcher Hinsicht genau.

Präzision erfährt die Zuweisung des Stellenwerts von Heim und Weinkauf durch die Kamera als unter der zweiten Großaufnahme der Polizisten das Textband im unteren Rand der Aufnahme eingeblendet wird: „Toto & Harry – Die bekanntesten echten TV-Polizisten".

Einerseits werden Toto und Harry benannt, andererseits wertet das eingeblendete Spruchband deren Wert in auffälliger Weise: „Die bekanntesten echten TV-Polizisten." Diese Etikettierung ist befremdlich. Der Artikel „Die" und der Superlativ von „bekannt" räumt den beiden eine Sonderstellung innerhalb einer bestimmten Gruppe ein, nämlich den der „echten TV-Polizisten". Fragt man sich, warum die beiden echt sind, so lässt sich darauf schließen, dass es auch unechte TV-Polizisten zu geben scheint (welche, ein wenig lapidar gesprochen, noch wesentlich bekannter sein könnten als Toto und Harry).

Interessant ist an dieser Stelle, dass *Toto & Harry* ein mediales Konstrukt der gleichnamigen Sendung mit Reality-TV-Charakter darstellt. Torsten Heim und Thomas Weinkauf sind Polizisten, die auch die Spitznamen Toto & Harry in Realität tragen mögen, aber das Team *Toto & Harry*, wie es aus dem Fernsehen bekannt ist, bleibt ein mediales Konstrukt, das z. B. anhand von Schnitt, narrativer Struktur und Kameraführung zu einem kohärenten Ganzen in Form zahlreicher Episoden von Toto & Harry zusammengefügt worden ist. Dies wird noch deutlicher, wenn die Bezeichnung „TV-Polizisten" in diese Deutung einbezogen wird, die die Rollenzuweisung von „Toto & Harry" durch die Kamera weiter konkretisiert.

Was ist ein TV-Polizist? Entweder sind es Polizisten, die mit dem TV beruflich zu tun haben oder es sind Polizisten, die im Fernsehen zu sehen sind. In Kombination mit dem Adjektiv ‚echt' lässt sich plausibilisieren, dass Toto und Harry auch außerhalb der medialen Realität dem Beruf des Polizisten nachgehen und daher keine Schauspieler sind, aber aufgrund ihrer Medientätigkeit auch nicht auf die Rolle des Polizisten reduziert werden können.

Die Kamera und ihre Inszenierung von Toto und Harry verstärkt deren Ausnahmestellung sowohl in der Sendung als auch im Feld der Medien. Sie tragen keine Polizeiuniform, sondern sind mit schwarzen Anzügen bekleidet. Heim trägt ein weißes und Weinkauf ein schwarzes Hemd. Nichts an ihrer Kleidung weist darauf hin, dass sie Polizisten sind, im Gegenteil: Weinkauf trägt zwei schwarze auffällige Ringe, jeweils am Ringfinger der rechten und am Mittelfinger der linken Hand. Dieser Schmuck darf während des Polizeidienstes nicht getragen werden und betont an dieser zusätzlich neben dem ‚Nicht-Vorhandensein' einer Uniform, das ‚Nicht-im-Dienst-sein'. Heim und Weinkauf inszenieren sich vor der Kamera also nicht für den Laien erkennbar als Polizisten, da sie auch weiterhin keine Embleme oder andere Requisiten am Körper haben, die auf einen Status als Polizist hinweisen könnten. Weiterhin verwenden sie keinerlei Fachsprache, Gestik oder Mimik, anhand derer sie sich als Polizisten inszenieren könnten. Interessant sind allerdings die gleichen Dresscodes von Heim und Weinkauf, die beide einen dunklen Anzug tragen (Abb. 8.1):

8.3 Zwischen der Rolle des TV-Polizisten und der Rolle des Beamten ...

Abb. 8.1 © *Plasberg Persönlich* vom 03.02.2012, WDR

Heim und Weinkauf hätten ebenso eine Jeans und ein Hemd und ein Jackett tragen können, ohne ‚underdressed' zu sein oder eine Kombination von Anzughose und Jackett in verschiedenen Farben, haben sich jedoch beide für einen komplett schwarzen Anzug entschieden. Sie messen der Situation, dass sie bei Plasberg zu Gast sind und sich selbst damit einen besonderen Status zu, indem sie keine T-Shirts unter den Anzügen tragen, sondern Heim ein weißes und Weinkauf ein schwarzes Hemd. Sie inszenieren sich damit als Personen, die ‚untypisch' für ihren tatsächlichen Berufsstand sind (da sie keine Polizeiuniformen tragen), allerdings im Feld der Medien durchaus typisch sind (Anzug in einer Talkrunde wie Plasberg zu tragen). Somit ist durch das äußere Erscheinungsbild von Heim und Weinkauf alleine nicht erkennbar, welche Rolle die beiden aktuell spielen. Heim und Weinkauf könnten aufgrund ihrer Kleidung durchaus ebenso aus dem Bestattungswesen stammen. Es ist also letztendlich insbesondere die Kamera selbst, welche die Rolle von Heim und Weinkauf als „Toto & Harry – die bekanntesten echten TV-Polizisten" konkretisiert und eine ganz besondere und sehr individuelle Rolle zuschreibt: zwei medienaffine und im medialen Kontext versierte Akteure, die sich von ihrer beruflichen Rolle des Polizisten zum Zwecke öffentlichkeitswirksamer Inszenierung distanzieren können, quasi Profis auf zwei Spielfeldern.

Die beiden Bochumer Polizisten bewegen sich mittlerweile wie selbstverständlich im Feld der Medien – sowohl *on air* bei verschiedenen Fernsehauftritten als auch *off air* z. B. bei Lesungen ihres jeweils neusten Buches. Seit ihrem ersten Fernsehauftritt 2001 sind sie nicht mehr lediglich Polizisten, sondern Polizisten, die in den Medien tätig sind und in der Öffentlichkeit stehen. Die Rolle der beiden Polizisten hat sich gewandelt – von den einstigen Beamten im Streifendienst zu (den bekanntesten echten TV-) Polizisten in und aus den Medien.

Die Wahrnehmung von Toto und Harry steht teilweise im Widerspruch zu der Wahrnehmung der Polizisten Heim und Weinkauf, da die Grenze zwischen der Rolle des Berufspolizisten und der Rolle, die Toto und Harry im Fernsehen bekleiden, unscharf zu sein scheint. Dementsprechend überschneiden sich auch die Erwartungen an die Rollen der Polizisten Heim und Weinkauf sowie an die Rolle der ‚TV-Polizisten' von Toto und Harry. Kennzeichen dafür, dass die Zuschauer zwischen den Rollen Toto und Harry in den Medien und Heim und Weinkauf im Polizeidienst nicht immer unterscheiden scheinen können, sind u. a., dass Bürger, die z. B. einen Verkehrsunfall bei der Polizei melden, explizit darum bitten, dass Toto und Harry den Fall übernehmen (vgl. Laun-Keller 2009). Dadurch, dass Toto und Harry durch ihre Sendung in der Öffentlichkeit stehen, steigt nicht nur ihr Bekanntheitsgrad und die Aufmerksamkeit der Öffentlichkeit, die ihnen und ihren Handlungen zukommt,[7] sondern auch die Schwierigkeiten, die sich ergeben, wenn Polizisten in einer Doku-Soap ein gewisses Rollenbild zugeschrieben wird. Toto und Harry, die in ihrer Fernsehsendung Täter wie Zeugen ‚duzen' und den einen oder anderen ‚lockeren Spruch' äußern, entwickelten sich in der öffentlichen Wahrnehmung zunehmend zu den ‚Kumpeltypen' in der Polizei (vgl. ebd.). Die Rolle von Toto und Harry ist damit eine doppelte: sie bekleiden gleichzeitig die Rolle der ‚Kumpeltypen der Polizei' als Toto und Harry sowie die Rolle von zwei im Dienst stehenden Beamten Heim und Weinkauf, die für Recht und Ordnung sorgen sollen und eine gewisse Autorität der Staatsgewalt beanspruchen.

Mit der Schwierigkeit der nicht eindeutigen Rollenzuschreibung und den daran gebunden Erwartungen der Öffentlichkeit an die Rolle von Toto und Harry müssen sich nicht nur Heim und Weinkauf selbst, sondern auch die zuständige Polizeipressestelle und die gesamte Polizeidienststelle Bochum beschäftigen (vgl. hierzu auch ebd.). Für diese Form von neuem Rollenbild des ‚TV-Polizisten' und des Polizisten an sich müssen gesonderte Umgangsregeln entworfen werden, um unterschiedliche Erwartungshaltungen an die Rolle von Toto und Harry, nämlich die der Polizei, die der Medien und die der Öffentlichkeit miteinander in Einklang zu bringen.

Man kann den *Medien* unterstellen, dass sie an Einschaltquoten interessiert sind und daher daran, die Doku-Soap *Toto & Harry* möglichst unterhaltend und aufmerksamkeitsgenerierend zu gestalten. Daraus kann man schließen, dass sie Erwartungen an *Toto & Harry* stellen, sich medienwirksam zu präsentieren und

---

[7] Besondere Aufmerksamkeit in den Medien erregte z. B. die Festnahme eines demonstrierenden Studenten, dem Torsten Heim angeblich auf der Wache Gewalt angetan haben soll (vgl. DerWesten 2011).

8.3 Zwischen der Rolle des TV-Polizisten und der Rolle des Beamten ...

sowohl sich als Personen in der Rolle von *Toto & Harry* als auch die Sendung selbst einer bestimmten Zielgruppe zu ‚verkaufen'.

Die *Polizei* hat ein Interesse daran, das ‚Medienprojekt *Toto & Harry*' für die Polizei werbewirksam zu entwerfen, sodass der Beruf des Streifenpolizisten attraktiv erscheint und die Bewerberzahlen für eine Ausbildung im Polizeidienst steigen (vgl. Laun-Keller 2009, S. 134). Dabei sollen Heim und Weinkauf das Berufsbild des Polizisten in ihrer Rolle verkörpern, authentisch bleiben, aber auch sympathisch sein.

Die *Öffentlichkeit* ist zum einen daran interessiert, unterhalten zu werden, und zum anderen daran, dass gültiges Recht (z. B. Datenschutz) auch bei der Umsetzung der Doku-Soap *Toto & Harry* eingehalten wird, wie an Beschwerden von politischen Vereinigungen oder von kirchlichen Vertretern deutlich wird (vgl. Laun-Keller 2009, S. 126 f.). Die Öffentlichkeit will also nicht ‚nur' *Toto & Harry* als mediales Konstrukt im Fernsehen sehen, sondern möchte auch, dass die Polizisten Heim und Weinkauf, insbesondere in ihrem Polizeidienst, sich ihre Professionalität bewahren. Alle diese unterschiedlichen Interessen, die häufig nicht miteinander in Einklang zu bringen sind, müssen in neuen Spielregeln für Polizisten, die sich im Feld der Medien bewegen, festgelegt werden – was 2003 durch das Innenministerium in NRW auch geschehen ist (vgl. ebd.). Sechs Standards für die Zusammenarbeit mit den Medien sollen ab diesem Zeitpunkt die Kooperation zwischen Akteuren aus dem Feld der Medien und aus dem Feld der Inneren Sicherheit für die Aufnahme von Fernsehsendungen in NRW eingehalten werden:

- Die betroffenen Personen müssen ihre Einwilligung zur Videoaufnahme ihrer eigenen Personen vor dem jeweiligen Dreh abgeben
- Nur bei extremen Fällen wird eine Verfremdung in der Sendung von Personen und datenschutzrelevanten Angaben notwendig
- Ist in Ausnahmefällen kein Einholen einer Einwilligung vor den Aufnahmen möglich, ist diese Einwilligung von den gefilmten Personen nachträglich einzuholen
- Kann keine Einwilligung eingeholt werden, ist eine sorgfältige Anonymisierung von Stimme, Gesicht und Kleidung der Person notwendig
- Eine Verschleierung der Person muss sich über den gesamten Körper ziehen und darf nicht nur das Gesicht anonymisieren
- Die Aufnahmen einer Wohnung sind ausschließlich nur mit vorherige Einwilligung der Wohnungsinhaber zulässig (vgl. Laun-Keller 2009, S. 128).

Diese neuen Regelungen sind Reaktionen der Akteure der Inneren Sicherheit auf die Veränderungen in ihrer Arbeitsweise, die durch den Eintritt in das Feld der

Medien bedingt sind. Dies wird insbesondere auch an dem neuen Runderlass des Ministeriums für Inneres und Kommunales zur Presse- und Öffentlichkeitsarbeit der Polizei Nordrhein-Westfalen vom 15.11.2011 deutlich (vgl. RdErl. d. Ministeriums für Inneres und Kommunales Az. 401-58.02.05 v. 15.11.2011). Die Akteure der Inneren Sicherheit scheinen also nicht per se die Möglichkeit zu besitzen, in die Rolle eines ‚TV-Polizisten' zu schlüpfen sowie die Spielregeln des anderen Feldes zu erlernen und diese umzusetzen, sondern es müssen neue Spielregeln für diese Akteure, die mehrere Rollen gleichzeitig zu bekleiden entworfen werden, die einer Veränderung unterworfen sind – je nachdem wie sich das Feld der Medien, z. B. durch die Einführung neuer Fernsehformate, neu aufstellt.

Den Toto und Harry entgegengebrachten Erwartungen seitens der Polizei (siehe Runderlass) und seitens der Bürger werden Toto und Harry dann gerecht, wenn es ihnen gelingt, sozial zu plausibilisieren, dass sie tatsächlich über die Kompetenz verfügen, wie man sich als Polizist in den Medien ‚richtig' verhält und sie sich entsprechend in Fernsehsendungen auf die herausgearbeitete Weise inszenieren. Dies tun sie, indem sie versuchen, zwischen den unterschiedlichen Rollen des Polizisten im Dienst und des TV-Polizisten vor der Kamera durch die Inszenierung, z. B. anhand ihrer Kleidung, zu unterscheiden und die fließenden Grenzen zwischen den beiden Rollen wieder scharf zu ziehen. Sie inszenieren sich selbst dabei nicht als Experten auf einem Gebiet und ihnen wird auch nicht durch die Kamera bzw. das Medium die Rolle eines Experten zugeschrieben, sondern die Rolle, die sie im Medium spielen ist die der *echten TV-Polizisten*. Eine Rolle, die Heim und Weinkauf durch ihre Inszenierung zu stützen scheinen, da sie sich nicht als Polizisten, z. B. durch eine Uniform inszenieren, sondern als das Team *Toto & Harry*.

In diesen Erläuterungen deutet sich bereits an, dass Akteure der Inneren Sicherheit zwar im Feld der Medien tätig werden, jedoch nicht als Experten für Medienwissen inszeniert werden und sich auch nicht als solche inszenieren.

Toto & Harry sind nicht nur als Analysegegenstand interessant, gleichermaßen stehen sie exemplarisch für einen signifikanten Wandel in den Polizeistrukturen: sie stehen als Beispiel für den Wandel in der Presse- und Öffentlichkeitsarbeit der Polizei (hier: der Polizei NRW).

Exkurs: Die Presse- und Öffentlichkeitsarbeit der Polizei NRW[8]
Die Presse- und Öffentlichkeitsarbeit der Polizei hat sich in den vergangenen Jahren massiv gewandelt: war deren Aufgabe bis 1994 orientiert an den Kriterien

---

[8] Die nachstehenden Erläuterungen gehen zu großen Teilen auf die Forschungsarbeit im Projekt von Stefanie Böhm zurück, der ich an dieser Stelle zu Dank verpflichtet bin, dass sie mir ihre umfangreichen Feldnotizen zur Verfügung gestellt hat (vgl. hierzu auch Böhm 2010).

8.3 Zwischen der Rolle des TV-Polizisten und der Rolle des Beamten ...

der Informativität und Sachlichkeit, sind heutzutage auch klassische PR und darunter unterhaltende Elemente in die tägliche Arbeit eingebunden. Dieser Wandel steht einerseits im Zusammenhang mit dem Wandel des deutschen Mediensystems (weniger ‚Blaulichtredaktionen'), andererseits ist die Polizei daran interessiert, sich auf diesem Weg als Institution positiv in der Gesellschaft zu positionieren.

Zwei Veränderungen innerhalb der letzten 30 Jahre haben den deutschen Medienmarkt massiv beeinflusst: 1984 sorgte die Einführung des dualen Rundfunksystems dafür, dass die bis dato alleinigen Akteure in der Medienlandschaft, also die öffentlich-rechtlichen Sender, sich der Konkurrenz der umsatzorientierteren privaten Sender aussetzen musste. Dies führte dazu, dass auch die öffentlich-rechtlichen Sender damit begannen, unterhaltsame Elemente im Kampf um den Zuschauer einzusetzen. Dieser Trend verschärfte sich im Zuge der Einführung des Internets 1990, denn die Informationsvermittlung konnte nun *just-in-time* via Internet erfolgen, was für die klassischen Medien im Allgemeinen bedeutete, unter ständigen Zeitdruck bei der Informationsvermittlung zu stehen. Um der Leserschaft weiterhin Kaufanreize zu bieten, müssen die Pressemeldungen in der Tageszeitung, die Nachrichten in der Fernsehsendung oder die Beiträge im Radio mehr denn je ‚unterhaltsam', ‚spannend' oder besonders ‚rührselig' sein, damit die Rezipienten auch morgen wieder einschalten bzw. die Zeitung kaufen – oder zumindest über die Internetpräsenz des jeweiligen Mediums digital abrufen. Die Folge dieses Konkurrenzdrucks ist, dass die Medien dazu gezwungen sind, stärker zu selektieren und ihre Informationen möglichst ansprechend zu gestalten, damit sie konsumiert und wahrgenommen werden: Informationen müssen ansprechend verpackt werden.

Im Rahmen dieser Veränderungen des Mediensystems hat sich auch die Arbeit der Polizeipressestellen gewandelt. In der mediatisierten Gesellschaft positioniert sich zunehmend auch die Polizei als eigener Akteur im Feld der Medien – vor allem durch die Veröffentlichung von Erfolgsmeldungen und nutzt zudem die Medien zu Aufklärungs- und Fahndungszwecken. Um solch eine Veröffentlichung zu erreichen, ist es für die Pressesprecher der Polizei wichtig, die Regeln des medialen Feldes zu beherrschen, d. h. die Bedingungen zu kennen, die eine polizeiliche Mitteilung zu einer medialen Mitteilung machen können. Um dies zu erreichen, wurde innerhalb der Polizei die Professionalisierung der Presse- und Öffentlichkeitsarbeit vorangetrieben: statt ‚learning by doing' (wie in den frühen Jahren der polizeilichen Pressearbeit) setzt die Polizei (nicht nur in NRW) auf die Aus- und Fortbildung ihrer Mitarbeiter.

Das Aus- und Fortbildungsangebot für Polizeipressesprecher, die in nordrhein-westfälischen Polizeidienststellen tätig sind, findet zentral in der *LAFP NRW* (Landesamt für Aus- und Fortbildung und Personalangelegenheiten der Polizei NRW) in Münster statt. Die Teilnahme an diesem Aus- und Fortbildungsangebot für Polizeipressesprecher kann unabhängig davon, welchen polizeilichen Dienstgrad oder welche Form des Polizeidienstes ein Polizeibeamter bisher innehatte, grundsätzlich von jeder im Polizeidienst tätigen Person in Anspruch genommen werden.[9] Die Ziele und Maßstäbe wurden bereits schriftlich fixiert und sind im Runderlass des Ministeriums für Inneres und Kommunales Az. 401 – 58.02.05 v. 15.11.2011 abrufbar. Im Zentrum der Aufgaben stehen a) die Selbstdarstellung der Polizei in der Öffentlichkeit, b) die Aufrechterhaltung des Gefühls Innerer Sicherheit bei der Bevölkerung sowie c) Anforderungen an die Kommunikationsstrategien in Krisensituationen. Diese Richtlinien sollen dafür Sorge tragen (so das offizielle Ziel), dass eine kooperative Zusammenarbeit zwischen den Medien und der Polizei zustande kommt (,win-win-Situation').

Manche Sendeformate gelten der Polizei dabei als besonders unterstützenswert: So ist eine Produktion dann „grundsätzlich erwünscht, wenn hierbei die Information über die Arbeit der Polizei im Vordergrund steht" (§ 5.2). Allerdings will man nicht alle Sendeformate unterstützen. Vor allem die bei den Medien so beliebten Doku-Soaps missfallen den offiziellen Vertretern der Polizei. So heißt es in Paragraph 5.3 des o. a. Runderlasses:

> Sendeformate, die darauf gerichtet sind, Polizeikräfte bei der Ausübung bild- und tontechnisch zu begleiten, ohne dass der Inhalt oder der Ablauf durch die Polizei beeinflussbar ist und primär die Absicht verfolgt wird, Ereignisse, das Verhalten betroffener Bürgerinnen und Bürger sowie die polizeiliche Reaktion festzuhalten (so genannte Reality-TV oder Doku-Soap-Formate) werden grundsätzlich weder personell noch durch die Überlassung von Führungs- und Einsatzmitteln oder sonstiger Sachmittel unterstützt. (vgl. RdErl. d. Ministeriums für Inneres und Kommunales Az. 401 – 58.02.05 v. 15.11.2011 unter 5.2)

Da boulevardeske Elemente – oder besser: Formate, die durch die Polizei nicht beeinflussbar sind, im Zuge in den Richtlinien also explizit als *nicht* angemessen ausgewiesen werden (vgl. RdErl. d. Ministeriums für Inneres und Kommunales Az. 401 – 58.02.05 v. 15.11.2011 unter 5.2) ist fraglich, ob Sendungen wie *Toto & Harry*, die bisher als (durchaus umstrittene) Aushängeschilder polizeilicher Medienarbeit galten, in Zukunft weiterhin für das ‚Neue (Selbst-)Bild' der Polizei in den Medien stehen werden. Aber auch hier hat der Erlass einen (Aus)Weg offengelassen – wird doch zum Schluss der o. a. Verfügung gesagt: „soweit nicht im Einzelfall die Beteiligung im Interesse der Polizei liegt".

---

[9] Eine Teilnahme an dem Aus- und Fortbildungsangebot des *LAFP NRW* in Münster ist bisher allerdings keine Pflichtvoraussetzung, um als Pressesprecher in einer Polizeibehörde tätig werden zu können.

8.4 Sicherheitsexperten aus den Reihen der Medien? – Das Beispiel Julia Leischik

Die Themen, zu denen die Medien als Akteure etwas Eigenes beizutragen haben, sind vielfältig, was zur Folge hat, dass Vertreter der Medien in zahlreiche andere gesellschaftliche Felder, auch in das Feld der Inneren Sicherheit, eintreten und dort nicht nur recherchieren, sondern auch als (korporierte) Akteure aktiv werden. Jedoch richten sie sich dabei nicht nach den Spielregeln des anderen Feldes – im Gegensatz zu den Vertretern der Inneren Sicherheit, wenn sie sich im Feld der Medien bewegen – sondern scheinen nach eigenen Maßstäben zu agieren. Sie setzen nicht nur eigene Relevanzen, sondern handeln Themen, insbesondere auch Themen der Inneren Sicherheit, neu aus (vgl. auch Kap. 5).

In diesen Aushandlungsprozessen verlassen sich die Medien als Akteure häufig nicht mehr allein auf den Rat von externen, d. h. nicht aus dem Feld der Medien stammenden Experten, bspw. auf den Rat von Psychologen in der Verarbeitung traumatischer Vergangenheiten, sondern nehmen selbst diesen oder ähnlichen Themen Stellung. Ehemalige Talkshow-Moderatoren unterstützen z. B. als psychologischer Beistand Vermieter dabei, ihre von Mietnomaden verwüstete Wohnung und ihr Leben ‚aufzuräumen' (z. B. Vera Int Veen in *Mietprellern auf der Spur* auf *RTL*). Einstige Urlaubsreporter eilen hilflosen Urlauber rund um die Welt zur Hilfe (bspw. Ralf Benkö in *Wir retten Ihren Urlaub* auf *RTL*) und Redakteurinnen begeben sich selbst auf die (kriminalistischen) Spurensuche zur Aufklärung von Kriminalfällen (*Zeugen gesucht – mit Julia Leischik* auf *Sat.1*).

Die Redakteurin und Moderatorin Julia Leischik übernimmt in ihrer Sendung *Zeugen gesucht – mit Julia Leischik* nicht nur die Rolle der Moderatorin, sondern geht aktiv auf Opfer, Zeugen und die jeweils zuständigen Beamten in der Sendung zu, interviewt sie und sucht nach neuen Spuren in unaufgeklärten Kriminalfällen in eigener Verantwortung. Die analysierte Sendung besteht, wie jede Episode der Sendung *Zeugen gesucht – mit Julia Leischik*, aus der Rekonstruktion mehrere bisher ungeklärter Kriminalfälle. Die im Folgenden erläuterte Sendung wurde am 19.01.2012 auf *Sat.1* ausgestrahlt und versucht den bisher ungelösten Kriminalfall der um die ermordete und tot aufgefundene Schwesterschülerin Frauke Liebs aus Paderborn, die am 20. Juni 2006 zum letzten Mal lebend gesehen wurde. Anhand dieses Ausschnitts aus der Sendung vom 19.01.2012 wurde hermeneutisch-wissenssoziologisch die Rollenzuweisung im Hinblick auf Julia Leischik herausgearbeitet, die die Kamera in der Sendung durch ihre Aktivität vornimmt sowie die die Inszenierung vor der Kamera, die Leischik selbst vollzieht.[10]

---

[10] Die folgenden Erläuterungen stellen lediglich eine Quintessenz einer ausführlichen hermeneutisch-wissenssoziologischen Videoanalyse dar. Siehe auch Kapitel 6.3.7.

Interessant ist insbesondere der Voice-over-Kommentar in der ausgewählten Sequenz der Sendung, der Julia Leischik eine bestimmte Rolle zuweist. Signifikant ist an verschiedenen Stellen in der Sequenz, dass Leischik im Voice-over-Kommentar mit ihrem Vornamen „Julia" angesprochen wird und der Voice-over-Kommentar erklärt, was „Julia" gerade tut. Zu Beginn der Sequenz erklärt der Voice-over-Kommentar: „Julia möchte versuchen, in diesem Fall zu helfen." Als Erstes impliziert dieser Voice-over-Kommentar eine gewisse Vertrautheit zu der genannten Person Julia, die hier nur mit Vornamen angesprochen wird, wodurch sich die soziale Distanz zwischen Julia und zum Zuschauer verringern kann und es scheint, als könne man ‚Julia' vertrauen. Es ist nicht von ‚Frau Leischik' oder ‚Julia Leischik' oder dem Namen mit einer Statusbezeichnung wie ‚Moderatorin Leischik' die Rede, sondern allein von ‚Julia' als einen vertrauenswürdigen Menschen, zu dem man eine gewisse soziale Nähe aufbauen kann – zunächst einmal unabhängig von ihrer Rolle, die sie in ihrem Beruf bekleidet. Allerdings wird auch kein Spitzname genannt, wie ‚Julchen' oder ‚Jule', sodass es dennoch auf eine bestimmte professionelle soziale Distanz hinweist, bspw. ist es in manchen Arbeitsbeziehungen üblich, sich mit dem Vornamen anzureden, jedoch zu ‚siezen'. Ob also tatsächlich ein vertrautes Verhältnis zu ‚Julia' vorliegt, dass es erforderlich macht, sie zu ‚duzen' wird nicht deutlich.

Zum zweiten sagt der Voice-over-Kommentar aus, dass ‚Julia' es ist, die etwas möchte, der Wunsch etwas zu tun, scheint also – glaubt man dem Voice-over-Kommentar – von der Person ‚Julia' selbst auszugehen und wurde ihr nicht aufgezwungen. Die Verwendung des Verbs ‚versuchen' impliziert in diesem Fall, dass Julia einen Versuch unternehmen möchte, der nicht zwangsläufig zu einem Erfolg führen muss, aber könnte. Schlägt ein Versuch fehl, heißt das nicht, dass man ‚Julia' einen Vorwurf machen könnte, sie hat es ja lediglich ‚versucht', ohne eine Garantie auf Erfolg zu geben. Der Voice-over-Kommentar „Julia möchte versuchen, in diesem Fall zu helfen", scheint auf einen bestimmten Fall, nämlich in „diesem Fall", Bezug zu nehmen. Die Betonung des „Falles" durch „diesen" macht den „Fall" zu einem besonderen Fall, und zeigt, dass er wohl neben anderen Fällen existiert, sodass eine Abgrenzung zwischen dem Fall zu anderen notwendig zu werden scheint. Julia möchte nun speziell in diesem Fall etwas versuchen, sie hat sich für diesen einen Fall entschieden. Die Aussage „Julia möchte versuchen, in diesem Fall zu helfen" expliziert nun, was Julia versuchen möchte, sie möchte versuchen in diesem einen Fall zu helfen. Interessant hieran ist, dass Julia nicht selbst sagt, dass sie etwas versuchen möchte, sondern dass dies der Voice-over-Kommentar als eine Art ‚omnisicent narrator', diesen Wunsch von Julia ausdrückt und betont. Sie möchte in diesem Fall Unterstützung bieten, in welcher Form, das wird durch das ‚helfen' nicht ausgedrückt, es wird lediglich betont, dass es Julias Wunsch ist, zu versuchen, ihre Unterstützung anzubieten. Die Rollenzuweisung, die sich in diesem Voice-over-Kommentar implizit befindet, ist, dass der Mensch Julia hilfsbereit und vertrauenswürdig zu sein scheint und sie ihre Hilfe anbieten möchte, es jedoch nicht sicher ist, ob dieser Versuch zu helfen, erfolgreich ist. Aber der Wille sei da.

Ein weiterer signifikanter Voice-over-Kommentar in dieser Sequenz lautet: „Julia rekonstruiert Fraukes Heimweg". Erneut wird Julia Leischik mit ihrem Vornamen genannt, was die Deutung aus dem ersten betrachteten Voice-over-Kommentar bestärkt, dass Julia vielmehr ein „Mensch wie ich und du" zu sein scheint als eine Person mit einem besonderen Status und dass sich deshalb die soziale Distanz zum Zuschauer verringert. Der Voice-over-Kommentar erklärt, dass Julia etwas rekonstruiert – und zwar, dass Julia *alleine* etwas rekonstruiert, etwas nachvollzieht bzw. etwas zurückverfolgt. Alleine in ihrer Hand liegt die Rekonstruktion von etwas. Interessant ist hier, dass Julia es diesmal nicht nur ‚versucht' oder ‚möchte', sondern dass Julia es tut, sie rekonstruiert etwas. Im Vergleich zu dem ersten Voice-over-Kommentar erscheint die Rekonstruktion von etwas in diesem Fall zweifellos erfolgreich, da dies in einer Art Verlaufsform geschieht. Sie hat noch nichts rekonstruiert, die Rekonstruktion liegt noch nicht in der Vergangenheit, sondern ist gerade dabei etwas zu rekonstruieren, der Prozess der Konstruktion vollzieht sich gerade. Das, was sie rekonstruiert, wird am Ende des Voice-over-Kommentars deutlich: Julia rekonstruiert Fraukes Heimweg.

Die Bezeichnung der vermissten Person Frauke Liebs als ‚Frauke' weist erneut auf eine geringe soziale Distanz zwischen den Personen hin und impliziert eine Art Vertrautheit, denn auch hier wird kein Nachname oder ‚Fr. Liebs` verwendet, sondern nur der Vorname. In diesem Fall ist der Vorname „Frauke" besitzanzeigend gebeugt „Fraukes Heimweg", es scheint also um den Weg zu gehen, der „Frauke" nach Hause führt. Julia übernimmt also die Aufgabe, den Weg zu rekonstruieren, der Frauke nach Hause führt. Der Voice-over-Kommentar weist damit Julia die Fähigkeit zu, den Heimweg von Frauke rekonstruieren zu können und dies auch zu tun. Das Agieren der Kamera weist Leischik damit die Rolle der Person zu, die sich auskennt, der man vertrauen kann und die in diesem Moment, in dem die Sendung gedreht und gesendet wird, verantwortlich für die Rekonstruktion des Heimwegs von Fraukes zu sein scheint und die über den Erfolg der Rekonstruktion des Heimwegs entscheidet, dies aber gekonnt zu meistern scheint. Julia wird damit zu einer wichtigen Person im Geschehen vor der Kamera, eine Rollenzuweisung durch die Kamera, die insbesondere durch die zahlreichen Großaufnahmen von Leischik in der Sequenz verstärkt wird.

In diesen Großaufnahmen ist Leischik nahezu ausschließlich alleine und von vorne in einer scharfgestellten Aufnahme vor der Kamera zu sehen, lediglich zwei *Over-Shoulder-Shots* in der gesamten Sequenz zeigen Leischik mit anderen Personen in einer Aufnahme. Die Rolle von Leischik erhält dadurch eine besondere Relevanz, denn sie ist in den meisten Fällen, in denen sie vor der Kamera zu sehen ist, alleine in der Aufnahme, ohne dass eine andere Person von ihr ablenkt oder auf die gleiche Stufe mit ihr gestellt wird. Leischik wird allerdings dennoch nicht als ‚lonesome cowgirl' inszeniert, die alleine gegen ‚den Rest der Welt' kämpft, sondern der Voice-over-Kommentar ist bereits ein Hinweis darauf, dass Leischik Unterstützung in ihrem Handeln braucht, sie braucht Personen – konkret den Zuschauer – der ihr sachdienliche Hinweise zur Aufklärung eines Verbrechens gibt.

Eine dritte signifikante Aktivität der Kamera, die in Verbindung mit der Rollenzuweisung von Leischik durch die Kamera steht, ist die *Kamerabewegung*. Die Kamera folgt, wenn Leischik den Heimweg von Frauke abzulaufen scheint, allein den Bewegungen von Leischik. Die Kamera scheint sich an Leischik zu orientieren, folgt ihren Bewegungen und damit auch dem Prozess der Rekonstruktion des Heimwegs von Frauke. Leischik bestimmt damit die Bewegungen der Kamera und die Kamera weist Leischik eine bestimmte Kompetenz zu, nämlich die Kompetenz zu einer Verbrechensaufklärung beizutragen als eine wichtige Person, die so zeigenswert ist, dass man jegliche ihrer Bewegungen verfolgt und die für das Geschehen der gesamten Sequenz eine hohe Relevanz zugewiesen bekommt als eine Person, die man dabei beobachtet, wie sie etwas Wichtiges tut, von der man vielleicht sogar etwas lernen kann und die eine Art Vorbildfunktion einnimmt.

Diese Rollzuweisung durch die Kamera bestätigt sich auch in der Inszenierung von Leischik vor der Kamera. Diese Inszenierung wird insbesondere dann deutlich, wenn Leischik an mehreren Stellen der Sendung die Zuschauer dazu aufruft, sich bei der Hotline *Zeugen gesucht* zu melden. Sie blickt, während sie spricht, direkt in die Kamera und sagt: „Bitte wenden Sie sich an uns, wenn Sie sachdienliche Hinweise haben." Dieser Kommentar erinnert unweigerlich an eine unverwechselbare Phrase aus der Medienlandschaft: Bei *Aktenzeichen XY… ungelöst* heißt es seit über 40 Jahren „Sachdienliche Hinweise nimmt die Kripo soundso entgegen".[11] Im Gegensatz zu dem Wortlaut aus *Aktenzeichen XY… ungelöst* beginnt Julia Leischik, als sie sich an den Zuschauer wendet indem sie in die Kamera blickt, jedoch diese Aufforderung mit dem Wort ‚bitte' (siehe auch Kap. 6.3).

Das Lexem ‚bitte' drückt zum einen Höflichkeit aus und zum anderen verdeutlicht es das Verhältnis einer Person vor der Kamera zum Zuschauer, es handelt sich dabei nicht um ein Machtgefälle zwischen der Person vor der Kamera und den Zuschauern, sondern um ein Verhältnis auf Augenhöhe. Denn genau das drückt eine Bitte aus, die im Gegensatz zu einer Anweisung oder gar einem Befehl eine ‚milder

---

[11] Diese ‚Floskel' taucht auch in einem Beitrag des Handelsblatt auf, die es als ‚Markenzeichen' der Sendung inszeniert: http://www.handelsblatt.com/panorama/kultur-literatur/aktenzeichen-xy-ungeloest-xy-sachdienliche-hinweise/2799394.html. Siehe auch Kapitel 6.3.

formulierte Handlungsanweisung' darstellt. Dies fällt insbesondere im Vergleich zur der Handlungsaufforderung von *Aktenzeichen XY... ungelöst* auf, in es heißt „Sachdienliche Hinweise nimmt die Kripo *soundso* entgegen". *Aktenzeichen XY... ungelöst* leitet also jegliche Anfragen direkt an die Polizei weiter, während ‚Julia' um Hilfe bittet, sie in ihrer eigenen Arbeit zu unterstützen. Diese beiden Formen der Handlungsanweisung entscheidend sich grundlegend in der Form ihrer Aktivierung des Bürgers. Während *Aktenzeichen XY... ungelöst* es als *Pflicht des Bürgers* sieht (vgl. hierzu auch Reichertz in diesem Bd.), sachdienliche Hinweise an die Polizei zu geben, betrachtet ‚Julia' den *Bürger als ‚Experte' des Alltags auf der Straße*, der mit die Verantwortung dafür übernimmt, dass sie in diesem Fall Aufklärung leisten kann.

Die Handlungsanweisung wird bereits im zweiten Wort der Bitte von Leischik deutlicher als sie sagt „Bitte wenden Sie sich an uns". Das Verb ‚wenden' bleibt recht unkonkret, sich an jemanden zu wenden kann durch einen Anruf, einen Brief oder ein persönliches Treffen geschehen und signalisiert zunächst lediglich die Bereitschaft der Person, die diese Bitte äußert oder anbietet, dass man sich an sie wenden kann und dass sie einen Ansprechpartner darstellt. Die Bereitschaft Ansprechpartner zu sein, wird durch den folgenden Nebensatz zwar eingeschränkt: „Bitte wenden Sie sich an uns, wenn Sie sachdienliche Hinweise haben", allerdings bleibt das Angebot Ansprechpartner zu sein für sachdienliche Hinweise bestehen. Die Zuschauer sollen sich also lediglich an ‚uns' wenden, *wenn* sie sachdienliche Hinweise haben, allerdings ist zunächst erst einmal die Bereitschaft da, Ansprechpartner zu sein – *vor* jeglicher Einschränkung.

Die Bitte richtet sich an jemanden, den Leischik direkt mit ‚Sie' anspricht. In Verbindung mit dem direkten Blick in die Kamera, liegt die Vermutung nahe, dass mit ‚Sie' die Zuschauer angesprochen werden. Gleichzeitig impliziert die Anrede ‚Sie' wiederum eine gewisse soziale Distanz zu den Zuschauern, die eine Art Respekt vor dem Zuschauer impliziert, denen mit dem „Bitte wenden Sie sich an uns" gleichzeitig eine konkrete Handlungsanweisung geben wird, nämlich sich an ‚uns' zu wenden. In diesem ‚uns' scheint Leischik inbegriffen zu sein, sonst hätte sie die Formulierung „Bitte wenden sie sich an Institution, Person oder Unternehmen XY". Durch die Verwendung des ‚uns' wird allerdings deutlich, dass Leischik eine Ansprechpartnerin neben mindestens einer anderen unbekannten Person zu sein scheint. Da Leischik die Moderatorin der Sendung *Zeugen gesucht* mit Julia Leischik ist, liegt die Vermutung nahe, dass das ‚uns' sie und andere Akteure, die in Zusammenhang mit der Sendungen stehen, umfasst. Das Entscheidende an der Verwendung dieses ‚uns' ist, dass – welche Personen es auch immer im Hinblick auf die Sendung umfassen mag – gerade *nicht* die Polizei einschließt. Vielmehr umfasst das verwendete ‚uns' Leischik bzw. die Fernsehsendung und weitere damit in Zusammenhang entstehende Akteure. Leischik inszeniert sich damit als ein Mitglied einer Personengruppe (als Teil eines korporierten Akteurs), die Ansprechpartner in dem vorgestellten Fall darstellen und impliziert dadurch, dass sie – und anscheinend andere (korporierte) Akteure aus den Medien – die Kompetenz besitzen, dass man sich an sie wendet. Es wird dadurch eine exklusive Nähe zwischen Leischik (der Sendung und vielleicht auch dem Sender) und dem Zuschauer hergestellt, die aus einer Form des gegenseitigen Gebens und Nehmens besteht.[12]

Das Lexem „wenn" kann entweder temporal oder konditional verwendet werden: im ersten Fall soll man sich melden, sobald man etwas zu diesem Fall in Erfahrung bringt, im zweiten Fall, falls es einem möglich ist. Zwar kann der erste Fall nicht vollständig ausgeschlossen werden, in der entwickelten Lesart liegt der zweite Fall hingegen sehr nahe: ‚wenn' im Sinne von ‚falls' macht den Zuschauer, der sich angesprochen fühlt, zu einem ‚exklusiven' Wesen. Nur er alleine kann zur Aufklärung des Verbrechens beitragen.

Abschließend gilt es, die sachdienlichen Hinweise zu erörtern: Innerhalb der Aufforderung verweist diese Floskel, die den Zuschauer zur Mithilfe bei der Aufklärung eines Kriminalfalles auffordert, auf die Formulierung in *Aktenzeichen XY… ungelöst*. Der wesentliche Unterschied zwischen Leischik und ihrem Team einerseits und *Aktenzeichen XY… ungelöst* andererseits zeichnet sich durch das Vorhandensein bzw. Nicht-Vorhandensein des ‚uns' ab. Dies stellt erneut die Bedeutung des ‚uns' in dem Aufruf von Julia Leischik in den Vordergrund. Das Medium ‚vermittelt' hier nicht mehr in erster Linie zwischen dem Zuschauer und der zuständigen Polizeidienststelle, sondern nimmt die sachdienlichen Hinweise *selbst* entgegen.

Sowohl an der Kameraaktivität als auch an der Inszenierung von Leischik vor der Kamera zeigt sich, dass Leischik nicht mehr lediglich die Moderatorin einer Fernsehsendung ist, die sich mit der Aufklärung von Kriminalfällen beschäftigt und in dieser Funktion ihre Zuschauer im Namen der Kriminalpolizei zur Mithilfe aufruft, wie dies z. B. Rudi Cerne in der Sendung *Aktenzeichen XY… ungelöst* oder Birgit von Derschau in *Kripo live* tun. Vielmehr ist Leischik die vertrauenswürdige hilfsbereite ‚Julia', die zurzeit noch (recht) alleine in der Verbrechensaufklärung arbeitet und Hilfe (von den Zuschauern) braucht. Sie repräsentiert (noch) alleine die ‚kompetente Ermittlerin' aus den Reihen der neuen medialen Sicherheitsexperten und versucht das Publikum für sich und in zweiter Linie für die Verbrechensaufklärung zu gewinnen. Bei diesem Versuch, das Publikum zu gewinnen, ist sie weniger sachlich als höflich und appelliert an die Hilfsbereitschaft der Zuschauer und nicht an deren Pflichtbewusstsein. Sie inszeniert sich damit – und das wird

---

[12] Die Polizei bleibt in dieser Beziehung (zumindest zunächst) außen vor, da Leischik erst nach dem Ausspruch „Bitte wenden Sie sich an uns, wenn Sie sachdienliche Hinweise haben" erst an zweiter Stelle – in einem Nebensatz – überhaupt die Polizei nennt und sagt „Diese werden selbstverständlich vertraulich behandelt. Hinweise bitte an die Polizei Bielefeld".

auch von der Kameraaktivität gestützt, als eine Sicherheitsexpertin mit einem bestimmten Kompetenzbereich, an die man sich mit sachdienlichen Hinweisen wenden kann, die selbst-auch *alternativ* zu den zuständigen Behörden-tätig wird und nicht nur zu helfen versuchen möchte, sondern auch Wege erfolgreich rekonstruiert. Dieses ‚Selbst-tätig-werden' und den Zuschauer aufgrund *seiner* Kompetenz um Hilfe bitten von Leischik in der Verbrechensaufklärung macht den qualitativen Unterschied des Status der Moderatoren zwischen Sendungen, wie *Aktenzeichen XY... ungelöst* und *Zeugen gesucht* oder auch *Tatort Internet-Schützt endlich unsere Kinder!* aus: In den Formanten, in denen die Moderatoren im Namen der Kriminalpolizei um Mithilfe bitten, bleiben sie bis zu einem gewissen Grad Akteure des Feldes der Medien – auch wenn sie dazu beitragen, dass die ‚richtige' Politik des Polizierens neu ausgehandelt wird – während Leischik das Feld der Inneren Sicherheit viel offensiver betritt und in ihm – auch *ohne die zuständigen Behörden* – tätig wird. Leischik inszeniert sich auch selbst als die Akteurin vor der Kamera, die Verantwortung für die Aufklärung des jeweiligen Verbrechens übernimmt. Sie geht auf Opfer und Zeugen zu, sucht mit ihnen das Gespräch und geht auf die jeweiligen Personen durch gezielte Fragen ein. Leischik vermittelt so nicht nur eine gewisse Kompetenz ihrer eigenen Person auf dem Gebiet ihrer wissensbasierten Tätigkeit im Feld der Inneren Sicherheit, sondern schreibt auch dem Zuschauer, dessen Hilfe gefragt ist, diese Art von Kompetenz zu, in gewisser Hinsicht ein Experte der Inneren Sicherheit zu sein und Wissen zu besitzen – das gefragt ist.

8.5 Medien (und ihr Publikum) als eigenständige selbstreferentielle Experten?

Wissensbasierte Tätigkeiten stellen insbesondere wissensbasierte Berufe dar, die in modernen Gesellschaften fest verankert sind und diese Gesellschaften mit einem bestimmten Wissen versorgen (vgl. Stehr und Grundmann 2010, S. 7 ff.). Die Relevanz dieser wissensbasierten Tätigkeiten steigt in modernen (globalisierten) Gesellschaften, in denen die Entgrenzung gesellschaftlicher Ordnungsbildung immer mehr zunimmt, denn es entstehen bei zunehmendem Wissen und abnehmenden Zuständigkeitsbereichen von gesellschaftlichen Institutionen immer mehr gesellschaftliche Leerstellen auf unterschiedlichen Themengebieten, auch der Inneren Sicherheit. Vor der oben beschriebenen Mediatisierung lieferten Institutionen, wie Religion und Gesetz, Modelle gesellschaftlicher Ordnung und boten dem Individuum Hilfe und Orientierung (in der Identitätsfindung) an. Durch die Entgrenzung, insbesondere durch die Mediatisierung dieser gesellschaftlichen Institutionen sind die Regeln und Regelwerke gesellschaftlicher Ordnung keine festen Gegebenheiten mehr. ‚Traditionelle' Institutionen und ihre zugehörigen Experten verlieren zunehmend an Einfluss auf gesellschaftliche Gruppen (vgl. Reichertz 2000). Sie fühlen sich für moralische und ethische Fragen entweder nicht mehr zuständig oder können diese Aufgabe bspw. aus gesellschaftlichen, finanziellen oder gesetzlichen Gründen nicht mehr erfüllen (bspw. zur Kirche hier Juhant 2005, S. 114 ff.; für die Schule Lang-Wojtasik 2008, S. 31 ff.). Der Polizei fehlt z. B. die gesetzliche Handhabe gegen Mietnomaden, die Kirche legt aus finanziellen Gründen Gemeinden zusammen und reduziert ihre Seelsorger. So entsteht eine Leerstelle in einem gesellschaftlichen Feld, z. B. der Familienberatung und -betreuung, obwohl der Bedarf an Koordination und Ordnungsbildung in einer globalisierten, ausdifferenzierten Gesellschaft voller Wahlmöglichkeiten vor allem bei der Identitätsbildung gestiegen ist (vgl. Blossfeld et al. 2011, S. 321).

Medien fungieren für die Gesellschaftsmitglieder als Entscheidungshilfe (vgl. hierzu auch Juhant 2005, S. 39) in gesellschaftlichen Problemfeldern, deren Bearbeitung ursprünglich anderen gesellschaftlichen Institutionen vorbehalten war. Diese Leerstelle haben die Medien erkannt und stützen sich bei dem Füllen dieser Leerstelle nicht mehr ausschließlich auf externe Experten, sondern auf vermeintliche ‚Experten' aus eigenen Reihen, die nicht der Logik der jeweiligen Sache, sondern der Medienlogik verpflichtet sind.

Korporierte wie individuelle Akteure aus den Medien inszenieren sich selbst als Experten für unterschiedliche Themen, auch für Themen aus der Inneren Sicherheit, indem sie eigene Meinungen vertreten und in anderen gesellschaftlichen Feldern als Akteure auftreten und tätig werden, z. B. wenn sie als Moderatorin im Namen der Verbrechensaufklärung selbst auf Spurensuche gehen und nach Zeugen suchen. Korporierte wie individuelle Akteure aus den Medien tragen durch diese Inszenierung als Experten zur innergesellschaftlichen Ordnungsbildung bei. Dies tun sie vor allem in den bereits erwähnten Fernsehformaten des (Scripted) Reality, wie *Zeugen gesucht – mit Julia Leischik*. Die in diesen Formaten auftretenden Akteure aus dem Feld der Medien inszenieren sich dabei nicht mehr lediglich als Informant und Vermittler, sondern greifen aktiv in den gesellschaftlichen Diskurs über die ‚richtige' Form des Polizierens ein (vgl. Bidlo Englert, Reichertz 2011). Dieser Aushandlungsprozess um die ‚richtige' Praktik des Polizierens gewinnt nicht nur die *Einbindung des Zuschauers und dessen Aktivierung durch das Medium* neue Qualität (vgl. hierzu ‚Media-Con-Act(ivat)ing' im Vor- und Nachwort dieses Bandes), sondern insbesondere die Inszenierung von korporierten Akteuren aus den Medien als Sicherheitsexperten. *Medien treten mit ihrer Inszenierung als selbstständige Experten in eine neue Phase der Eigenständigkeit ein, in die sie den Zuschauer mitnehmen.* Zur Beschreibung dieser neuen Rolle und Phase des selbstständigen Agierens der Medien eignet sich auch der Terminus des ‚Media-Con-Act(ivat)ing', dem sowohl das Medium als eigenständiger Akteur als auch das Medium als Aktivierer (der Rezipienten) inhärent ist.

Securitainment – Die Medien als eigenständige Akteure und unterhaltsame Aktivierer

9

Jo Reichertz, Oliver Bidlo und Carina Jasmin Englert

Das Feld der Inneren Sicherheit und der dort geführte Diskurs über Innere Sicherheit, deren Bewahrung und deren Gefährdung, haben sich in dem letzten Jahrzehnt rasant und dynamisch verändert. Das gilt nicht nur für das politische und polizeiliche Handeln in diesem Feld, sondern auch für das Handeln der Journalisten (von Zeitungen, Radio und Fernsehen) und die (privaten) Nutzer des Internets. Diese Entwicklung ist auch Ausdruck (und *Movens*) der allgemeinen aktuellen neoliberalen Politik der Aktivierung zu Beginn der 2000er Jahre. Diese Politik ermöglicht und begünstigt die Entstehung und Entwicklung neuer gesellschaftlicher Akteure, sogenannter ‚private governance regimes', welche die Erbringung staatlicher Sicherheitsaufgaben ergänzen und teilweise sogar ersetzen, verschieben und verändern.

Maßgeblich verantwortlich für die Veränderungen waren aus unserer Sicht aber neben der allgemeinen globalen und nationalen Entwicklung hin zu mehr ‚aktiver Selbstverantwortung' auch die Vernetzung und damit verbunden die Entwicklung hin zu mehr Konkurrenz der Medienunternehmen, die Weiterentwicklung der digitalen Medien und die auch damit einhergehende neue Bedeutung des Einzelnen als Kunde und als Produzent von Medieninhalten. Die Bedeutung der einzelnen Faktoren lässt sich nur schwer einzeln bestimmen, da sie sich gegenseitig bedingen und deshalb nur schwer isoliert werden können.

In dem kürzlich von uns veröffentlichten Sammelband (*Securitainment* – Bidlo et al. 2011) konnten wir aufgrund eigener empirischer Studien bereits diese Dynamik und die Verflechtung der einzelnen Faktoren zeigen – unter anderem auch, dass die Medien als Akteure nicht mehr nur eine Vermittlerrolle einnehmen, sondern dass sie eigenständig im Feld der Inneren Sicherheit tätig werden und eigene, vor allem ökonomische Interessen verfolgen.

Diese These wird in dem hier vorliegenden Band aufgrund weiterer empirischen Befunde dahin gehend erweitert, dass die Medien neben eigenständigen Akteure auch zu unterhaltsamen Aktivierern im Feld der Inneren Sicherheit geworden sind: Denn sie binden ihre Kunden/Rezipienten teilweise in ihr Agieren im Feld der Inneren Sicherheit aktiv ein. Allerdings wird in der Regel vor allem das Medium aktiv: Es handelt im vermeintlichen Auftrag von tatsächlichen und potentiellen Geschädigten und trägt durch eigenes Tun (Recherche, Befragung, Sendung etc.) dazu bei, Verbrechen zu verhindern oder aufzuklären. Dort, wo der Staat nichts (mehr) tun kann (oder will), greift das Medium ein und löst im Interesse seiner Kunden das Problem. Die Medien übernehmen also eine Ausfallbürgschaft, wenn auch nur für eine bestimmte Gruppe von Zuschauern, Lesern, Hörern – also Kunden. Die Kunden wissen so, dass ‚ihr' Medium für sie die Welt ein klein wenig in Ordnung bringt. Dafür bleiben sie dabei, rezipieren das Medium oder nehmen an dessen Agieren teil, fühlen sich wohl und kaufen weiter.

Doch nicht nur die Rolle der Medien selbst, sondern auch die Rolle der anderen (korporierten) Akteure, die im Feld der Inneren Sicherheit agieren, hat sich gewandelt: die Pressearbeit der Polizei, das Agieren der Journalisten und das Verhalten der Zuschauer, Leser und Hörer, die zunehmend nicht nur passiv rezipieren, sondern mittels Blogs, *Twitter*, *social webs* und digitalen Plattformen auch aktiv eingreifen, haben sich (teils grundlegend) verändert – eine Entwicklung, die sich aus unserer Sicht mit dem Begriff des ‚Media-Con-Act(iviat)ing' angemessen bezeichnen lässt. Die wesentlichen Komponenten des mit diesem Begriff belegten Prozesses sollen im Folgenden kurz genannt und erläutert werden. Da bereits in Reichertz et al. (2011) einige Besonderheiten dieses Prozesses beschrieben wurden, sollen hier nur noch die Entwicklungen angesprochen werden, die dort noch nicht oder nicht ausführlich genug behandelt wurden.

9.1 Die Pressearbeit der Polizei: Von der Benachrichtigung zu Public Relation

Eine besonders deutliche Entwicklung und Neuorientierung lässt sich für den Bereich der polizeilichen Pressearbeit feststellen: Sie fand in den Nachkriegsjahren kaum statt und hat sich mittlerweile zu einer gut ausgestatteten Institution gemausert, die aktiv *Public Relations* betreibt – letzteres jedoch nicht immer und nicht überall nach professionellen Standards. Von besonderem Interesse ist dabei die Zusammenarbeit der Pressestellen mit den Journalisten von Zeitungen, Radio und Fernsehen.

Die Polizei und die Presse haben in der Bundesrepublik Deutschland in unterschiedlicher Weise zusammengespielt – und nicht immer funktionierte das Zusammenspiel reibungslos. Das Zusammenspiel kann man, fragt man sich, wie die *Polizei mit den Medien* umgegangen ist, grob in *vier* Phasen unterteilen:

Für die deutsche Nachkriegspolizei war die Pressearbeit ein ganz neues Feld, vor allem weil man die Regeln dieses Feldes weder kannte noch auf Erfahrungen

9.1 Die Pressearbeit der Polizei: Von der Benachrichtigung zu Public Relation

mit dem Feld zurückgreifen konnte. In dieser Phase der Kollusion von Polizei und Medien versuchte die Polizei, erst einmal und vor allem ihrer ‚eigentlichen' Arbeit nachzugehen, d. h. Innere Sicherheit herzustellen, zu garantieren und fortzuschreiben. Die Kontakte zur Presse waren zu dieser Zeit eher informeller Art und nicht organisatorisch gebündelt. In Klein- und Großstädten gab es natürlich *persönliche Bekanntschaften* zwischen Polizisten und Journalisten (vom ländlichen Raum ganz zu Schweigen): Man traf sich in Kneipen, war zusammen Kegeln und telefonierte miteinander – und tauschte so Informationen aus. Es gab in dieser Phase vor allem den ‚kleinen Dienstweg'. Aber es gab kein organisiertes Pressewesen der Polizei.

Die erste deutsche Stadt, die in den späten 1960er Jahren systematisch mit der Pressearbeit begann, war Hamburg. Allerdings gingen die Informationen auch hier nicht gezielt an die Presse hinaus, sondern eher zufällig. Andere (Groß-) Städte zogen dann im Laufe der Jahre (wenn auch langsam) nach und bildeten hauseigene Pressestellen, die mit (nicht dafür ausgebildeten) Polizisten/innen besetzt wurden. Diese Pressestellen gaben *Presseerklärungen* an die Öffentlichkeit, in denen es vor allem um aktuelle Fälle und Fahndungsgesuche und um den individuellen Schutz vor Kriminalität (Prävention) ging. Die Hauptmedien dieser Pressemitteilungen war die *Schreibmaschine* und das *Blaupapier* (vgl. Kap. 3). Das ist wichtig zu erwähnen, denn die Materialität des Mediums Blaupapier erlaubte nur vier oder fünf Kopien – was die Arbeit der Pressestellen maßgeblich erschwerte (Kopierer wurden bei der Polizei erst sehr spät eingesetzt). Die Einführung der Telefaxe erleichterte die Pressearbeit nicht wirklich, da man immer nur an eine Zeitung gleichzeitig Faxen konnte und zudem teils immense Faxkosten aufliefen.

In diesen beiden frühen Phasen war die polizeiliche Pressearbeit eher informell, eher unorganisiert und nicht systematisch und sie bezog sich vor allem auf Information und Prävention.

Einen deutlichen Einschnitt im Zusammenspiel von Polizei und Presse gab es im Jahr 1988, dem Jahr der Gladbecker Geiselnahme, die buchstäblich vor aller Augen führte, dass Medien und Polizei im gegenseitigen Interesse ihre Arbeit koordinieren müssen. Medien und Polizeivertreter setzten sich zusammen und entwickelten Richtlinien über die Zusammenarbeit von Polizei und Medien – die dann im Jahr 1994 und 1995 in Erlassen geregelt wurde (Runderlass des Innenministeriums vom 10.03.1994) („Zusammenarbeit der Polizei mit den Medien") und Runderlass vom 27.01.1995 („Öffentlichkeitsarbeit der Polizei").[1]

---

[1] Der deutsche Presserat, die Medien (TV, Hörfunk und Print) und die Innenministerkonferenz hatten bereits 1993 gemeinsam die „Verhaltensgrundsätze für Presse/Rundfunk und Polizei zur Vermeidung von Behinderungen bei der Durchführung polizeilicher Aufgaben und der freien Ausübung der Berichterstattung" verabschiedet. Zur Sicht der Presse siehe auch Roithmeier (1994).

Die Pressearbeit der Polizei sollte eine feste Form erhalten – was auch dazu führte, dass jedes Polizeipräsidium je nach Größe eine (teils großzügig besetze) Pressestelle einzurichten hatte. Die Pressestellen sollten ein vertrauensvolles Verhältnis zu den Journalisten/innen aufbauen, auch indem man (unter Wahrung des Datenschutzes) alle relevanten Informationen der Presse zur Verfügung stellte, die notwendig sind, um die Bevölkerung über die polizeilich relevanten Ereignisse zu informieren.[2] Dafür erwartete man von der Presse zumindest etwas Zurückhaltung in der Berichterstattung (vgl. auch Beele 2000).

Was im Jahr 1994 schon mitschwang, was sich aber erst später in der Praxis der Presseabteilungen (auch für die Polizei) als wesentlich herausstellte, war die Notwendigkeit, dass sich auch die Polizei als Institution in der Öffentlichkeit (gut) darstellen musste – auch als Ergebnis einer sich gesellschaftlich ausbreitenden Medialisierung und Mediatisierung. Das Vertrauen, das die Bürger zu der Polizei hatte, hing zunehmend davon ab, welches Bild von der Polizei in den Medien geschaffen und übermittelt wurde.[3] Dies führte dazu, dass auch die Polizei nicht nur über *DPA* und *newsaktuell* und *ots* (s. Kap. 3) die Öffentlichkeit flächendeckend und systematisch mit einer Fülle von Informationen zur aktuellen Kriminalität der Umgebung versorgt wurde, sondern dass sie explizit etwas mehr Macht ‚über das eigene Bild' erhalten wollte: man wollte nicht mehr nur auf den guten Willen vereinzelter Journalisten angewiesen sein, die von der Polizei Gutes erzählten, sondern wollte selbst über die Polizei Gutes erzählen. Also übernahmen die Presseabteilungen nach und nach auch dezidiert *Public Relations* oder arbeiteten mit (unabhängigen) Filmproduktionsgesellschaften zusammen, um das Bild der Polizei in der Öffentlichkeit der (neuen) Wirklichkeit anzupassen bzw. das Ansehen der Polizei zu verbessern.

Dieses Bemühen wurde bald systematisiert – auch mit Hilfe der neuen Medien. Die rechtliche Grundlage hierfür bildete in NRW der Runderlass des Innenministeriums vom 15.11.2011, der ausdrücklich unter ‚Medien' nicht nur TV, Funk und

---

[2] Unter Bezug auf das Pressegesetz des Landes NRW vom 18. Mai 1993 hieß es im Rdl. von 1994, § 2.2: „Die Hauptaufgabe der Pressestelle besteht in der Zusammenarbeit mit den Medien."

[3] So heißt es zwar in der Präambel des Runderlasses von 1994: „Die Polizei bedarf des Vertrauens der Bevölkerung, um wirkungsvoll Gefahren abwehren und Straftaten verfolgen zu können. Es ist daher wichtig, der Öffentlichkeit ein glaubwürdiges Bild der Institution Polizei und ihrer Bediensteten zu vermitteln." Doch wird diese globale Aufgabe im Weiteren des Runderlasses nicht weiter aufgenommen.

9.1 Die Pressearbeit der Polizei: Von der Benachrichtigung zu Public Relation

Print fasst, sondern auch das Internet.[4] Die Pressestellen sollen jetzt explizit neben der Prävention und Informierung der Medien durch eigene Aktionen, also auch aktiv, für den guten Ruf des Hauses sorgen (siehe auch Kap. 3), auf dass die Bevölkerung wie die Bediensteten selbst ein gutes Bild der Institution Polizei erhalten und sich in der Gesellschaft sicher(er) fühlen.

Das heißt, die Pressestellen der Polizei fangen aktiv an, ein öffentliches Bild von sich und ihrer *Corporate Identity* (Granitzka 2009; Linssen 2009 und allgemein dazu Linssen und Pfeiffer 2009) selbst zu erzeugen – auch mit Hilfe der Medien, aber auch ohne deren Hilfe. Letzteres passiert seit 2011 verstärkt – auch weil die neuen Medien es leichter machen, die Medien und die Journalisten zu ‚überspringen'.

Fast jede neuere Polizeidienststelle betreibt mittlerweile eine eigene Homepage und besonders aktuell ist die ‚NRW-Polizei-App'. Dort kann man jeden Tag erfahren, was sich an polizeirelevanten Ereignissen in meiner Umgebung, man kann dort eine Anzeige aufgeben, man kann sich über das Verhalten von Polizisten beschweren, man kann sich mit diesen Apps auch bei der Polizei bewerben und man kann, wenn man Opfer einer kriminellen Tat geworden ist, sein Smartphone anmachen (so man es noch hat), und erfährt, wo die nächste Polizeidienststelle ist und wo man seine Anzeige aufgeben kann. Und das Handy zeigt einem auch den Weg dahin.

Kurz: die Polizei hat in den vergangenen Jahren sehr stark medial aufgerüstet – nicht nur in der Pressearbeit, sondern auch bei der Bearbeitung des direkten Kontakts mit den Bürgern (Öffentlichkeitsarbeit). Prägten in der ersten Phase Tippen und Blaupapier die Öffentlichkeitsarbeit der Polizei, so waren es in der zweiten Phase die Faxgeräte. In der dritten Phase wurden systematisch Pressestellen eingerichtet und die vierte Phase ist dadurch gekennzeichnet, dass die Polizei unter Umgehen der Medien sich immer mehr direkt an die Öffentlichkeit wendet, um so Macht über das eigene öffentliche Bild zu erlangen. Das führt zwar nicht zwangsläufig zu einer Entfremdung zwischen Medien und der Polizei – auch heute arbeiten sie in wechselseitiger Beziehung miteinander –, aber die Polizei ist unabhängiger von den Medien geworden.

---

[4] So heißt es hier in der Präambel: Die Pressestelle „verdeutlicht der Bevölkerung den gesetzlichen Auftrag der Polizei und wirbt für deren Leistungsfähigkeit, sie vermittelt ein objektives Bild der Polizei in der Öffentlichkeit, sie stärkt das Vertrauen in professionelle polizeiliche Aufgabenerledigung und damit das Sicherheitsgefühl der Bevölkerung, (…) sie fördert die Identifikation ihrer Beschäftigten mit den polizeilichen Aufgaben, Zielen und Strategien."

9.2 Die Journalisten – Von der Vierten Gewalt zum *Community's Watchdog*

Nicht nur die Polizei hat sich (wie gezeigt) im Rahmen der Pressearbeit gewandelt, auch die Formen der Aktivität und das Selbstverständnis der Medien bzw. der Journalisten im Feld der Inneren Sicherheit ist heute anders als in den 1970er und 1980er Jahren.

Heute zeigt sich immer stärker, dass sich die Medien ökonomischen Erfordernissen nicht nur nicht widersetzen können, sondern diese zur Richtlinie ihres Handelns machen. Durch die Einführung des dualen Fernsehsystems ist (wie hinlänglich in der Fachliteratur gezeigt wurde) z. B. die Bedeutung der Werbeeinnahmen, die an die Zuschauerquote gekoppelt sind, grundlegend gestiegen. Und das gilt insbesondere für private Fernsehsender, die sich nahezu ausschließlich über Werbeeinnahmen finanzieren. Aber auch für Zeitungen, Radio und andere Medien kann dieser Umstand konstatiert werden – auch wenn sich die Situation bei den Zeitungen unterscheidet, wird doch hier der Leser auch als Käufer benötigt (vgl. Heinrich 2010a, b). Deshalb sind Zuschauer- bzw. Leser- und Hörerbindung für die Medien (über)lebenswichtig – nicht nur weil die Nutzer bei der Werbung ‚zählen', sondern weil sie auch als Käufer auftreten oder aber auch als (wenn auch schlecht bezahlte) Mitarbeiter und somit Produktionskosten ersparen.

Ein *zentrales* Mittel der Zuschauer- bzw. Leser- und Hörerbindung aller Medien (wenn auch in unterschiedlichem Ausmaß) besteht darin (so unsere Hauptthese), dass sie sich vermehrt und sehr aktiv in die Politik einmischen – ein Sachverhalt, der gerne (von den Medien) als Wahrnehmung ihrer Rolle als Vierte Gewalt gedeutet wird (vgl. Reichertz 2010a). Allerdings korrodiert das Bild der Vierten Gewalt, mit denen die Medien sich lange und gerne beschrieben haben und auch heute noch selbst beschreiben. Dies vor allem, weil nicht mehr emanzipatorische und demokratiefördernde Überzeugungen den ersten Grund für das eigene Tun darstellen, sondern die Positionierung und Etablierung eigner Sichtweisen und Meinungen im Markt und damit vor allem der Kundenbindung dienen. Der Markt und die Nachbarmedien werden beobachtet und über die Publikumsreaktionen der Grad des Erfolges gemessen. Und wenn es dem eigenen Profil und den ökonomischen Erfordernissen nutzt, dann handeln Medien auch im Rahmen des Bildes der Vierten Gewalt. Nur ist dieses Bild nicht mehr das *Leitbild*, sondern ein Bild unter anderen, das nach Nützlichkeitserwägungen bedient wird oder unbedient bleibt. Als zentrales *Leitbild* lässt sich heute vielmehr konstatieren, dass die Medien selbst Akzente setzen und gestalten wollen, mit Themen *spielen – und zwar immer im Interesse ihrer spezifischen Zielgruppe*; sie variieren diese, bis sie ein Format gefunden haben, das bei den Rezipienten erfolgreich ist und sie möglichst lange an das

9.2 Die Journalisten – Von der Vierten Gewalt zum *Community's Watchdog* 197

Medium bindet. Diese Bindung vollzieht sich nicht nur *on-air-*, sondern dehnt sich zugleich auf *off air-*Aktivitäten des Mediums und der Rezipienten aus. Die Selbstzuschreibung der Medien, sie seien die Vierte Gewalt, trifft nicht mehr zu. Statt Gemeinschaftsorientierung und kritische Öffentlichkeit steht Zielgruppenmarketing im Vordergrund des Agierens der Medien. Es werden die Interessen der Kunden bedient und es wird darüber gewacht, dass ihnen nichts Böses/Unangenehmes zustößt, und jeder wird ‚verbellt', der den Kunden in irgendeiner Weise an den Kragen will. Medien und hier vor allem die Privaten (aber nicht nur sie) sind deshalb nicht mehr die Vierte Gewalt im Lande, sondern vielmehr *Community's Watchdogs* – wobei mit ‚Community' nicht die Ortsgemeinschaft, sondern die Zielgruppe (= potentielle Kunden) gemeint ist.

Durch das *Aufbauen* und *Installieren* eigener (Medien-)Experten schärfen die Medien zudem ihr eigenes Profil und schreiben sich selbst und die sie repräsentierenden Moderatoren und Journalisten Kompetenzen im jeweiligen Feld zu. Sie kommen so nicht nur zu eigenen Darstellungsweisen (z. B. *Scripted* Reality), mit denen sie das Feld der Innere Sicherheit darstellen, sondern auch zu eigenen Bewertungsformen, was als Innere Sicherheit bzw. als relevant in diesem Zusammenhang gilt (z. B. das Format *Achtung Kontrolle!*, in dem immer wieder private Sicherheitsdienste zu offiziellen Ordnungshütern ausgerufen werden – siehe auch Reichertz und Englert 2011) und wie damit umzugehen ist (z. B. *Tatort Internet*, das eine Gesetzesinitiative für einen noch nicht vorhandenen Tatbestand anstoßen will). Wenn Medien solcherart eigene Formate, Kriterien und Bewertungen zum Thema *Innere Sicherheit* produzieren und diese von den Medien ernannten Experten vorgestellt werden, müssen sie als eigenständige Akteure verstanden werden, die vor dem jeweiligen Sender- bzw. Medienprofil und in Erwägung ökonomischer Interessen handeln.

Dazu gehört auch, dass die Medien als ‚intermediäre Institution' (vgl. Luckmann 1998b), Sinn und Werte von ‚oben nach unten', aber auch von ‚unten nach oben' verteilen und vermitteln. Damit kommt ihnen in der Gesellschaft eine besondere Bedeutung zu, die allerdings nicht überschätzt werden darf: Medien können immer nur bestimmte, von ihnen favorisierte Werte ihren Nutzern (zur Auswahl und Nutzung) *anbieten*. Eine Verpflichtung auf diese Werte kann allerdings nicht gelingen (Reichertz 2010c).

Darüber hinaus *aktivieren* die Medien bewusst ihre Rezipienten, um durch sie Rückmeldungen, aber auch neuen *Content* zu generieren. Unterstützt wird dieser Prozess durch die Möglichkeiten digitaler Produktions- und Distributionsformen, die über heute gängige digitale Medien (Kamerahandy, Computer, Internetzugang) immer mehr Menschen in ihrem Alltag zur Verfügung stehen. Hier ‚entstehen' neue Akteure, die sich im Diskurs zur Inneren Sicherheit bewegen und dort handeln, ohne dass gewiss ist, wie sie handeln werden.

9.3 Prosumenten und neue Akteure

Durch die neuen, interaktiven und digitalen Techniken sind eine Reihe neuer Akteure im Feld der Medien allgemein und dem Feld der Inneren Sicherheit im Besonderen aufgetaucht, über deren Handlungsmotive noch sehr wenig bekannt ist. Auch über die gesellschaftlichen Folgen des Auftauchens dieser neuen Akteure (z. B. für den sogenannten Qualitätsjournalismus) kann man zurzeit nur spekulieren.

Zum einen sind dies die Rezipienten und Kunden der Medien, die nun – ausgestattet mit technischen Möglichkeiten, wie Videokamera oder Fotohandy und einem Internetanschluss – selbst mediale Inhalte generieren und diese über das Internet bereitstellen. Vonseiten der etablierten Medien werden die Nutzer bewusst angesprochen und bewusst aktiviert, z. B. in der Figur des Bürger- oder Leserreporters, um Inhalte zu produzieren und den Medien (gegen geringes Entgelt) zur Verfügung zu stellen. Die Rezipienten werden so zugleich zu Produzenten. Diese *Prosumenten* (Toffler 1983; Blättel-Mink und Hellmann 2009) verfolgen dabei in erster Linie keine ökonomischen Interessen, sondern beziehen ihren *Lohn* über die Bereitstellung ihrer Inhalte im entsprechenden Medium. Darüber hinaus stellen sie – als nicht intendierte Folge – einen *Überwachungsfaktor* für den Alltag dar (vgl. Bidlo 2011c), indem sie normabweichendes Verhalten aufnehmen und einer möglichen medialen Distribution zuführen. Für das Medium wiederum spielen diese *Prosumenten* eine große ökonomische Rolle, produzieren sie doch nahezu kostenfrei *Content* und werden zugleich als Rezipienten an das Medium gebunden. Zudem kann das Medium seine Reichweite ausweiten, da Leserreporter prinzipiell überall anwesend sein können.

Neben den Leserreportern bewegen sich private Produktionsfirmen und freiberufliche Journalisten als Akteure im Feld der Medien, die wiederum den ökonomischen Druck deutlich spüren und Ergebnis von *Outsourcing* der Sender sind (vgl. Englert 2011). Sie produzieren Inhalte aus rein ökonomischem Antrieb und sind noch stärker von den Erfordernissen des Marktes abhängig. Nur das, was sich verkauft bzw. prognostizierend verkaufen lässt, wird produziert. Sie generieren, experimentieren und suchen nach immer neuen Formen, Inhalten und Themen, die sich verkaufen lassen und bei den Rezipienten Zustimmung finden. Private Produktionsfirmen *durchsuchen* selbst den Markt auf der Suche nach Ideen, um den Sendern anschließend Vorschläge für neue Sendungen und Formate machen zu können. Dabei bestimmen sie aber auch, „*wie* etwas gezeigt wird, auch wenn die Sender oft (noch) vorgeben, *was* gezeigt wird" (Englert 2011, S. 69; Hervorhebungen im Original).

Ein weiterer neuer Akteur ist die ‚Enthüllungsplattform *WikiLeaks* (vgl. Riemann 2011), die das *Whistleblowing* als Bürgerservice betreibt und stilbildend für andere Enthüllungsplattformen und Netzaktivisten war. Es werden dort Dokumente und Informationen veröffentlicht, die von Unternehmen und staatlichen Stellen als geheim eingestuft wurden. Bisher wird *WikiLeaks* nicht von ökonomischen Absichten getrieben, sondern explizit von aufklärerischen und demokratietheoretischen. *WikiLeaks* und vergleichbare Plattformen verstehen sich explizit als *global* agierende neue vierte Gewalt, die eine neue Form des Polizierens (vgl. Reichertz 2010a) auf globaler Ebene betreiben.[5] Damit stehen *Wikileaks* und vergleichbare Netzaktivisten zweifellos in der Nähe des klassischen investigativen Journalismus und knüpfen an deren Verständnis als Vierte Gewalt nicht nur im Staate, sondern auf der gesamten Welt an.

Die alten und die neuen Medienakteure auf dem Feld der Inneren Sicherheit sind nicht nur Teil des Feldes bzw. des Diskurses, sondern *schreiben* und gestalten diesen aktiv mit, eine These, die insb. im politikwissenschaftlichen Diskurs unter den Stichworten ‚Securitization' und ‚Writing Security' vertreten wird und deren Ergebnisse zum Teil an unsere Ergebnisse anschlussfähig sind – auch wenn erstere in der Diskussion um die Äußere Sicherheit entstanden sind.

9.4 „Securitization" und „Writing Security"

‚(Un-)Sicherheit' bzw. ein ‚(Un-)Sicherheitsgefühl' bei der Bevölkerung sind soziale Konstrukte in Gesellschaften, die durch das ‚Zusammenspiel' unterschiedlicher gesellschaftlicher Akteure entstehen – so die (nicht unstrittige) Hauptthese der ‚Writing-Security-Debatte', die wir auch ausdrücklich teilen. Die Bürger eines Staates haben daran (wie die Bewegung des Prosumenten zeigt) ebenso Anteil wie die

---

[5] Manchmal verstehen sich die neuen Akteure nicht nur als vierte Gewalt, sondern sehen sich unter dem Druck der Sicherheitslage gezwungen, auch handfest sicherheitspolitische Maßnahmen zu ergreifen. Ein besonders gutes Beispiel hierfür ist der „Cyberkrieg", der seit 2011 in Mexiko zwischen den Netzaktivisten der Gruppe *Anonymous* und der Organisierten Kriminalität und hier insbesondere den *Los Zetas* stattfindet. Da die eingeschüchterte oder korrupte Polizei nicht mehr willens und/oder in der Lage ist, die innere Sicherheit zu gewährleisten, prangern die Netzaktivisten in Chatrooms oder mittels Blogs und *Twitter* korrupte Politiker und Polizisten mit dem Ziel an, ein wenig mehr innere Sicherheit herzustellen (vgl. z. B. *Die Zeit* vom 9. Feb. 2012: 58).

politischen Akteure, die Sicherheitsbehörden und die Medien in einer Gesellschaft – um nur die wichtigsten zu nennen. Sie alle werden zu Akteuren der Inneren Sicherheit, indem sie am Diskurs über Innere Sicherheit teilnehmen und aushandeln, was Innere Sicherheit ist und wie sie hergestellt wird bzw. hergestellt werden sollte.

Der Prozess der Herstellung von (Un-)Sicherheit in einem Staat steht im Zentrum des Ansatzes der ‚Securitization' (vgl. u. a. Wæver 2011; Tjalve 2011; Lipschutz 1995) bzw. der ‚Writing Security' (vgl. Campbell 1998), die im Folgenden kurz betrachtet werden.

Die Theorie der ‚Securitization' bzw. ‚Writing Security' entstand in den 1990er Jahren unter dem Einfluss der *Kopenhagener Schule* (als eines der Zentren strukturalistischer Sprachwissenschaft – vgl. Williams 2003, S. 511) und beschäftigt sich mit der Herstellung von Äußerer (Un-)Sicherheit in einem Staat durch ‚Sprechakte' der Medien. Ausgangspunkt des Konzepts der ‚Securitization' war das Problem, dass der Begriff ‚Sicherheit' häufig unreflektiert auf das soziale Leben in einer Gesellschaft angewendet wird, ohne dass dessen eigentliche Bedeutung – und vor allem die Dynamik, die diesem Begriff der ‚Sicherheit' zugrunde liegt – zuvor verdeutlicht wird (vgl. Wæver 1995, S. 46 f.).

Der Ansatz der ‚Securitization' und des ‚Writing Security' geht davon aus, dass (Un-) Sicherheit keinen objektiven Zustand darstellt, sondern dass (Un-)Sicherheit anhand sicherheitspolitisch relevanter Texte sozial – genauer: diskursiv – mittels Sprechakten hergestellt wird (vgl. hierzu Williams 2003; Campbell 1998). Sicherheitsrelevante Texte werden insbesondere in den Medien ‚geschrieben', die bestimmte Sicherheitsprobleme benennen (sog. ‚*securitizing speech acts*' vollziehen) und die Sicherheit zu einer Sprachhandlung (‚*speech act*') werden lassen (vgl. Williams 2003, S. 513). Durch die Benennung (und Schaffung) dieser Sicherheitsprobleme legen die Medien als Akteure in einer Gesellschaft der Politik bestimmte Entscheidungen nahe und schließen andere aus (vgl. Campbell 1998; hierzu auch Diez 2006). Mit der Benennung dieser Sicherheitsprobleme in und durch die Medien geht darüber hinaus meist die Forderung der Medien als Akteure in einer Gesellschaft einher, bestimmte Rechte – welche die Medien meist selbst definieren – zur Lösung dieser Sicherheitsprobleme zu erhalten.

Sobald (außenpolitische) (Un-)Sicherheit als soziale, diskursive Konstruktion betrachtet wird, spielen ‚Identitäten' (von Gesellschaften und Staaten) in Sicherheitsbeziehungen eine gewichtige Rolle, da die ‚eigene Identität' (eines Staates oder einer Gesellschaft, ‚*sense of we-ness*') sich nicht aus dem Beziehungsnetzwerk, in dem die jeweiligen Gesellschaft bzw. der jeweilige Staat eingebunden ist, losgelöst betrachtet werden kann, da die Identität eines Staates insb. durch Distinktion entsteht (vgl. Campbell 1998; Diez 2006; Albert und Burzan 2011; zur Konstruktion von kollektiven Identitäten europäischer Staaten auch Bonacker und Bernhardt 2006). Diese ‚Distinktion' zwischen Gesellschaften und Staaten wird immer dann

9.4 „Securitization" und „Writing Security"

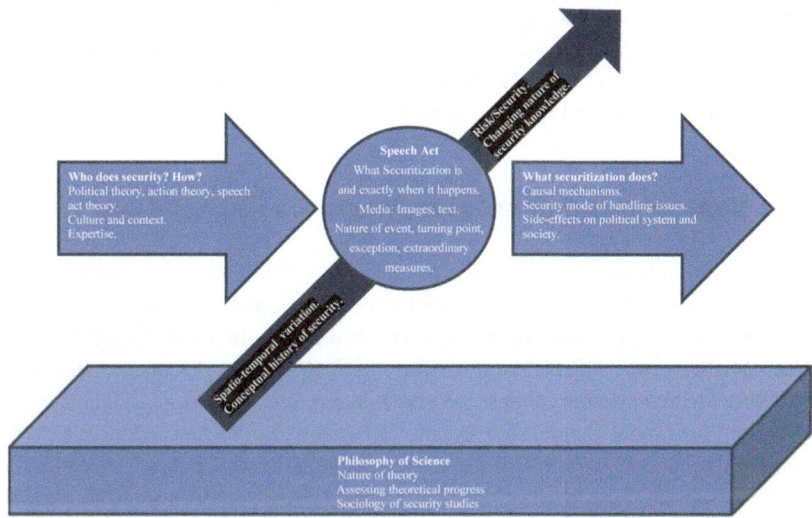

Abb. 9.1 ‚Securitization' (Wæver 2011, S. 277)

besonders relevant, wenn es zu einer Bedrohung der Sicherheit der Gesellschaft bzw. des Staates kommt (vgl. Williams 2003, S. 518). Der Sicherheitsdiskurs wird dann zu einem wichtigen Bestandteil in einen Prozess der Grenzziehung und der Konstitution von Staaten und damit konstitutiv für die diskursive Praxis der Außenpolitik (vgl. Diez 2006).[6]

‚Securitization' beschreibt eine diskontinuierliche Veränderung des Staates innerhalb eines sozialen Systems (vgl. Wæver 2011, S. 476), die insb. durch ‚Writing Security', also das ‚schreiben' der Medien als Akteure hervorgerufen wird (s. o.). Während sich die meisten Untersuchungen zur ‚Securitization' auf den Prozess konzentrieren, der zu einer bestimmten ‚Securitization' führt, beschreibt Weaver, welche Effekte die ‚Securitization' hervorruft, von wem dieser Prozess ausgeht und auf wen bzw. was sich dieser Prozess auswirkt (Abb. 9.1).

An dieser Grafik wird deutlich, dass die Theorie der ‚Securitization' einen komplexen Prozess der Herstellung von (Un-)Sicherheit beschreibt, der insbesondere von den Medien angestoßen wird. Die Medien legen als Akteure durch ‚*securitizing speech acts*', die bestimme Deutungsangebote enthalten, ihren Rezipienten und der

---

[6] Die Identität der USA wurde bspw. durch eine Kette von außenpolitischen Prozessen reproduziert (vgl. Campbell nach Diez 2006).

Politik bestimmte sicherheitspolitischen Themen nahe, die sich wiederum auf das (Un-)Sicherheitsgefühl der Rezipienten und auf die sicherheitspolitischen Maßnahmen eines Staates bzw. einer Gesellschaft auswirken. Aus-Sprechen benennt nicht nur die Sicherheits-Probleme, sondern ‚erschafft' sie auch.

9.5 Vom Securitainment zum ‚Media-Con-Act(ivat)ing'

Die Grundannahmen der Konzepte ‚Securitization', des ‚Writing Security' und ‚Securitainment' gehen davon aus – und darin liegt ihre Gemeinsamkeit –, dass (Innere) Sicherheit diskursiv hervorgebracht wird und damit sozial konstruiert ist. Wenn Medien etwas äußern, dann hat das eine *Bedeutung* und auch eine (latente) *Wirkung*. Medien schaffen, indem sie etwas ‚sagen', die Wirklichkeit, über die sie sprechen (zwar nicht alleine, aber wesentlich): indem die Medien etwas ‚unsicher' nennen, wird es auch (wenn sich diese Deutung gesellschaftlich durchsetzen lässt) für die Gesellschaft unsicher. Insofern sind diese Ansätze im Kern sozialkonstruktivistisch.

Im Vergleich zu ‚Securitization' und ‚Writing Security' gehen unsere Begriffe ‚Securitainment' (vgl. Bidlo und Englert 2009; Reichertz et al. 2011) und ‚Media-Con-Act(ivat)ing' deutlich weiter, da wir die Position vertreten, dass Medien nicht nur durch ihr in den Medien ‚Aus-Sprechen' (*on air*) handeln, sondern auch ganz handfest und außerhalb der Medien (*off air*) in den Diskurs eingreifen und diesen auch gestalten. Medien handeln in diesem Sinne nicht nur, indem sie *on air* ‚sprechen'. Medien handeln auch *off air*.

On air thematisieren sie in besonderer Weise ihre Vorstellungen von Innerer Sicherheit. Hier ist von Bedeutung, dass die Medien Themen zur Inneren Sicherheit immer häufiger in Form von Entertainment rahmen. Sicherheit wird zu Unterhaltung – zum ‚Securitainment'. Dabei werden durch die Medien Deutungsangebote gemacht und Handlungsweisen vorgeschlagen, wie mit gezeigten Situationen (z. B. deviantes Verhalten im Straßenverkehr) umzugehen ist und welche Werte dort gelten sollen. Die durch das ‚Securitainment' „vermittelte soziale Kontrolle wird beim Rezipienten zu einer inneren Selbstkontrolle, indem dieser seine Verhaltensweisen mit denen in der Sendung gezeigten und den daraus folgenden Reaktionen der Ordnungshüter abgleicht" (Bidlo und Englert 2011, S. 242). Hierdurch werden die Medien im Rahmen des ‚Securitainments' zu zentralen Akteuren für den Diskurs Innerer Sicherheit (Reichertz 2011b). Medien agieren vor allem in Verfolgung ihrer eigenen Ziele und Interessen, wenn sie für ihre Kunden aktiv werden. Und ‚Securitainment', also unterhaltsame Sicherheitspolitik, die mehr ist als (mehr oder weniger) gute Kriminalfilme zu senden, ist ein Ausdruck, eine Form dieses eigenständigen Agierens.

9.5 Vom Securitainment zum „Media-Con-Act(ivat)ing"

Damit ist ‚Securitainment' auch ein Ausdruck der allgemeinen gesellschaftlichen Mediatisierung. Allerdings meint ‚Securitainment' etwas anderes und mehr als das allgemeine Konzept von Mediatisierung (Krotz 2007; Hepp und Krotz 2012, allgemein Krotz und Hepp 2012). Denn ‚Securitainment' versteht unter ‚Medien' nicht nur die jeweils materiellen Träger, die bei der Produktion, Speicherung und Verbreitung von Wissen, eben dieses Wissen und seinen Gebrauch verändern, sondern ‚Securitainment' meint, dass die ‚Medien' und deren Sicherheitspolitik immer auch eingebunden sind in Unternehmen, die daran interessiert sind, bestimmte Medien und Medieninhalte in den Markt zu bringen und auch am Markt zu halten. ‚Securitainment' nimmt also das Medium als gesellschaftlichen Akteur in den Blick, dessen Interessen und dessen Handlungsstrategien.

Dabei beschränken sich die Medien nicht auf diese Form, sondern erweitern sie, indem sie ihre Rezipienten auffordern, selbst (für das Medium) aktiv zu werden. Sie sollen Inhalte (Bilder, Videos, Texte usw.) produzieren, sich an Aufrufen beteiligen und ihre Meinung mitteilen, die über das Medium verteilt werden. Die Rezipienten werden so an das Medium gebunden und produzieren zugleich *Content* für Sendungen und Internetseiten. Zugleich inszeniert sich das Medium als Kümmerer und erhält diese Zuschreibung auch immer häufiger von den Kunden, die nunmehr ein Eingreifen und eine Positionierung der Medien zu gewissen Themen und Inhalten erwarten einfordern.

Diese beiden Handlungsweisen – aktives Agieren der Medien und die Verbindung zu sowie das Aktivieren von den Rezipienten – umfasst der Begriff ‚Media-Con-Act(ivat)ing': Medien sind in aktuellen Zeiten nicht nur eigenständige Akteure, die auf die Sicherheit ihrer Kunden achten und in deren Interesse selbst aktiv werden, sondern auch Aktivierer, die ihre Kunden unterhaltsam dazu anhalten, sich regelkonform selbst zu führen, oder aber sich in Maßen an der ‚Arbeit' der Medien selbst zu beteiligen.

Literatur

Adelmann, R., et al. (Hrsg.). (2001). *Grundlagentexte zur Fernsehwissenschaft*. Konstanz: UVK.
Albert, M., & Burzan, B. (2011). Securitization, sectors and functional differentiation. *Security Dialogue, 42*, 413–424.
Albrecht, P.-A. (Hrsg.). (1993). *Festschrift für Horst Schüler-Springorum zum 65. Geburtstag*. Köln: Heymann.
Aschenbrenner-Eggers, K., & Huber, H., et al. (2004). *Das Sozialtherapeutische Rollenspiel mit Märchen und Mythen*. Norderstedt: BoD.
Baecker, D. (2003). Die vierte Gewalt. Kongressbeitrag. http://www.bpb.de/veranstaltungen/ALTUTL.html. Zugegriffen: 01. Apr. 2011.
Beele, K. (2000). *Pressearbeit der Polizei*. Hilden: Verlag Deutsche Polizeiliteratur.
Berger, P. A., & Hitzler, R. (Hrsg.). (2010). *Individualisierungen. Ein Vierteljahrhundert „jenseits von Stand und Klasse"?* Wiesbaden: Verlag für Sozialwissenschaften.
Bergmann, J. (1985). Flüchtigkeit und methodische Fixierung sozialer Wirklichkeit. In W. Bonß & H. Hartmann (Hrsg.), (S. 299–320).
Bergsdorf, W. (1980). *Die vierte Gewalt. Einführung in die politische Massenkommunikation*. Mainz: v. Hase und Koehler.
Bidlo, O. (2008). Theatralität und Authentizität. *Thepakos – Interdisziplinäre Zeitschrift für Theater und Theaterpädagogik, 6*, 4–7.
Bidlo, O. (2009). Die Wanderbühne – Eine Kurzdarstellung. *Interdisziplinäre Zeitschrift für Theater und Theaterpädagogik, 9*, 27–31.
Bidlo, O. (2011a). Von Leserreportern und Kontrolleuren. In O. Bidlo, C. J. Englert, & J. Reichertz (Hrsg.), (2011) (S. 111–134).
Bidlo, O. (2011b). Wenn aus Medien Akteure werden. Der Akteurbegriff und die Medien. In O. Bidlo, C. J. Englert, & J. Reichertz (Hrsg.), (2011) (S. 37–48).
Bidlo, O. (2011c). 1414– Ins elektronische Panoptikum der sozialen Kontrolle oder: Das Bild hat immer recht. In N. Zurawski (Hrsg.), *Überwachungspraxen – Praktiken der Überwachung* (2011) (S. 35–46). Opladen: Budrich UniPress.
Bidlo, O., & Englert, C. J. (2009). Securitainment. Mediale Inszenierung von Innerer Sicherheit. *MEDIENwissenschaft, 3*, 244–260.
Bidlo, O., & Englert, C. J. (2011). Wenn Innere Sicherheit zur Unterhaltung wird – Securitainment. In O. Bidlo, C. J. Englert, & J. Reichertz (Hrsg.), *Securitainment. Medien als eigenständige Akteure* (S. 239–260). Wiesbaden: VS Verlag.

Bidlo, O., Englert, C. J., & Reichertz, J. (Hrsg.). (2011). *Securitainment. Medien als eigenständige Akteure*. Wiesbaden: VS Verlag.
Blättel-Mink, B., & Hellmann K.-U. (Hrsg.). (2009). *Prosumer Revisited: Zur Aktualität einer Debatte*. Wiesbaden: VS Verlag.
Blossfeld, H.-P., Hofäcker, D., & Buchholz, S. (2011). Bildung im Globalisierungsprozess. In T. Mayer, R. Meyer, L. Miliopoulos, P. H. Ohly, & E. Weede (Hrsg.), (S. 319–336).
Blumenberg, H. (1979). *Schiffbruch mit Zuschauer*. Frankfurt a. M.: Suhrkamp.
Böhm, S. (2010). *Von der Schreibmaschine zu news aktuell – Zum Wandel der Aufgabe von Polizeipressestellen*. Essen: Unveröffentlichtes Manuskript.
Böhm, S. (2011). Innere Sicherheit schreiben – Sicherheitsthemen in Tageszeitungen. In O. Bidlo, C. J. Englert, & J. Reichertz (Hrsg.), (S. 77–104).
Bohrmann, H., Jarren, O., & Melischek, G. (Hrsg.). (2000). *Wahlen und Politikvermittlung durch Massenmedien*. Wiesbaden: Westdeutscher.
Böll, H. (1972). „Will Ulrike Gnade oder freies Geleit?" Schriftsteller Heinrich Böll über die Baader-Meinhof-Gruppe und „Bild". *Der Spiegel, 3*, 54–57.
Bonacker, T., & Bernhardt, J. (2006). Von der security community zur securitized community: Zur Diskursanalyse von Versicherheitlichungsprozessen am Beispiel der Konstruktion einer europäischen Identität. In A. Siedschlag (Hrsg.), *Methoden der sicherheitspolitischen Analyse* (S. 219–242). Wiesbaden: VS Verlag.
Bonß, W., & Hartmann, H. (Hrsg.). (1985). *Entzauberte Wissenschaft*. Göttingen: Schwartz.
Bourry, T. (2004). Zwischen Kalkül und Sorger. Der Zuschauer als Wähler im publizistischen Diskurs der 70er Jahre. In I. Schneider, C. Bartz, & I. Otto (Hrsg.), (S. 183–195).
Brecht, B. (1968). *Der Rundfunk als Kommunikationsapparat. In: Gesammelte Werke* (Bd. 18, S. 127–134). Frankfurt a. M.: Suhrkamp.
Bromley, R., et al. (Hrsg.). (1999). *Cultural Studies. Grundlagentexte zur Einführung*. Lüneburg: zu Klampen.
Brück, I., Guder, A., Viehoff, R., & Wehn, K. (1998). Krimigeschichte(n). Zur Entwicklung des deutschen Fernsehkrimis. In W. Klingler, G. Roters, & O. Zöllner (Hrsg.), *Fernsehforschung in Deutschland. Themen-Akteure-Methoden* (S. 401–415). Baden-Baden: Nomos.
Buckow, I. (2011). *Freie Journalisten und ihre berufliche Identität. Eine Umfrage unter den Mitgliedern des Journalistenverbands Freischreiber*. Wiesbaden: VS Verlag.
Bundesministerium der Justiz. (Hrsg.). (2000). *Kriminalität in den Medien*. Mönchengladbach: Forum.
Caillé, A. (2008). *Anthropologie der Gabe*. Frankfurt a. M.: Campus.
Campbell, D. (1998). *Writing security. United States foreign policy and the politics of identiy*. Minneapolis: University of Minnesota Press.
Corsten, M., Krug, M., & Moritz, C. (Hrsg.). (2010). *Videographie praktizieren*. Wiesbaden: VS Verlag.
Deininger, R. (2010). Caritas-Mitarbeiter verschwindet nach TV-Folge. http://www.sueddeutsche.de/panorama/lockvogel-serie-caritas-mitarbeiter-verschwindet-nach-tatort-internet-folge-1.1012713. Zugegriffen: 28. Feb. 2012.
Denzin, N. K. (Hrsg.). (1994). *Handbook of qualitative research*. London: Sage.
Der Westen (2011). Bochumer Antifa wirft Polizist Harry Gewalt vor. http://www.derwesten.de/staedte/bochum/bochumer-antifa-wirft-polizist-harry-gewalt-vor-id4203991.html. Zugegriffen: 07. Feb. 2012.
Didier, Y. (2003). Einzelkämpfer des Unglücks. Videoreporter in den USA: Kleines Budget, keine Distanz. *epd medien, 77/78*, 12–15.

Diez, T. (2006). Postmoderne Ansätze. In S. Schieder & M. Spindler (Hrsg.), *Theorien der Internationalen Beziehungen* (S. 471–498). Opladen: UTB.

Donges, P. (2008). Medien als Strukturen und Akteure: Kommunikationswissenschaftliche Theoriediskussion zwischen System- und Handlungstheorie. In C. Winter, et al. (Hrsg.), (S. 329–344).

Donsbach, W. (1999). Journalismus und journalistisches Berufsverständnis. In J. Wilke (Hrsg.), (1999a) (S. 489–517).

Dörner, A. (2001). *Politainment. Politik in der medialen Erlebnisgesellschaft*. Frankfurt a. M.: Suhrkamp.

Englert, C. J. (2011). Dauerbrenner Outsourcing. Neue Akteure und neue Inhalte am TV-Markt. In O. Bidlo, C. J. Englert, & J. Reichertz (Hrsg.), (2011) (S. 57–82).

Englert, C. J. (2012). *Governing Through the Practice of Media Interpretation. Die latente Botschaft von Fernsehserien über Verbrechensaufklärung im Hinblick auf moderne Methoden der Kriminalität und Gerichtsmedizin. Eine hermeneutisch-wissenssoziologische Videoanalyse vor dem Hintergrund des CSI-Effekts*. Dissertationsschrift. Essen: MS.

Englert, C. J., & Roslon, P. (2011). Das Fernsehen – dein Freund und Helfer? In O. Bidlo, C. J. Englert, & J. Reichertz (Hrsg.), (S. 151–201).

Ermittlungsakte (2012). Ermittlungsakte – Auf Spurensuche mit Ulrich Meyer. http://www.sat1.de/ratgeber_magazine/ermittlungsakte/. Zugegriffen: 07. Jan. 2012.

Feltes, T., & Ostermann, C. (1985). Kriminalberichterstattung, Verbrechensfurcht und Stigmatisierung. Anmerkungen zu den (unterstellten) Folgen von massenmedialer Verbrechensdarstellungen für Täter, Opfer und Bevölkerung. *Monatsschrift für Kriminologie und Strafrechtsreform*, 261–268.

Figes, O. (2010). *Krimkrieg. Der letzte Kreuzzug*. Berlin: Bloomsbury.

Fischer-Lichte, E. (2004). *Ästhetik des Performativen*. Frankfurt a. M.: Suhrkamp.

Fischer-Lichte, E. (2010). *Theaterwissenschaft. Einführung*. Tübingen: A. Francke Verlag (UTB).

Flusser, V. (2002). *Medienkultur*. Frankfurt a. M.: Fischer.

Freund, N. (2008). *Aktenzeichen XY ungelöst – Damals und Heute*. Masterarbeit an der Universität Wien. Inst. für Publizistik- und Kommunikationswissenschaft. Wien: MS.

Fröhlich, W. (2010). *Wörterbuch Psychologie*. München: dtv.

Fürst, R. A., Sattelberger, T., & Heil, O. P. (2007). *3D Krisenmanagement. Bewältigung von Krisen in Krisen. Mit Best-Practice-Fallstudie*. München: Oldenbourg Wissenschaftsverlag.

Gendolla, P., & Schäfer, J. (Hrsg.). (o J). *Wissensprozesse in der Netzwerkgesellschaft*. Bielefeld: transcript.

Geyer, C. (2010). „Tatort Internet": Gepixelter Horror. http://www.faz.net/aktuell/feuilleton/medien/fernsehkritik-tatort-internet-gepixelter-horror-11056698.html. Zugegriffen: 28. Feb. 2012.

Ginzburg, C. (2011). *Spurensicherung. Die Wissenschaft auf der Suche nach sich selbst*. Berlin: Verlag Klaus Wagenbach.

Girtler, R. (2001). *Methoden der Feldforschung* (4., völlig neu bearb. Aufl.). Wien: Böhlau.

Girtler, R. (2006). *Kulturanthropologie. Eine Einführung*. Wien: LIT-Verlag.

Glaser, B., & Strauss, A (1967). *The discovery of grounded theory: strategies for qualitative research*. Chicago: Aldine.

Goffman, E. (1996). Über Feldforschung. In H. Knoblauch (Hrsg.), *Kommunikative Lebenswelten* (S. 261–269). Konstanz: UVK.

Goffman, E. (2004). *Rahmen-Analyse: ein Versuch über die Organisation von Alltagserfahrungen*. Frankfurt a. M.: Suhrkamp.

Goffman, E. (2006). *Wir alle spielen Theater: die Selbstdarstellung im Alltag.* Frankfurt a. M.: Piper.
Göttlich, U., & Winter, R. (Hrsg.). (2000). *Politik des Vergnügens.* Köln: Herbert von Halem.
Gramsci, A. (1983). *Marxismus und Literatur.* Hamburg: VSA-Verlag.
Granitzka, W. (2009). Corporate Identity und Corporate Design als Faktoren von Selbstbild und Fremdbild der Polizei in Deutschland. In R. Linssen & H. Pfeiffer (Hrsg.), *Polizei. Außendarstellung in Öffentlichkeit und Medien* (S. 25–37). Frankfurt a. M.: Verlag für Polizeiwissenschaft.
Groenemeyer, A. (Hrsg.). (2010). *Wege der Sicherheitsgesellschaft. Gesellschaftliche Transformationen der Konstruktion und Regulierung innerer Unsicherheiten.* Wiesbaden: VS Verlag.
Habermas, J. (1968). *Erkenntnis und Interesse.* Frankfurt a. M.: Suhrkamp.
Halefeldt, H. O. (1999). Programmgeschichte des Hörfunks. In J. Wilke (Hrsg.), (1999a), (S. 211–254).
Hall, S. (1999). Kodieren/Dekodieren. In R. Bromley, et al. (Hrsg.), *Cultural Studies. Grundlagentexte zur Einführung* (S. 92–112). Lüneburg: zu Klampen.
Hampel, K. (1997). *Aktenzeichen XY ungelöst: Die spektakulärsten Fälle des Eduard Zimmermann. Die außergewöhnliche Geschichte der Fernsehfahndung.* Nürnberg: BSV.
Hard, G. (1995). *Spuren und Spurenleser. Zur Theorie und Ästhetik des Spurenlesens in der Vegetation und anderswo.* Osnabrück: Universitätsverlag Rasch.
Hartmann, M., & Hepp, A. (2010). *Die Mediatisierung der Alltagswelt.* Wiesbaden: VS Verlag.
Haubl, R., & Liebsch, K. (Hrsg.). (2011). *Mit Ritalin leben.* Göttingen: Vandenhoek & Ruprecht.
Häuser, R., Becker, I., Ott, N., & Rolf, G. (2001). *Soziale Sicherung in einer dynamischen Gesellschaft.* Frankfurt a. M.: Campus.
Heinemann, F. (1976). Der Nachbar als Täter. Die Diskussion um Aktenzeichen XY ungelöst lebt wieder auf. *Medium 6, 8,* 3–4.
Heinrich, J. (2010a). *Medienökonomie 1: Mediensystem, Zeitung, Zeitschrift, Anzeigenblatt.* Wiesbaden: Verlag für Sozialwissenschaften.
Heinrich, J. (2010b). *Medienökonomie 2: Hörfunk und Fernsehen.* Wiesbaden: Verlag für Sozialwissenschaften.
Hepp, A., & Krotz, F. (2012). Mediatisierte Welten. Forschungsfelder und Beschreibungsansätze. In F. Krotz & A. Hepp (Hrsg.), *Mediatisierte Welten* (S. 7–25). Wiesbaden: VS Verlag.
Hitzler, R. (1994). Wissen und Wesen des Experten. In R. Hitzler, A. Honer, & C. Maeder (Hrsg.), *Expertenwissen. Die institutionalisierte Kompetenz zur Konstruktion von Wirklichkeit* (S. 13–31). Opladen: Westdeutscher.
Hitzler, R., & Peters, H. (Hrsg.). (1998). *Inszenierung: Innere Sicherheit.* Opladen: Leske & Budrich.
Hitzler, R., Honer, A., & Maeder, C. (Hrsg.). (1994). *Expertenwissen. Die institutionalisierte Kompetenz zur Konstruktion von Wirklichkeit.* Opladen: Westdeutscher.
Hitzler, R., Reichertz, J., & Schröer, N. (Hrsg.). (1999). *Hermeneutische Wissenssoziologie. Standpunkte zur Theorie der Interpretation.* Konstanz: UVK.
Horkheimer, M., & Adorno, T. (1971). *Dialektik der Aufklärung.* Frankfurt a. M.: Fischer.
Horton, D., & Wohl, R. (2001). Parasoziale Interaktion. In R. Adelmann, et al. (Hrsg.), *Grundlagentexte zur Fernsehwissenschaft* (S. 74–104). Konstanz: UVK.
http://www.zeit.de/online/2006/10/lobbyismus. Zugegriffen: 30. März 2012.

Huber, J. (2010). Provokation von Straftaten. http://www.zeit.de/gesellschaft/2010-10/tatort-internet. Zugegriffen: 28. Feb. 2012.
Hüser, G., & Grauer, M. (2005). Zur Verbreitung des Internets und des Mobiltelefons in der Netzwerkgesellschaft. In P. Gendolla & J. Schäfer (Hrsg.), *Wissensprozesse in der Netzwerkgesellschaft* (S. 83–118). Bielefeld: transcript.
Jarren, O. (2001). „Mediengesellschaft" – Risiken für die politische Kommunikation. *Aus Politik und Zeitgeschichte, 42,* 10–19.
Jaspers, S. (2007). „Mach uns nochmal den Veterlli". Eduard Zimmermanns Aktenzeichen XY ungelöst. In B. Müllender A. Nöllenheidt (Hrsg.), *Am Fuß der blauen Berge* (S. 105–107). Essen: Klartext-Verlag.
Juhant, J. (2005). *Globalisierung, Kirche und postmoderner Mensch.* Münster: LIT-Verlag.
Kaase, M. (1998). Demokratisches System und die Mediatisierung der Politik. In U. Sarcinelli (Hrsg.), (1998a) *Politikvermittlung und Demokratie in der Mediengesellschaft. Beiträge zur politischen Kommunikationskultur* (S. 24–51). Bonn: Bundeszentrale für politische Bildung.
Kampagne Geschnallt?! (2006). Gordon das Gürteltier. http://www.gordan-online.de/download/Gordan-online_Geschnallt.pdf. Zugegriffen: 19. Feb. 2012.
Kania, H. (2000). Kriminalitätsdarstellung in den Massenmedien. In Bundesministerium der Justiz (Hrsg.), *Kriminalität in den Medien* (S. 78–97). Mönchengladbach: Forum.
Karr, H. P., & Wehner, W. (1994). *Geierfrühling.* Zürich: Haffmans.
Karr, H. P., & Wehner, W. (1995). *Rattensommer.* Zürich: Haffmans.
Karr, H. P., & Wehner, W. (1997). *Hühnerherbst.* Zürich: Haffmans.
Karr, H. P., & Wehner, W. (1999). *Bullenwinter.* Zürich: Haffmans.
Kemper, G. (2010). Die Freifrau und die bösen Männer. http://www.stern.de/kultur/tv/tv-kritik-tatort-internet-auf-rtl2-die-freifrau-und-die-boesen-maenner-1611744.html. Zugegriffen: 28. Feb. 2012.
Keppler, A. (1997). Über einige Formen der medialen Wahrnehmung von Gewalt. In T. Trotha von (Hrsg.), *Soziologie der Gewalt* (S. 280–400). Opladen: Westdeutscher.
Kepplinger, H. M. (1999). Zeitungsberichterstattung im Wandel. In J. Wilke (Hrsg.), *Mediengeschichte der Bundesrepublik Deutschland* (1999a) (S. 195–210). Bonn: Bundeszentrale für politische Bildung.
Klingler, W., Roters, G., & Zöllner, O. (Hrsg.). (1998). *Fernsehforschung in Deutschland. Themen-Akteure-Methoden.* Baden-Baden: Nomos.
Knoblauch, H. (Hrsg.). (1996). *Kommunikative Lebenswelten.* Konstanz: UVK.
Knoblauch, H. (2002). Fokussierte Ethnographie als Teil einer soziologischen Ethnographie. Zur Klärung einiger Missverständnisse. *Sozialer Sinn, 1,* 129–135.
Knorr-Cetina, K. (1984). *Die Fabrikation von Erkenntnis.* Frankfurt a. M.: Suhrkamp.
Koebner, T. (1990). Tatort – Zu Geschichte und Geist einer Kriminalfilm-Reihe. *Augenblick. Marburger Hefte zur Medienwissenschaft, 9,* 7–31.
Kolbe, H. (2009). *Professioneller Umgang mit den Medien. Pressearbeit – Anpassungsfortbildung.* Münster: Unveröffentlichtes Dokument zu Schulungszwecken.
Krämer, S. (2007). Was also ist eine Spur? Und worin besteht ihre epistemologische Rolle? Eine Bestandsaufnahme. In S. Krämer, W. Kogge, & G. Grube (Hrsg.), *Spur. Spurenlesen als Orientierungstechnik* (S. 11–36). Frankfurt a. M.: Suhrkamp.
Krämer, S., Kogge, W., & Grube, G. (2007). *Spur. Spurenlesen als Orientierungstechnik.* Frankfurt a. M.: Suhrkamp.

Kriz, J. (1985). Die Wirklichkeit empirischer Sozialforschung. In W. Bonß & H. Hartmann (Hrsg.), (S. 77–90).
Krotz, F. (2001). Die Mediatisierung kommunikativen Handelns. Der Wandel von Alltag und sozialen Beziehungen, Kultur und Gesellschaft durch die Medien. Wiesbaden: Westdeutscher.
Krotz, F. (2007). Mediatisierung: Fallstudien zum Wandel von Kommunikation. Wiesbaden: Verlag für Sozialwissenschaften.
Krotz, F. (2008). Kultureller und gesellschaftlicher Wandel im Kontext des Wandels von Medien und Kommunikation. In T. Thomas (Hrsg.), Medienkultur und soziales Handeln (S. 43–62). Wiesbaden: VS Verlag.
Krotz, F., & Hepp, A. (Hrsg.). (2012). Mediatisierte Welten. Wiesbaden: VS Verlag.
Kubitz, P. P. (Hrsg.). (1997). Der Traum vom Sehen. Berlin: Triad.
LAFP NRW. (2008). Landesamt für Ausbildung, Fortbildung und Personalangelegenheiten der Polizei Nordrhein-Westfalen vom Gestern zum Heute. http://alt.ipa-bork.de/archiv/2008-Chronik%20LAFP%20_21_02_2008.pdf. Zugegriffen: 21. Feb. 2012.
Lang-Wojtasik, G. (2008). Schule in der Weltgesellschaft. Herausforderungen und Perspektiven einer Schultheorie jenseits der Moderne. Weinheim: Juventa.
Laun-Keller, I. (2009). Das Medienprojekt „Toto & Harry". In R. Linssen & H. Pfeiffer (Hrsg.), (S. 124–134).
Leif, T., & Speth, R. (Hrsg.). (2006a). Die fünfte Gewalt. Lobbyismus in Deutschland. Wiesbaden: VS Verlag.
Leif, T., & Speth, R. (2006b). Die fünfte Gewalt. Wie Lobbyisten die Prinzipien der parlamentarischen Demokratie unterlaufen. Zugegriffen: http://www.zeit.de/online/2006/10/lobbyismus. Zugegriffen: 30. März 2012.
Linssen, R. (2009). und es geht doch. Wie durch bewusst erzeugte Sympathie und professionelle Kommunikation die Zusammenarbeit von Polizei und Medien gelingen kann. In R. Linssen & H. Pfeiffer (Hrsg.), Polizei. Außendarstellung in Öffentlichkeit und Medien (S. 51–68). Frankfurt a. M.: Verlag für Polizeiwissenschaft.
Linssen, R., & Pfeiffer, H. (Hrsg.). (2009). Polizei. Außendarstellung in Öffentlichkeit und Medien. Frankfurt a. M.: Verlag für Polizeiwissenschaft.
Lipschutz, R. D. (Hrsg.). (1995). On security. New York: Columbia University Press.
Löffelholz, M. (2008). Medien als „Mediatoren"? In D. Ohse (Hrsg.), (S. 123–130).
Lorenzkowski, B. (1995). „Keep it small and stupid!" Die Praxis des Videojournalismus in deutschsprachigen Ballungsraumsendern. Diplomarbeit am Institut für Journalistik der Universität Dortmund.
Luckmann, T. (Hrsg.). (1998a). Moral im Alltag. Sinnvermittlung und moralische Kommunikation in intermediären Institutionen. Gütersloh: Verlag Bertelsmann Stiftung.
Luckmann, T. (1998b). Gesellschaftliche Bedingungen geistiger Orientierung. In T. Luckmann (Hrsg.), (1998a) Moral im Alltag (S. 19–46). Gütersloh: Verlag Bertelsmann Stiftung.
Luhmann, N. (1980). Ideengeschichte in soziologischer Perspektive. In J. Matthes (Hrsg.), Lebenswelt und soziale Probleme (S. 49–61). Frankfurt a. M.: Campus.
Lundby, K. (Hrsg.). (2009). Mediazation: concept, changes, consequences. New York: Peter Lang.
Lustig, S. (1996). Die Sicherheitswacht im Rahmen des Bayrischen Polizeikonzepts (Diplom-Arbeit. Universität München). München: Ludwig-Maximilians-Universität.

Matthes, J. (Hrsg.). (1980). *Lebenswelt und soziale Probleme*. Frankfurt a. M.: Campus.
Maurer-Schmoock, S. (1982). *Deutsches Theater im 18. Jahrhundert*. Tübingen: Niemeyer.
Mauss, M. (1990). *Die Gabe. Form und Funktion des Austauschs in archaischen Gesellschaften*. Frankfurt a. M.: Suhrkamp.
Mayer, T., Meyer, R., Miliopoulos, L., Ohly, P. H., & Weede, E. (Hrsg.). (2011). *Globalisierung im Fokus von Politik, Wirtschaft, Gesellschaft. Eine Bestandsaufnahme*. Wiesbaden: VS Verlag.
Meier, K. (2007). *Journalistik*. Kontanz: UVK.
Meyen, M., & Riesmeyer, C. (2009). *Diktatur des Publikums. Journalisten in Deutschland*. Konstanz: UVK.
Meyer, T. (2002). Mediokratie. Auf dem Weg in eine andere Demokratie? *Aus Politik und Zeitgeschichte, 16,* 7–14.
Milanés, A. (1998). Akte X und Aktenzeichen XY. In R. Hitzler & H. Peters (Hrsg.), *Inszenierung: Innere Sicherheit* (S. 51–64). Opladen: Leske & Budrich.
Modulbeschreibungen. (2011). Bachelorstudiengang Polizeivollzugsdienst an der Fachhochschule für öffentliche Verwaltung NRW (2011). http://www.fhoev.nrw.de/uploads/media/2011_09_12__PVD_Komplett_EJ_2009__Erl._v._16_08_2011_Senatsitzung_v._14.06.2011.pdf. Zugegriffen: 21. Feb. 2012.
Modulhandbuch. (2011). Masterstudiengang Öffentliche Verwaltung – Polizeimanagement an der Deutschen Hochschule der Polizei. Deutsche Hochschule für Polizei. http://www.dhpol.de/de/medien/downloads/modulhandbuch_2011_2013.pdf. Zugegriffen: 21. Feb. 2012.
Montesquieu, Charles Louis de Secondat de. (1994). *Vom Geist der Gesetze*. Stuttgart: Reclam.
Müllender, B., & Nöllenheidt, A. (Hrsg.). (2007). *Am Fuß der blauen Berge*. Essen: Klartext-Verlag.
Nadig, M. (1987). *Die verborgene Kultur der Frau*. Frankfurt a. M.: Fischer.
Niggemeier, S. (2010). TV-Kritik: „Tatort Internet – Schützt endlich unsere Kinder" startete auf RTL 2. http://www.heise.de/newsticker/meldung/TV-Kritik-Tatort-Internet-Schuetzt-endlich-unsere-Kinder-startete-auf-RTL-2-1104051.html. Zugegriffen: 28. Feb. 2012.
Novak, H., & Karasek, H. (1970). XY-Jäger und XY-Gejagte. *Zeit, 41.*
Oevermann, U. (1981). *Fallrekonstruktion und Strukturgeneralisierung als Beitrag der objektiven Hermeneutik zur soziologisch-strukturtheoretischen Analyse*. Frankfurt a. M.: MS.
Ohe, W. von der (Hrsg.). (1987). *Kulturanthropologie. Beiträge zum Neubeginn einer Disziplin*. Berlin: Duncker & Humblot.
Ohse, D. (Hrsg.). (2008). *Sicherheitspolitische Kommunikation im Wandel*. Baden-Baden: Nomos.
Ortmann, G. (2010). *Organisation und Moral. Die dunkle Seite*. Weilerswist: Velbrück Wissenschaft.
Osterhammel, J. (2009). *Die Verwandlung der Welt*. München: Beck.
Otto, I. (2004). Kriminelle Verbrecherjäger. In I. Schneider, C. Barz, & I. Otto (Hrsg.), (S. 197–216).
Papier, H.-J., & Möller, J. (1999). Presse- und Rundfunkrecht. In J. Wilke (Hrsg.), (1999a) *Mediengeschichte der Bundesrepublik Deutschland* (S. 449–468). Bonn: Bundeszentrale für politische Bildung.
Pinseler, J. (2006). *Fahndungssendungen im deutschsprachigen Fernsehen*. Köln: Halem.

Pinseler, J. (2010). Der gefährdete Alltag. Oder: wie Aktenzeichen XY ungelöst die Welt sieht. In J. Röser, T. Thomas, & C. Peil (Hrsg.), *Alltag in den Medien – Medien im Alltag* (S. 73–88). Wiesbaden: Verlag für Sozialwissenschaften.

Presse- und Öffentlichkeitsarbeit der Polizei Nordrhein-Westfalen RdErl. d. Ministeriums für Inneres und Kommunales Az. 401 – 58.02.05 v. 15.11.2011. https://recht.nrw.de/lmi/owa/br_vbl_detail_text?anw_nr=7&vd_id=13101. Zugegriffen: 19. Feb. 2012.

Reichertz, J. (1986). *Probleme qualitativer Sozialforschung. Zur Entwicklungsgeschichte der objektiven Hermeneutik.* Frankfurt a. M.: Campus.

Reichertz, J. (1991). Der Hermeneut als Autor – Das Problem der Darstellbarkeit hermeneutischer Fallrekonstruktionen. *Österreichische Zeitschrift für Soziologie, 4,* 3–16.

Reichertz, J. (2000). *Die Frohe Botschaft des Fernsehens.* Konstanz: UVK.

Reichertz, J. (2007a). Die Spur des Fahnders oder: Wie Polizisten Spuren finden. In S. Krämer, W. Kogge, & G. Grube (Hrsg.), (2007) *Spur. Spurenlesen als Orientierungstechnik* (S. 309–332). Frankfurt a. M.: Suhrkamp.

Reichertz, J. (2007b). Medien als selbständige Akteure. *Aus Politik und Zeitgeschehen, 12,* 25–31.

Reichertz, J. (2009). *Kommunikationsmacht. Was ist Kommunikation und was vermag sie? Und weshalb vermag sie das?* Wiesbaden: VS Verlag.

Reichertz, J. (2010a). *Die Macht der Worte und der Medien.* Wiesbaden: Verlag für Sozialwissenschaften.

Reichertz, J. (2010b). Mediatisierung der Sicherheitspolitik oder: Die Medien als selbständige Akteure in der Debatte um (mehr) Sicherheit. In A. Groenemeyer (Hrsg.), (2010) *Wege der Sicherheitsgesellschaft* (S. 40–60). Wiesbaden: VS Verlag.

Reichertz, J. (2010c). Sinn liefern, Sinn verbürgen oder Sinn stiften? In M. Ebertz & R. Schützeichel (Hrsg.), (2010) (S. 235–246).

Reichertz, J. (2011a). Die Medien als Akteure für mehr Innere Sicherheit. In O. Bidlo, C. J. Englert, & J. Reichertz (Hrsg.), (2011) *Securitainment. Medien als eigenständige Akteure* (S. 11–42). Wiesbaden: VS Verlag.

Reichertz, J. (2011b). Reality TV – ein Versuch, das Muster zu finden. In O. Bidlo, C. J. Englert, & J. Reichertz (Hrsg.), (2011) (S. 219–236).

Reichertz, J., & Englert, C. J. (2011). *Einführung in die qualitative Videoanalyse. Ein hermeneutisch wissenssoziologisches Fallbeispiel.* Wiesbaden: VS Verlag.

Reichertz, J., & Soeffner, H.-G. (1994). Von Texten und Überzeugungen. In N. Schröer (Hrsg.), *Interpretative Sozialforschung* (S. 310–327). Opladen: Westdeutscher.

Reichertz, J., Bidlo, O., & Englert, C. J. (2011). Die Führung zur Selbstführung. In O. Bidlo, C. J. Englert, & J. Reichertz (Hrsg.), (S. 261–267).

Reize, I.-M. (2006). *TV/Medienarbeit am Beispiel von Aktenzeichen XY ungelöst.* München: MS.

Reuband, K.-H. (1989). Die Kriminalitätsfurcht der Bundesbürger 1965–1987. Veränderungen unter dem Einfluß sich wandelnder Geschlechterrollen. *Zeitschrift für Soziologie, 18,* 470–476.

Reuband, K.-H. (1992). Objektive und subjektive Bedrohung durch Kriminalität. Ein Vergleich der Kriminalitätsfurcht in der Bundesrepublik Deutschland und den USA 1965–1990. *Kölner Zeitschrift für Soziologie und Sozialpsychologie, 44,* 341–353.

Reuband, K.-H. (1998). Kriminalität in den Medien: Erscheinungsformen, Nutzungsstruktur und Auswirkungen auf die Kriminalitätsfurcht. *Soziale Probleme,* 122–153.

Reuband, K.-H. (1999). Kriminalitätsfurcht. Stabilität und Wandel. *Neue Kriminalpolitik. Forum für Praxis, Politik und Wissenschaft, 2*(11), 15–20.
Riemann, P. (2011). Die Enthüllungsplattform WikiLeaks zwischen Bürgerservice und Sicherheitsrisiko. In O. Bidlo, C. J. Englert, & J. Reichertz (Hrsg.), *Securitainment. Medien als eigenständige Akteure* (S. 135–148). Wiesbaden: VS Verlag.
Rohrbeck, F., & Kunze, A. (2010). *Journalismus nach der Krise. Aufbruch oder Ausverkauf?* Köln: Halem.
Roithmeier, K. (1994). *Der Polizeireporter.* Konstanz: UVK.
Rosenblum, M. (2003). Vom Zen des Videojournalismus. In A. Zalbertus & M. Rosenblum (Hrsg.), *Videojournalismus* (S. 17–75). Berlin: Uni-Edition.
Röser, J., Thomas, T., & Peil, C. (Hrsg.). (2010). *Alltag in den Medien – Medien im Alltag.* Wiesbaden: Verlag für Sozialwissenschaften.
Rousseau, J.-J. (2004). *Vom Gesellschaftsvertrag oder Grundsätze des Staatsrechts.* Stuttgart: Reclam.
Ruß-Mohl, S. (2010). *Journalismus. Das Lehr- und Handbuch.* Frankfurt a. M.: F.A.Z.-Institut für Management-, Markt- und Medieninformation.
Sarcinelli, U. (Hrsg.). (1998a). *Politikvermittlung und Demokratie in der Mediengesellschaft. Beiträge zur politischen Kommunikationskultur.* Bonn: Bundeszentrale für politische Bildung.
Sarcinelli, U. (1998b). Politikvermittlung und Demokratie: Zum Wandel der politischen Kommunikationskultur. In U. Sarcinelli (Hrsg.), (1998a) *Politikvermittlung und Demokratie in der Mediengesellschaft. Beiträge zur politischen Kommunikationskultur* (S. 11–23). Bonn: Bundeszentrale für politische Bildung.
Saxer, U. (1998). Mediengesellschaft: Verständnisse und Mißverständnisse. In U. Sarcinelli (Hrsg.), (1998a) *Politikvermittlung und Demokratie in der Mediengesellschaft. Beiträge zur politischen Kommunikationskultur* (S. 52–73). Bonn: Bundeszentrale für politische Bildung.
Schabacher, G. (2004). „Tele-Demokratien". Der Widerstreit von Pluralismus und Partizipation im medienpolitischen Diskurs der 70er Jahre. In I. Schneider, C. Bartz, & I. Otto (Hrsg.), *Medienkultur der 70er Jahre* (S. 141–180). Wiesbaden: Verlag für Sozialwissenschaften.
Schieder, S., & Spindler, M. (Hrsg.). (2006). *Theorien der Internationalen Beziehungen.* Opladen: UTB.
Schneider, T. (2009). Fahnder und Väter. In S. Ummenhofer & M. Thaidigsmann (Hrsg.), *Aktenzeichen XY ungelöst – Kriminalität, Kontroverse, Kult* (S. 138–148). Villingen-Schwenningen: Romäus.
Schneider, I., Barz, C., & Otto, I. (Hrsg.). (2004). *Medienkultur der 70er Jahre. Diskursgeschichte der Medien nach 1945* (Bd. 3). Wiesbaden: Verlag für Sozialwissenschaften.
Schröer, N. (Hrsg.). (1994). *Interpretative Sozialforschung.* Opladen: Westdeutscher.
Schütz, A. (1971). *Gesammelte Schriften III.* Den Haag: Martinus Nijhoff.
Seeber, T. (2008). *Weblogs – die 5. Gewalt? Eine empirische Untersuchung zum emanzipatorischen Mediengebrauch von Weblogs.* Boizenburg: Hülsbusch.
Seegers, L. (1997). Fernsehstuben und Fernsehbomben. In P. P. Kubitz (Hrsg.), *Der Traum vom Sehen* (S. 18–29). Berlin: Triad.
Siedschlag, A. (Hrsg.). (2006). *Methoden der sicherheitspolitischen Analyse.* Wiesbaden: VS Verlag.
Simmel, G. (1983). *Philosophische Kultur.* Berlin: Wagenbach.

Soeffner, H.-G. (1989). *Auslegung des Alltags – Der Alltag der Auslegung*. Frankfurt a. M.: Suhrkamp.
Soeffner, H.-G. (2010). *Unsichere Zeiten. Herausforderungen gesellschaftlicher Transformationen*. Wiesbaden: VS Verlag.
Stein, A. (2004). Die Interpretation der Märchen. In K. Aschenbrenner-Eggers & H. Huber, et al. (Hrsg.), (S. 34–51).
Strauss, A. (1991). *Grundlagen qualitativer Sozialforschung*. München: Fink.
Strauss, A. L., & Corbin, J. M. (1990). *Basics of qualitative research: Grounded theory procedures and techniques*. London: Sage.
Strauss, A. L., & Corbin, J. M. (1994). Grounded theory methodology: an overview. In N. K. Denzin (Hrsg.), *Handbook of qualitative research* (S. 273–285). London: Sage.
Thießen, A. (2011). *Organisationskommunikation in Krisen. Reputationsmanagement durch situative, integrierte und strategische Krisenkommunikation*. Wiesbaden: Verlag für Sozialwissenschaften.
Tjalve, V. S. (2011). Designing (de)security: European exceptionalism, Atlantic republicanism and the „public sphere". *Security Dialogue, 42*, 441–452.
Toffler, A. (1983). *Die dritte Welle, Zukunftschance. Perspektiven für die Gesellschaft des 21. Jahrhunderts*. München: Goldmann.
Toto & Harry Homepage. (2012). Toto & Harry Bochum – Offizielle Homepage. http://www.totoundharry.tv/news/termine.php?page=1. Zugegriffen: 22. Jan. 2012.
Trotha, T. von (Hrsg.). (1997). *Soziologie der Gewalt*. Opladen: Westdeutscher.
Ummenhofer, S., & Thaidigsmann, M. (2009). *Aktenzeichen XY ungelöst – Kriminalität, Kontroverse, Kult*. Villingen-Schwenningen: Romäus.
Vorderer, P. (Hrsg.). (1996). *Fernsehen als „Beziehungskiste"*. Opladen: Westdeutscher.
Wæver, O. (1995). Securitization and desecuritization. In R. D. Lipschutz (Hrsg.), *On security* (S. 46–86). New York: Columbia University Press.
Wæver, O. (2011). Politics, security, theory. *Security Dialogue, 42*, 465–480.
Wallraff, G. (1997). *Der Aufmacher: Der Mann, der bei Bild Hans Esser war*. Köln: Kiepenheuer & Witsch.
Walter, M. (1993). Gedanken zur Bedeutung von Kriminalität in den Medien. In P.-A. Albrecht (Hrsg.), *Festschrift für Horst Schüler-Springorum zum 65. Geburtstag* (S. 189–201). Köln: Heymann.
Watkins, W. J., & Brown, T. (1985). *Der Fährtensucher. Der authentische Bericht eines der letzten Spurenleser im heutigen Amerika – eines Mannes, der lernte, mit der Natur zu leben und die Abenteuer der Wildnis zu bestehen*. Bern: Scherz.
Weber, S. (2000). *Was steuert Journalismus? Ein System zwischen Selbstreferenz und Fremdsteuerung*. Konstanz: UVK.
Wegner, J. (2004). *Der Videojournalist. So arbeitet man mit DV-Kamera und Computer erfolgreich für das Fernsehen*. Gau-Heppenheim: Mediabook-Verlag Reil.
Weichert, S., Kramp, L., & Jakobs, H.-J. (Hrsg.). (2010). *Wozu noch Journalismus? Wie das Internet einen Beruf verändert*. Göttingen: Vandenhoeck und Ruprecht.
Wilke, J. (Hrsg.). (1999a). *Mediengeschichte der Bundesrepublik Deutschland*. Bonn: Bundeszentrale für politische Bildung.
Wilke, J. (1999b). Überblick und Phrasengliederung. In J. Wilke (Hrsg.), (1999a) *Mediengeschichte der Bundesrepublik Deutschland* (S. 15–27). Bonn: Bundeszentrale für politische Bildung.

Wilke, J. (2009). *Massenmedien und Journalismus in Geschichte und Gegenwart. Gesammelte Studien*. Bremen: Edition lumiére.
Williams, M. C. (2003). Words, images, enemies: securitization and international politics. *International Studies Quarterly, 47*, 511–531.
Winker, K. (1994). *Fernsehen unterm Hakenkreuz*. Wien: Böhlau.
Winter, C., et al. (Hrsg.). (2008). *Theorien der Kommunikations- und Medienwissenschaft. Grundlegende Diskussionen, Forschungsfelder und Theorienentwicklungen*. Wiesbaden: Verlag für Sozialwissenschaften.
Winter, R., & Mikos, L. (Hrsg.). (2001). *Die Fabrikation des Populären*. Bielefeld: transcript.
Wittke, F. (2000). Videojournalisten – ein neues Berufsbild in Deutschland. Eine Untersuchung zu Anforderungen, Alltag, Ausbildung und Zukunft von Videojournalisten. Diplomarbeit am Institut für Journalistik der Universität Dortmund.
Wolff, S. (1987). Rapport und Report. In W. Ohe von der (Hrsg.), (S. 333–364).
Zabel, C. (2009). *Wettbewerb im deutschen TV-Produktionssektor*. Wiesbaden: VS Verlag.
Zajonc, J. (2003). Die gelebte Veränderung – VJ im Nachrichtenalltag. In A. Zalbertus & M. Rosenblum (Hrsg.), *Videojournalismus. Die digitale Revolution* (S. 89–105). Berlin: Uni-Edition.
Zalbertus, A., & Rosenblum, M. (2003). *Videojournalismus*. Berlin: Uni-Edition.
Zimmermann, F. (1969). *Das unsichtbare Netz. Rapport für Freunde und Feinde*. Stuttgart: Deutscher Bücherbund.
Zimmermann, E. (2006). Die Todesstrafe ist für mich kein Thema. http://archiv.rz-online.ch/news2001/Nr18-24august/12.htm. Zugegriffen: 01. Jan. 2011.
Zurawski, N. (Hrsg.). (2011). *Überwachungspraxen – Praktiken der Überwachung*. Opladen: Budrich UniPress.

The manufacturer's authorised representative in the EU is Springer Nature Customer Service Centre GmbH, Europaplatz 3, 69115 Heidelberg, Germany. If you have any concerns regarding our products, please contact ProductSafety@springernature.com

Printed and bound by CPI Group (UK) Ltd, Croydon, CR0 4YY
25/03/2026
02078193-0003